U0927120

潜江旧事

郑家荣 编著

中国文史出版社

图书在版编目（CIP）数据

潜江旧事 / 郑家荣编著. -- 北京 : 中国文史出版社, 2020.7
ISBN 978-7-5205-2086-7

Ⅰ. ①潜… Ⅱ. ①郑… Ⅲ. ①潜江—地方史—史料 Ⅳ. ①K296.34

中国版本图书馆 CIP 数据核字(2020)第 106917 号

责任编辑：全秋生

出版发行：中国文史出版社
地　　址：北京市海淀区西八里庄路 69 号　　邮编：100142
电　　话：010－81136602　　81136603　　81136606（发行部）
传　　真：010－81136655
印　　装：廊坊市海涛印刷有限公司
经　　销：全国新华书店
开　　本：787×1092　　1/16
印　　张：15　　字数：240 千字
版　　次：2020 年 8 月北京第 1 版
印　　次：2020 年 8 月第 1 次印刷
定　　价：49.80 元

态度·精神·情结

——郑家荣《潜江旧事》序

黄明山

早就听说老同学郑家荣又在著书立说了，并且大约知道，他笔耕的领域是他身边熟悉的或近或远或真或幻的一方水土——潜江的那些旧事儿。如今手机微信迅猛得超乎想象，其信息量之大渗透力之强可以说是无所不及无微不至。我有郑家荣的微信，这意味着我们不见面却能够天天相会。他不时地在微信群里发他的近作，我揣摩着，指不定什么时候就要谋划下一步的出版事宜了。果然不出所料，他打来电话，要我给他的新著写序。没想到，竟然找到了我？我愣了好一会儿。说实话，我真的很犯难，涉及历史这门子事，可不是闹着玩的。推不掉，嘿嘿一笑。如何下笔呢？无从下手。那就先看看这林林总总洋洋洒洒的《潜江旧事》吧，结果，我不能再无动于衷了。

原来潜江还是大有写头的。潜江地处江汉平原腹地，为古云梦泽一角，是楚文化的发祥地之一。早在东周时期，楚灵王即在此修筑“天下第一台”——章华台，想象那场面，那故事，一定是绝无仅有的。灿烂的历史文化绵延不绝，滋养着这片神奇的土地，一切的风流旧事也都是顺理成章的。

郑家荣做了一件了不起的事。一口气读罢《潜江旧事》，我佩服郑家荣的至少有三点：一曰治学态度，二曰文学精神，三曰家乡情结。

可敬的治学态度。既然是触碰历史了，就必须要有严谨的治学态度。显然，郑家荣是用了心的。动辄几千年，那么多人，那么多事，谁说了啥，谁干了啥，除了故纸堆，还是故纸堆，外加那么一点点想象力了，并且省略不了有据可查。郑家荣深谙读者怀疑抑或挑剔的目光。是的，我们读历史，首先就是为我们自己的安身立命找到解释的支撑点，然后依据自己的理解从浩如烟海的史料中挑选一些可知可感的东西来构成自己的解释体系。没有见多识广，没有足够深而准的理解与判断，就会成为解构历史的“单相思”或“文字筐”。治学态度的首要一条是独立思考，不盲从，只服从真理。治学态度的基本点是求真，莫文过饰非。否则，就会使自己的研究成果异化。郑家荣非常推崇经济学家于光远的治学态度，那就是从不浪费自己的时间；心中要有许许多多问号；当敬一事师、一理师；学成于勤；学问一是坐出来的，二是走出来的；治学也要现代化；考虑选题的经济学；研究成果不妨先写随笔发表；温故求新。于此，郑家荣的套路也就找到了根。从“温故知新”到“温故求新”，一字之更，郑家荣又柳暗花明般地找到了着力点。

作为土生土长、既通文墨又爱文史研究的潜江人，郑家荣立志在有生之年做点承史继学的抢救性工作。他在完成了《潜江历史名人传》（中国文史出版社 2016 年 1 月版）之后，继而潜心《潜江旧事》的探究，其耐得住寂寞的治学态度令人起敬。

可贵的文学精神。也许是作家的身份使然，郑家荣这部泛史记类的《潜江旧事》的确有些与众不同，那就是闪烁在文本里的文学光亮。郑家荣的思维敏捷并臻于条理化，逻辑性很强且可以把非文学性的题材写得具有文学性。我们大致有一个经验或是兴趣驱动，读一本关于一座城市或者某个地域的作品，并不想读大量的数据考证，而是想知道那些散落在数字背后的故事。《潜江旧事》这本书共十二卷，分别为沿革建置、城池街署、山川河流、书院学校、名宦循吏、乡贤名士、名人义士、古迹名胜、别业名园、寺庙道观、坛壝墟墓、风俗物产及其他，可以说是包罗万象。如何用文学的语境去呈现那些故事的骨骼经络，郑家荣是下了一番功夫的。从白洑镇、白洑巡院、白洑驿考写起，随后比较清晰地状写了潜江、沱水、潜水及沱潜，描述了这座筑台累榭、“往事越千年”的“千年古县”的由来以及发展，那些可以链接、可资玩味的细节，使我们对这本书充满了好奇与期待。

郑家荣钻历史的“牛角尖”，赢得的却是别一番风景。那些古籍原文啃起来，不知要消耗掉多少“火烧粑”和“熋米茶”。刘道隆的万历《潜江县志序》、欧阳东凤的《辞两台建坊书》、刘垓的《潜江科甲题名碑记》、隗邦衡的《邑侯朱公去思碑记》、袁国臣的《潜江县重修儒学记》、莫与先的康熙《潜江县志序》、朱载震的重修康熙《潜江县志序》……郑家荣于咬文嚼字中找到了让我们为之一惊的鲜活“旧事”。

可爱的家乡情结。郑家荣是潜江人，他的这本《潜江旧事》，有着满满的家乡元素。《白洑镇、白洑巡院、白洑驿考》《潜江、沱水、潜水及沱潜浅考》《颇具韵味的潜江古城门之名》《护城堤及西堤觅踪》《县丞与花封堤（堤街）》《“潜阳”之名小考》……这些篇目构成了可以触摸的记忆，在潜江的某处，似乎还能找到一些梦幻般的遗存。潜江无山，可在郑家荣的“潜江旧事”中，山却若隐若现：康寿平安的寿灵山、势若山形的毕家山（笔架山）、宛若仙境的清溪山、难觅踪迹的小石山、颇有寓意的北斗山，这些，无疑是在抚慰山水相依的愿望。而江、河、湖、口，那就是古今同源、星辰遍布了。都说潜江有“崇文厚德”的禀赋，历史的书院即可“以此为证”：元朝大学士与白鹤书院、潜江最早的书院——石桥书院、西门外的阳春书院、仁同于人的同仁书院、规模宏大的传经书院、读书求学者的世外桃源——中洲书院，等等，我们似乎有了翰墨飘香的亲临感受。而《章华台及放鹰台》《潜江“旧八景”小考》《潜江古城城门及城楼》《潜江之城隍庙》等文章，更是集纳了翔实的资料，演绎了桑梓的流连。

《潜江旧事》所折射的家乡情结，当是郑家荣受益终身的人生彻悟。我们似乎可以这样理解：正是有了这份情结，才有了写作计划中一百多篇文字的“大珠小珠落玉盘”。

“一不为谋生计，二不图名利，更不为驰誉丹青，这是坚强的麦冬沐浴春光，自然勃发蓬勃生机之本能……”作者自称：“这些文章构筑的是一座城市跨越千年时空的简史，它既是专业工作者和各类人士随时查阅潜江有关史料的工具书，亦是休闲旅游和考察潜江、了解潜江、认知潜江的普及读物。”作者又说，“写史又非正式编年史，讲史又不推理演义，故依史载笔，以实为宗，以直为贵，其中评议古今，亦有心裁之处……”说到这里，我们心里都有了数，历时五载，别有心裁，正是有了这样真真切切的铺垫，《潜江旧事》这本书才有嚼头，有看头。

权以为序。

（黄明山，中国作家协会会员、潜江市作家协会主席）

潜江文史研究之老师

——读《潜江旧事》有感

罗仲全

我称郑家荣老师已二十多年了，他总是谦逊地推辞此称呼，但我总改不了对他尊称“老师”的顺口之语。

二十年前，郑老师在市政府秘书长岗位上，我已从市博物馆馆长岗位退居二线多年，但我对潜江考古、文博研究从没终止。当年，我正在进行《楚王宫殿闪耀潜江历史文明之光》一书的收集整理工作，时常要到市政府或查找一些资料，或找市领导请示事宜，郑老师都热情接待我，并周到地予以安排。同时，对我书中篇目排序及历史名人范围等提了很多、很好的指导意见。这时我才发现市政府的这位“大内总管”不仅行政工作有条不紊，调研文章写得好，居然对潜江的文史还颇有研究，情不自禁地称：“你是潜江文史研究之老师！”

后来，我们经常进行文博、史志研究的交流。2000 年，我出版《中共一大代表——李汉俊》、2009 年出版《潜江三大考古发现》等书，都有郑老师修订、斧正的痕迹。2013 年，郑老师还为我的《章华台发现记》修订出版写了序。近些年，郑老师对潜江历史人文及风土人情研究到了几近痴迷的程度。四年前，郑老师辛勤笔耕五年完成四十多万字的《潜江历史名人传》一书出版时，我乐意为郑老师“捧场”写了一段“跋”。该书以多棱镜的角度遴选出两千多年来影响潜江历史的一百位名人，让文化名市的历史长河中又增添了一颗灿烂之星。

近五年，郑老师又潜心于千年古县旧事研究。他从潜江的沿革建置、城池街署、山川河流、书院学校、风俗物产等分卷立篇，从零星生涩的古籍及史志中探究值得铭记传承的潜江历史，做了一件功德无量、利在千秋的好事。我读书中的文章，感觉每篇都凝聚着郑老师的心血和汗水，也反映出他以史为据、严谨科学的治学精神。如，《颇具韵味的潜江古城门之名》一文，穿越千年时空，对城门及城门之名的每次变化都找到了准确的史料，让世人认知千年古县城深厚的文化底蕴；又如，《旧时潜江香稻、青布及北瓜之祸》，以史为据，道出了其中来龙去脉，也道出了中国官场千年之流弊的土壤依然存在，对当下极有警示作用。我深知，史志中有关潜江旧事的记载浩如烟海，且零碎杂乱，郑老师每篇文章的形成都是在虬枝中攀折，舍去了杂乱不堪的历史枝条，独具匠心地打理成了亮丽的艺术作品；都是在沙砾中淘金，精细地除去了历史长河中的朽泥废沙，展示给世人的是熠熠生辉的结晶纯金。

好书在读，好文在品。细细品读郑老师书中一百多篇文章，真切感受到他依史记事、记人，不是照搬或复述历史，不是注释潜江旧事，更不是沉溺于故纸堆里探索，而是时常求助于耆老名士，踏访于窄巷旷野。我可以武断地说，在物欲横流的当下，潜江执着于方志文史研究的除了郑老师绝无第二人。如《潜江古县城及县署考》，他曾先后四次踏访了下蚌湖的宋朝潜江古县城遗址；又如，为考证乡贤李宗信的墓冢，他曾带我一同到泰丰、杨市、园林办事处进行过实地考察，并经常就书中的某些古迹、人物与我进行讨论交流。

郑老师传承潜江文史的精神让我十分感动，我主动将几十年收集到的潜江古碑文拓片及手稿赠送给他做研究参考。他极会古为今用，去伪存真，并以“一滴水见太阳”的表现手法，将正在悄然流失或即将失传的潜江旧事进行提炼浓缩，让世人在一滴水中洞悉千年古县的历史变迁。郑老师每篇文章在承史继学的同时，都有极高的资政育人价值。

我为郑老师《潜江旧事》即将付梓问世而祝贺并代序！为潜江有这样

执着的文史研究老师而欣慰并敬佩！

浅留此言，不吝见示。

2019 年秋

（罗仲全，副研究员，中国当代文博专家。潜江市首任博物馆馆长，章华台遗址的发现者。从事文物考古工作 56 年，整理地方文史资料 800 余万字，在全国报纸杂志发表文章 200 余篇。写此序时 94 岁高龄）

目　录

CONTENTS

前　言

潜江，是一座历史悠久、文化灿烂古老而又充满活力的城市。历经千余年的历史沧桑，史志、典籍及泥沙旷野中积淀着深厚的历史文化信息，却因时过境迁、岁月枯荣、山河移貌、史料散失、探究者寡等原因，很多极有价值的文史信息、值得永恒传承的优良文化、值得镌刻铭记的特有景物等都湮没于历史的长河之中。尤其是在物欲横流的当下，这些历史文化的瑰宝或将流失，或将失传，颇有惨不忍睹之感。笔者作为通点文墨而又爱好文史研究的潜江人，总想在有生之年做点承史继学的抢救性工作，于是在《潜江历史名人传》出版发行之后，又潜心《潜江旧事》的探究之中。

在史料有限的情况下，加之非专业领域探求成文，难度可想而知。每当在故纸散页中晨夕披览、在旷野窄巷里寻觅探索、在耆老雅士中寻访求证去提笔写一篇文章时，犹如荒野中冬日生长的麦冬，有渺茫无助、疑惑困顿的苦愁感，但顽强的基因或特质总能让它傲霜沐雪、勃发生机。一篇文章定稿后，又有如沐春风的甜美和快乐感，尤其是看到故纸堆里零散、深奥的文字又跃然纸上，并将发挥承史继学、知政育人之用时，亦如麦冬遇久旱而饮甘露之快畅，写作的激情和欣慰感亦随之倍增。

时光荏苒，岁月如梭。五年时光一晃而过，写作计划中的一百多篇文章基本完成。回味文章中涉及古潜江的一砖一瓦、一物一景、一河一桥、一寺一庙、一人一事等等，感受到他们都似潜江漫长历史画卷中璀璨之星，点缀潜江丰富多彩的历史天空。如《潜江古县城城门及城楼》折射出千年古县城的历史变迁；《潜江之城隍庙》表述对优秀传统文化的传承之意；《为民请命开恩江》记载对为民请命官员的敬佩；《拜谒将军墓》表达对保家卫国先烈的敬仰。正是这些或物，或人，或事，让文化名市潜江更加绚丽多彩。

斗转星移，寒来暑往，笔者端坐陋室，潜心潜江文史研究并写作，一不为谋生计，二不图名利，更不为驰誉文坛，这是麦冬沐浴春光，自然勃发蓬勃生机之本能；是笔者胸中涌动着一种故乡情结、一种乡愁旧念、一种夫子情怀、一种蜡烛精神之使然。

笔者自以为这些文章构筑的是一座城市跨越千年时空的简史，它既是专业工作者和各类人士随时查阅潜江有关史料的工具书，亦是休闲旅游和考察潜江、了解潜江、认知潜江的普及读物。

笔者写史又非正式编年史，讲史又不推理演义，故依史载笔，以实为宗，以直为贵，自以为其中评议古今，亦有心裁之处。

斗室话乾坤，长短两难全。不当之处，敬请批评指正。

郑家荣

2020 年仲夏于憨墨斋

卷一　沿革建置

引　子

潜江，位于湖北中部，北依汉水，南临长江，地处汉江下游。自宋乾德三年（965）建县至今，历尽千年沧桑，现已是江汉平原及古云梦泽一颗璀璨的明珠。素有“曹禺故里、江汉油城、水乡园林、龙虾之乡”的美誉。

往事越千年，潜江沿革建置十分复杂。夏、商、周三代潜江地属荆州域。春秋战国时期，在本县的南部平原、北部的冈丘地带出现了章华台、竟陵等城邑，属于诸侯国的楚国。秦王朝设郡建县后，潜江为秦南郢竟陵县辖。西汉时分属竟陵、华容县辖。南北朝改属江陵、竟陵辖。

唐大中十一年（857），“以人户输纳不便，置征科巡院于白洑”，到宋太祖赵匡胤开国第五年即宋乾德三年（965），升白洑巡院为县。因境内有古芦洑河等河道分流汉水入长江，取“汉出为潜”之意，命名潜江。

建县初，县署设在安远镇（今高石碑镇下蚌湖附近）。元至元三十年（1293），因水患县署迁移至今园林办事处，古称斗堤。这期间的疆域变迁、礼乐沿革、刑政宽猛、人文风情等亦是一言难尽。

日月盛昃，辰宿列张。秦始皇治理国家推行郡县制后，其郡县的沿革建置都是有章可循的。这里仅以县治设置、江河变迁、区划调整、区乡状况等为例，简要介绍一下潜江的沿革建置情况。

白洑镇、白洑巡院及白洑驿考

考究潜江的建置及历史沿革都涉及白洑镇、白洑巡院等古地名，因为潜江最早的县城在“白洑镇”。如明朝就确认了的“潜江八景”，其中“白洑波光”“蚌湖秋月”两景均在白洑。然而“白洑”这一古地名在新中国成立初已不复存在，给研究潜江历史及人文的学者带来了不少困惑。只有弄清了白洑古镇旧在何方、今在何处，才能对潜江的历史沿革做出较为准确的论断。

潜江先有白洑镇，后有白洑巡院（亦称白洑巡），再有潜江县，后有白洑驿。《中国历史地名大辞典》（中国社会科学出版社，第795页）载：“白洑镇，亦作白洑巡。在今湖北潜江西北。”“白洑巡院在今湖北潜江县西北四十里下蚌湖附近。”《太平寰宇记》卷146对“潜江县”表述如下：“唐大中十一年（857）以人户输纳不便，置征科巡院于白洑。”也就是说唐朝大中十一年前潜江还没建县，亦无潜江之地名，这里属江陵府辖。朝廷考虑百姓缴纳税赋不方便，在白洑镇这个地方设置了一个征税的机构，依其地名叫“白洑巡院”。

据康熙三十三年（1694）《潜江县志》卷10记载：五代（907—960）梁太祖朱晃任高季昌镇守江陵，赐荆南节度使，后封为荆南王。高在镇守江陵时，治水是有功于民众的。他率民众沿汉水南边从荆门绿麻山开始，绕今潜江汉江右岸全段直至今仙桃，修筑了一条延亘二百多里的长堤以防汉江水患，保障了白洑巡院（今王场镇到高石碑一带）及江陵（包括今潜江）东北面安全。民众将此段堤称为“高氏堤”。过去常遭水患之祸的白洑镇、白洑巡院也得到了暂时安稳，于是官府将白洑镇更名为安远镇，并在汉江堤上立了一块石碑对高季昌进行颂扬，有了今“高石碑”及高石碑镇之名。当然，“高石碑”之名来由亦还有其他说法。

时隔50多年后，改朝换代到了北宋乾德三年（965），即北宋立国第五年，宋太祖赵匡胤下诏升白洑巡院为县。因境内有河道分流汉水入长江，取“汉出为潜”之意，命名潜江，属荆湖北路江陵府辖。县署就在白洑镇，而白洑镇、白洑巡院早在五代时（约 910）就被安远镇所替代。

到了明朝嘉靖十年(1531)，县署早已从安远镇迁移至今园林办事处了。此时，潜江县由荆州府划归承天府（今钟祥市）后，县府为了方便与承天府迎送往来，在县北原白洑巡院对河，即今天门市张港西北部设立了白洑驿馆。《方舆纪要》卷 77 载：白洑驿“在县北。明初（应该是明中）置驿于此。万历九年革”。从此，白洑之古地名在史志中慢慢退出了案牍，也退出了人们的记忆之中。

2018 年 10 月，笔者收集到了一张清光绪二十七年（1901）的《潜江县舆图》，图中将明确标有“白洑垸”“白洑铺”。前者在王场镇今胜利村一带，后者在今官户村一带，与建县初古县城的城隍庙相距约三四公里，与史志所言的方位基本一致。

上述考证了白洑镇、白洑巡院等古地名的大致方位，即“县西北四十里下蚌湖附近”，具体说白洑镇、白洑巡院就在今高石碑镇汉江大堤边的蚌湖村二组一带。这是笔者依上述史料，近几年多次实地踏访后得出的结论。

其理由有四点：一是国家级权威史志《太平寰宇记》是宋太宗赵炅时期的地理总志，离潜江建县只有二十多年，表述应该是准确的。《方舆纪要》是清顺治年间的地理方志大全，此类记载科学严谨可信。二是此遗址在今汉江干堤外，张新民垸堤内。而张新民垸堤是近代汉江河道改变后新筑之堤，就是现在观其地貌，仍看得出古县城紧靠汉江古河道，通长江达内河，其古时商埠重镇的遗迹依稀存在。三是现存“城隍庙”“秋月井”遗址仍在。湖广一带古时只有县城所在地才建城隍庙。当地老百姓说原本高出地面五米多的城隍庙基址，是 20 世纪 70 年代“农业学大寨”搞土地平整时用推土机推平的。秋月井在城隍庙东南面，20 世纪 50 年代井台还在，现在当地老百姓都能道出“蚌湖秋月”的美丽传说。四是现存的残砖断瓦及许多古石材基凳等保留着古县城的痕迹。2016 年 4 月笔者第二次踏访城隍庙时，发现其门前有一对古朴而雕刻精美的松鹤石凳，还有随处可见的石柱凳、古砖残瓦等，都传递着古县城历史沧桑的信息。

笔者喜好考究地方文史，关注现代文化建设。建议市委、市政府及市文物部门对古县城所在地立碑撰文，从承史继学角度出发意义重大，从发展旅游事业角度来看更有必要。

潜江、沱水、潜水及沱潜浅考

潜江得于水，苦于水，也兴于水。要了解潜江，读懂潜江，必须知晓潜江、沱水、潜水及沱潜之名的来由。现在除了潜江之名世人知晓外，沱水等与潜江相关联的其他名称人们知之甚少。笔者喜好文史，现作点浅考。

（一）

北宋乾德三年（965），朝廷将原江陵府在唐大中十一年（857）为方便征纳税粮设在白洑镇的"征科巡院"升格为县，依《尔雅》云："水自汉出为潜"，命名潜江县。这只是潜江之名来由的说法之一。

先说汉字"洑"，即水伏流于地下为洑。潜江最初的县署设在白洑镇（巡），也就是说潜江上古时代及建县时就是水潜流于地下。

又如，明朝的《郡县释名》（湖广卷）云："汉水从郧襄来至县北三十里，芦洑河分流其水，经县东南流于（长）江，曰潜水（江）。"明万历三十年（1602）《承天府志》卷3载："《尔雅》云，'水自汉出为潜'。"清康熙三十三年（1694）《潜江县志》云："汉由潜一道入江，故名潜江。"通俗的说法，汉江由潜水分流入长江，即名潜江。

还有一种说法，潜江得名于古夏水（亦称长夏河）。夏水起源于今江陵东南（与后述沱水、潜水的水道较一致）的长江，流经今江陵、监利、潜江、仙桃、武汉的汉南等地入长江（今武汉的江夏区，古称夏口，即夏水的入江口），属季节性河流，夏季洪水滔滔，冬季水落潜藏于地下，名曰潜江。

（二）

中国最早的区域地理著作《尚书·禹贡》（战国时期）载："荆及衡阳惟荆州。江、汉朝宗于海，九江孔殷，沱、潜既道，云土、梦作乂……浮于江、沱、潜、汉，逾于洛，至南河。"其大意是：荆山到衡山南面广阔地域是荆州，长江、汉水在此齐流奔向大海，至九江地区流势更盛，长江的支流沱水、潜水疏通以后，云梦泽带已获治理，可以耕作……进贡的道路是先用船运经长江及支流沱水，再由潜水进汉水，然后（至襄阳）登岸由陆路运达洛水，再进入黄河。这是“潜江”及“沱水”“潜水”或“沱、潜既道”一词最早的文字来源。

《尔雅·释水》（战国时期）载：“水自河出为灉（古河名）”，“汉为潜，淮为浒，江为沱。”其大意是：水从黄河流出的支流为灉水，汉江的支流为潜水，淮河的支流为浒水，长江的支流为沱水。也就是说“沱水”为长江的支流，“潜”“潜江”及“潜水”作为汉江的支流上古时代就存在，沱潜这条古老的河道大禹就曾治理过，并且是通畅的。

（三）

“沱水”（亦作沱江，下同）及古水道。依“江为沱”之说，《尚书·禹贡》云：“荆、梁（今成都平原一带）二州皆有沱。”四川郫江前身就叫沱江；现经今泸州市入长江的支流亦叫沱江。荆州的沱江，《汉书·地理志》曰：南郡枝江县，“江沱出西，东入江”，即今江口镇一带的长江为正流，北面为沱水，后慢慢消失。再就是潜江境内的沱水。

明末的《天下郡国利病书》对潜江的沱水及故河道有较明确的记载：“沱水乃江水，郝穴溢入。东北经三湖、芝江湖，（潜江）县南二里马市潭。潭北五里有沱埠渊，合芦洑河。”据光绪三年（1877）《江陵县志》载：“郝穴口在宋以前渐湮，元大德中重开。明嘉靖二十一年（1542）间筑塞，隆庆中议开后仍筑塞。”沱水是古长江的一条支流，在江陵南面长江北岸的郝穴是沱水的入口，向东北流经今江陵、三湖（今三湖农场）、潜江龙湾的沱口（这里是沱水与汉水支流夜汉河的交汇口，今仍沿用古沱口之地名）、熊口、周矶的芝江湖（芝江湖在今周矶以北的长柏枝江垸一带，明朝中叶长江分流沱江入口堵塞，河道渐淤，清初已不复存在），再至“县南二里马市潭”（今园林城区的马家台，古称马市潭）、“潭北五里有沱埠渊”（今袁桥居委会，明代以前是湖泊，古称沱埠渊），最后在今泰丰办事处的黄汉垸一带“合芦洑河”（即潜水）。

清康熙三十三年（1694）《潜江县志》云：“沱不可考。城西沱埠渊为西河，故道经龙渊为马市潭，仰受江（长江）流，旧与潜（水）合流，即吾邑沱也。”

从上述考证得知，潜江的古沱水留下了大禹治水之足迹，不仅分杀了长江的水势，还是一块富饶税贡丰富的土地，更是一条水上贡道，且大大缩短了荆（州）、襄（阳）至京都的漕运里程。

（四）

潜水及古河道是潜江得名的重要来源之一。清初的《读史方舆记要》卷 77 云：潜水“在县东一里，所谓汉出为潜也”。“县东三十里有芦洑河，即汉水的分流处。”康熙《潜江县志》卷 2 载：“芦洑在县北三十里”，也就是说潜水就是芦洑河，芦洑即潜水。当然这里“县北三十里”的芦洑河只是潜水分流汉江的入口。

康熙《潜江县志》卷 10 载：“芦洑入杨林，直经南流为排沙渡，又直经南流为县，县城郭庐舍滨矶岸，岁苦河水，撼荡过县，为班家湾，又直经南流为总口……”潜水即芦洑河连接汉江的入口处，在今竹根镇杨林洲村一带。笔者实地考察过两次，相隔四公里左右先后有两处入口。

清嘉庆九年（1804）《湖广通志》卷 7 对潜水及古河道表述得更是清晰明了：“潜水在县东，东南流经汉阳府沔阳州，西北合夏水，今名芦洑河。芦洑河自汉江分流为排沙渡，又南经县城东为县河，又东南为总口，又东南为许家口（今渔洋镇的新南村与总口农场张家湖分场的交界河道），又东南为沔阳州柏口，至柳口会漕河，又东为苇蒿河，又东合夏水，是正流。”这就是旧志载“汉江在芦洑为潜”之说。

古潜水在今汉南河刘桥泵站一带分为三支，一支在排沙渡下三里东流，称为通顺河，流入今仙桃，武汉汉南、汉阳等地入长江；一支南流偏西流为县河；一支由县河南下三里东流，称之为恩江。

潜江行政隶属关系及区划变迁考

潜江，是一座历史悠久、文化灿烂古老而又充满活力的城市，历经千余年的历史沧桑，其行政隶属关系及版图面积在不经意的岁月中不断发生变化。笔者现依据有关史料做个小考，为大众进一步深入认识了解过去的潜江提供借鉴。

（一）江陵府的“征科巡院”升格为潜江县

列国有史，诸县有志，山河有脉，疆域有界。潜江建县经历了一个漫长过程，建县后又因江河改道、朝代更替、施政管理等原因，其隶属关系发生过多次变化。这里先说建县及建县前的隶属关系。

公元前5世纪前后的春秋战国时期，江汉平原南部平原地区有了章华台（有今潜江龙湾及监利、华容等多种说法），西北部冈丘地带有了竟陵（今积玉口镇一带，后县署移至今天门）等城邑，潜江属诸侯国中的楚国。

秦始皇统一中国后，废列国实行郡县管理。公元前278年，秦军攻占楚国郢都（今荆州城西北）及竟陵后，在这里设郡建县，潜江成为秦南郡竟陵县辖地。公元前206年西汉政权建立，设置了华容县，潜江东南部属华容县，西北部属竟陵县，直到南北朝。公元550年前后，南梁王据有江陵周围城池，废了竟陵、华容县，从此，潜江成为江陵县属地，历隋、唐两朝至五代，北宋年初潜江建县。

《太平寰宇记》卷146对潜江建县来由如此记载：“唐大中十一年（857）以人户输纳不便，置征科巡院于白洑。”唐大中年间，即唐宣宗李忱执政期间（810－859）。李忱是李氏唐朝最后一位明君，能知潜江百姓远道江陵县城缴交税粮不便而设一个征税专署确属不易。

白洑这个古地名现已消失，从史志中可考证出潜江先有白洑镇，后有白洑巡院（亦称白洑巡），再有潜江县。《中国历史地名大辞典》（第795页）载：“白洑镇，亦作白洑巡，在今湖北潜江西北。”“白洑巡院在今湖北潜江县西北四十里下蚌湖附近。”清光绪二十七年（1901），《潜江舆地图》标明，今王场镇胜利村一带古称“白洑院”，官户村一带古有“白洑铺”之名，相距下蚌湖三四公里。

时隔108年，进入宋乾德三年（965），即宋太祖赵匡胤开国的第五年，将唐朝在江陵县北部白洑镇所设立的征科巡院升格为县。因境内有河道（即古芦洑河，今通顺河））分流汉水入长江，依《尔雅》云“水自汉出为潜”之意，取名潜江。潜江隶属于荆北路江陵府。

（二）建县后版图及行政区划在调整中增加

潜江现在地理坐标为东经 112° 29′ 至 113° 01′ ，北纬 30° 04′ 至 30° 39′ ，其精准版图面积是 2004 平方公里（平方千米，下同）。明嘉靖年间《湖广图·经志图》载：潜江“东西广一百四十里，南北纵亦同”；清康熙《潜江县志》载：潜江疆域“广三百二里，袤四百八里”。以上两志记载均有误，依此计算，古时潜江版图面积应在 3000 平方公里以上。事实上潜江自宋乾德年初（965 年）建县至清朝末年（1911 年）这 946 年期间，疆域及版图面积均无多大变化，应该是 1450 平方公里左右。

清光绪《湖北舆地记》载：潜江地域“广八十四里，纵一百二十六里”，与民国时期《湖北省年鉴》所记载潜江的版图面积 1451.24 平方公里基本相同。当时与潜江接壤的东为天门、沔阳，西为荆门、江陵，南为江陵、监利，北为京山。

民国 23 年（1934）至 1962 年，近 30 年间，潜江行政区划和版图面积发生了较大变化。1934 年 6 月，国民党政府出于对共产党“围剿”“清乡”等需要，将对当时江陵县所辖边远而共产党又十分活跃难治的熊口就近划归潜江县管辖。同年 11 月，又将江陵县所属的大白垸、沙湖垸（今丫角桥七里一带）及荆门县所属的淌湖（今田关河刘岭闸宋家台一带）的“插花地”划归潜江县所辖。此次划入潜江版图面积约 120 平方公里。

中华人民共和国成立初，湖北省人民政府为便于施政管理，将潜江与京山、天门、沔阳、江陵、监利、荆门等邻县犬牙交错的“插花地”进行了很多归并。1949 年 7 月，将京山县所属的多宝湾、拖船埠约 80 平方公里划归潜江县（今属天门）；将潜江所属的新屋台（今竹根滩镇李垸、田岭、双桥树一带）约 6 平方公里划归天门，天门所属的约 20 平方公里划归潜江；将沔阳所属的金家台、王家滩（今总口农场刘桥大队，包括笔者曾生活过的下胡台）约 40 平方公里划归潜江；将监利所属东荆河以东新沟坝（今七一村）及以西深入潜江的今上彭家湾约 60 平方公里划归潜江；将江陵所属的张家嘴（今后湖返湾湖）约 20 平方公里划归潜江；将荆门所属的樊场（今浩口镇田家湖一带）约 40 平方公里归潜江；将潜江所属獐湖垸、长四垸（今高石碑老堤一带）约 15 平方公里划归荆门。次年春，又将天门所属的大王庙西北（今黑流渡一带）约 20 平方公里划归潜江。加上民国时期划入的熊口及划入的其他小块“插花地”，行政区划调整后，潜江版图面积净增约 468 平方公里，达 1919 平方公里。

1954 年以后，湖北省人民政府从有利于防汛抗灾考虑，按江湖流域范围和江河走势，对行政区划又做了一些大的调整。1954 年 3 月，将四湖流域以东的江陵所辖第九区张金、第十区龙湾（包括从监利划入今老新的部分地块）约 530 平方公里划归潜江所辖；1956 年 7 月，将潜江所辖汉江以北的第一区多宝、第六区张港约 530 平方公里划归天门所辖。这两次行政区划调整，潜江版图总面积基本上没什么变化。

1956 年 3 月，荆门所辖的积玉、凤姣、古城、八里、新场、荆河约 49 平方公里划归潜江所辖。潜江版图总面积增至约 1968 平方公里。

1958 年，潜江所辖萧家湾、魏家台（今铁匠沟肖场一带）划归江陵。次年，中干渠（亦称总干渠）开通通水，又将渠以东江陵辖地及上年划出去的田土划归潜江，合计约 17 平方公里。潜江版图总面积增加到约 1985 平方公里。

1959 年，田阳台以南的白鹭湖中部及以东的潭港、冉集等地划归江陵，次年转划给监利所属的白鹭湖农场。1962 年该农场与潜江所属的西大垸农场合并，潜江又增版图面积约 15 平方公里，总计版图面积约 2000 平方公里，后重新勘界的精准面积是 2004 平方公里。

（三）潜江行政隶属关系在多次变更中升为省直管市

元世祖忽必烈推翻大宋王朝入主中原后，在元至元十三年（1276）改江陵府为上路总管府，后又改为中兴路，潜江属河南江北行中书省中兴路辖。

1368 年初，明太祖朱元璋在南京称帝建立大明王朝，改中兴路为荆州府，潜江属湖广布政使司荆州府辖。明嘉靖十年（1531），嘉靖帝朱厚熜下旨升安陆府为承天府（今钟祥），为扩大其皇家领地，将荆州府所属的潜江划归承天府辖。

清王朝建立后，顺治三年（1646）又改承天府为安陆府，潜江仍属安陆府。康熙三年（1664），康熙帝将湖广分为湖北、湖南后，潜江属湖北省安陆府。

1912 年，中华民国成立。次年改府为县，以道为省县之间的行政机构，潜江属鄂北道（后改称襄阳道）。民国 14 年（1925），国民党政府曾设计了一个省直管县的方案，当年，废除道制，潜江直属省管。此体制推行 7 年后，于民国 21 年（1932）在省县之间还是设了一中间行政管理机构，名曰“行政督查区”，潜江属第七区；1934 年改属第六区，后还属。

1949 年 7 月，潜江县人民政府成立后，潜江隶属湖北省荆州行政区督察专员公署（简称荆州行署）。后荆州行署多次更名，均领潜江。

1988 年 5 月 25 日，经国务院批准，同意撤销潜江县，设立潜江市，但县级行政级别没变，原隶属于荆州行署的关系没变，变的只是一个县改市称号。当年 7 月 18 日，历时 1023 年的潜江县之名，骤然消失在轰轰烈烈的潜江撤县建市的成立大会之中了。

1992 年秋开始，时任市委主要领导以潜江服务中央所属企业——江汉油田等为由，开始申报地级中等城市，笔者是中等城市申报办公室主要成员之一。历时两年多，经湖北省委、省政府同意潜江升格为地级城市的请示，笔者曾与市主要领导将省政府的请示送达当时国务院分管行政区划的国务委员李贵鲜案头，但终因方案中潜江没有下辖县、区而没能获准。

经过这一轮申报后，潜江的政治、经济地位得到了进一步提升，对外影响力更加有名。1994 年 10 月 22 日，报经国务院同意，潜江市升格为副地级城市，由荆州地区行署辖改由湖北省直管。从此，潜江又翻开了新的历史篇章，进入了一个新的历史时期。

民国时期潜江区乡状况

2018 年 9 月，笔者收集到了清末及民国时期的三张潜江县地图，这对研究清末及民国时期潜江行政区划变迁及区乡分布等极有参考价值。

清光绪二十七年（1901）的这张地图，名为《潜江舆地图》，出自《湖北舆地图》。此图谷黄底色，规格 84×106 厘米，手工绘制，山川河流、湖泊堤塍、经纬县界等极其精细、清晰。

民国时期的这张地图，图名《潜江》，出自民国 18 年（1929）《湖北分县详图》，规格 88×65 厘米，此图黑白色，刻版印刷体，潜江与天门共在一张图中。

民国时期的第二张图，名为《潜江县图》，出自台湾“内政部”图书馆，分类号：300325－207，登录号：0458。系手工绘制，图是谷黄底色，红黑相间手书体字的晒制图。规格 73×59 厘米 ，此图绘制于民国 30 年至 35 年（1941－1946）之间。1949 年，国民党败退大陆时带到了台湾，后收藏于“内政部”图书馆，这应该是潜江现存最早、最完整的单张县域行政区划地图。此图相对清朝末年的《潜江舆地图》而言，有比较明晰的区乡分界线和名称。

笔者再次进入潜江市档案馆，查阅民国时期的相关资料，并结合民国时期的两张潜江县地图及现在的《潜江市地图》，对潜江民国区乡分布等情况有了一个初步认知。

民国时期，国民党政府没设地级城市这一管县（市）的行政机构，以行政督察区行使相当于今地区级市的职能。民国 22 年（1933）前，潜江属第七行政督察区，之后，潜江改属第六行政督察区。全县分为 5 个区，第一区，区公所设在县城；第二区，区公所设在浩口；第三区，区公所设在黄家场（今周矶办事处的黄场村）；第四区，区公所设在钟滚垱（今高石碑镇钟市村）；第五区，区公所设在张截港（今天门市张港镇）。每区设区长 1 人，配置区雇员 1 人，每区每月经费支出 156 元（银圆。含区长每月约 46 元的薪金），由县财政拨付。

当时，潜江为纯农村经济，工业甚微，仅有的是“潜阳纸伞”“潜青布”等几家手工作坊，商业亦不发达。全县有 9 个比较繁荣的集镇，分别是浩口、黄家场、蚌湖、钟滚垱、张截港、泗港（今天门张港镇的泗河村）、梅家嘴（今园林办事处梅嘴村）、许家场（今渔洋镇桥头村一带）、周家矶。

民国 34 年（1945），全县分为 5 个区没什么样变化，区下又分设了乡，5 区 20 个乡分别是：第一区（今东荆河以东的区域），辖小北乡、城关乡、黄葛乡、中木乡、垸湾乡；第二区（今浩口、高场一带），辖刘义乡、古淌乡、浩口乡；第三区（今王场镇一带），辖黄王乡、赵双乡、乡林乡、熊口乡；第四区（今高石碑一带），辖老长乡、镇长乡、蚌带乡、青芦乡；第五区（今汉江北边，即今张港、多宝一带），辖郭柏乡，绿彭乡、太泗乡、张港乡。

以上区乡区划及名称一直沿用到中华人民共和国成立初。20 世纪 50 年代中期，按河湖流域特性，从有利于防汛抗灾考虑，经原荆州行署研究，报湖北省人民政府批准，对潜江行政区划做过三次大的调整。

第一次是 1954 年 3 月，将四湖流域以东的江陵县第九区（张金）及龙湾（包括浩口原洪宋乡及后湖的皇装垸分场等地）、老新划归潜江管辖。

第二次是 1955 年 7 月，以汉江为界，将汉江北边原属潜江所辖的张港、多宝区等地划归天门管辖。

第三次是 1956 年 3 月，将荆门（借粮湖东南面）所辖的古城、凤姣、八里、新场、积玉、荆河六个村（一个乡的建制）划归潜江所辖。由此形成了当下潜江比较稳定的 2004 平方公里的行政区划版图。

卷二　城池街署

引　　子

城池，古代指城墙和护城河，也泛指城市。说到城池，少不了城墙、城门、护城河、护城堤等。街署是城池内核所在，也是建城池的意义所在。

北宋年初，潜江建县时设在古安远镇的城池及街署状况无据可考。自元朝末年迁入斗堤（今园林办事处）后的城池及街署衙门虽有据可考，但岁久年湮，沧海桑田，当下也很难准确表述千年古城城池及街署的固有形态，只能依史志呈现某一时期古城池及街署风貌。潜江古城池之高深或简陋，关隘之严固或朽败，街市之繁华或凋敝等都被奔腾而下汉水之泥沙、无情难耐之火烛、亘古常有之风雨所湮没。

当下，我们探究古城池街署，似若唐代诗人张子容在《长安早春》所言的“开国维东井，城池起北辰”之起笔，但最终还是没能回到“何当桂枝擢，还及柳条新”之境态。拟想凭栏遥瞩千年古城及街署之景观，那只能随笔者之拙笔游走于千年的时空隧道，寻找停留在史志某个时期的美好记忆了。

潜江古县城及县署考

《太平寰宇记》卷 146 对潜江如此记载：“唐大中十一年（857）以人户输纳不便，置征科巡院于白洑。北宋乾德三年（965）置潜江县于此。”

《方舆纪要》卷77记载：白洑镇（驿）“在县西北四十里下蚌湖附近，明初置于此，万历九年革”。也就是说唐大中十一年为方便百姓缴税设在白洑镇的征科巡院在宋乾德三年升格为潜江县了，从此潜江就有了县署所在地的县城。

宋朝时，潜江古县城所在地古今表述模糊且矛盾，并又有诸多不同意见。如明万历三十年（1602）《承天府志》载：“唐大中间置征科巡院于白洑。五代高季昌（荆南节度使，后封荆南王）守荆南，沿汉筑堤以防水患，改白洑为安远镇。宋乾德初改安远镇为潜江县。”

清康熙三十三年（1694）《潜江县志》卷1记载：“唐大中置征科巡院于白洑（白洑，今县西四十里），属荆州节度使。”“宋始置县，治在县南道隆乡豆子湖。今坊井遗址尚在。元徙斗堤，即今治。”时过境迁，麦陇弥望，南道隆乡已无行政区划图可考，豆子湖已不复存在。但依现有据可考的地图等史料，笔者确认“白洑”在安远古县城“县西北四十里”，而不是“县西四十里”的错误表述。

笔者收藏有一张清光绪二十七年（1901）的《潜江县舆地图》，此图为《湖北舆地图》当时的一部分。图中明确标有“白洑铺”“白洑垸”之地名。地名之一“白洑铺”，在今王场镇西南面约1.5公里的官户村一带；地名之二“白洑垸”，在今王场镇东面约一公里的胜利村一带。这两个“白洑”之名与“县西北四十里”基本相吻合，离唐宋时期所言“白洑巡”的下蚌湖亦不远。

依康熙《潜江县志》人们推断，说宋初古县城在今高场史家湖一带，并有了今“安远大道”命名在周矶的不当提法；依万历《承天府志》等史志，有学者言及古县城在今蚌湖林场兴隆河东边农庄一带等。虽代远年湮，但就笔者多次现场实地考察，认为今高石碑镇蚌湖村二组即古县城所在地，其主要理由如下：

一是国家级权威史志《太平寰宇记》是宋太宗赵炅时期的地理总志，离潜江建县只有20多年，表述应该是准确的；《方舆纪要》是清顺治年间的地理方志大全，此类记载科学严谨可信。二是此遗址在今汉江堤外，紧靠汉江古河道，通长江达内河，现在也看得出古时商埠重镇的遗迹。三是现存“城隍庙”“秋月井”遗址仍在，湖广一带古时只有县城所在地才建城隍庙。四是现存的残砖断瓦及许多古石基、凳等保留着古县城的痕迹。五是上述两处“白洑”之名与其相距亦较近。

康熙《潜江县志》记载：“（元）世祖至元二十七年（1290），庚寅，大水圮。三十年（1293），癸巳，徙今治。”《中国历史地名大辞典》（中国社会科学出版社）卷2（2880页）记载：“（元）至正二十七（1367）徙治斗堤（今潜江市）。”此乃错误记载，切不可误用。准确地说，元至元二十七年古县城安远镇被洪水冲毁，至元三十年（1293）县城从下蚌湖的安远镇（白洑）迁至今市政府所在地园林办事处，古时叫斗堤。

康熙等旧志记载，迁入斗堤的县城是在田舍里建起的土城：“潜江旧为土城，高一丈五尺（4.5米左右），袤四百余丈（1000多米），名‘田舍城’，东临县河。”古县衙的位置，康熙《潜江县志》卷4记载：“县治在城北，负郭向明。”即古县衙背靠城郭北边，坐北朝南。应该在今朱坑西北面的粮食加工厂一带（今康馨花园小区）。时隔170多年后，到了明成化七年（1471），洪水又将土城冲毁，县丞李镛主持重修县城和县衙，并在县城东北边外加修保护县城的大堤，名曰“花封堤”。

明嘉靖二十三年（1544），时任分巡佥事柯双华和知县黄学准（今广东佛山南海区人）重修县城，并首建潜江县城四门：“东曰汉滨、西曰郢郊、南曰迎薰、北曰望洋。”时任礼部尚书湛若水（今广东增城人）撰写了《新修城门记》（收录于康熙《潜江县志》）。嘉靖三十年（1551），时任知县夏泗（今重庆大足人），增筑城墙“西南北三隅，高固胜前，轮八百余丈，并覆以瓦”。

明万历五年（1577），时任知县朱熙洽（今江苏昆山人），将护卫潜江280多年的土城扒掉，首建砖城。砖城“周长九百二十八丈（约2800米），高一丈七尺（约5.1米），厚一丈五尺（4.5米）。增建陆地五座城楼：东曰襄渚东阁，西曰潜阳西郭，南曰汉别南兴，北曰沱圻北钥，西北曰万象归辰（即镇县楼）；水门二：曰百川环注（即朝宗门），曰三楚周行（即通会门）”。

康熙县志载：清康熙十一年（1672），潜江再次遭遇大洪水，洪水“荡洗北城，城楼圮，知县王又旦（今陕西合阳人）重建砖城，其北门更名为“楚服奥区”。接下来约20年时间潜江县城连年遭遇大洪水，到了康熙三十二年（1693），刘焕（今陕西清涧人）到潜任知县时，“原城仅存甕门两土阜而已”。刘焕“议设排障于北关、朝宗、通会三处，分杀水势。于妙庭观址亘筑长堤，绕城东以制泛滥。县治庶无冲啮之患矣”（康熙《潜江县志》卷之四载）。

沧海桑田，后来的县城及县署的变迁很难找到确凿的史料了。但2017年5月，经多次现场踏访并在城区采访罗仲全（市博物馆原馆长，92岁）、陈忠志（饮食公司原书记，82岁）、蒋世林（市人大老干部，81岁）等多位健在的老人后，依稀弄清楚了潜江县城的古城墙、城门及县署方位。

古县城以今公安局办公楼所在地东南边为圆心，南北长约1500米，东西宽约1800米，以红军街、堤街和章华中路为南北纵轴街道，古街道纵轴并非笔直；以儒学路、关厢门巷、建设街、东风路及横堤路为横轴街道，占地约三平方公里（千米）。大北门在石油公司北边一带，小北门（朝宗门）在朱坑北边(堤街北头)一带；南门在老保险公司一带；西门在今武装部一带；大东门在曹禺戏楼一带，小东门在市中心医院东边院墙外通往原潜江制药厂石桥边一带。

据这三位老人回忆，民国时期，在建设街东头今文昌中学一带有小东门；在今金陵商场一带有小南门；在中药材公司东边一带有一小西门。古城墙、城门在新中国成立初还有部分断壁残垣存在。1951年蒋世林先生还在古城墙南段学骑过自行车。随后古城墙及埋在地下几百年的砖石被挖掘出来为党政机关、城区道路、学校等建设“添砖加瓦”了。

古城墙不复存在，但县署总是存在的。古县衙在原粮管所、面粉厂（即今康馨花园小区）一带。民国时期的县政府先后在老保险公司、公安局（关厢门巷）南边一带设过办公室，县党部（国民党）在老财政局南边药店一带。

中华人民共和国成立初的潜江县委、县政府1949年7月在熊口镇成立并在红军街办过公，当年8月迁至园林办事处，驻今园林一小（原城关小学）一带，不久改迁至今建设街中医院门诊部（地主王大新宅院）一带。

1951年3月，中共潜江县委、县政府迁址于今建设街76号、70号。笔者1991年9月进入潜江市政府办公室，曾在建设街76号原市政府所在地工作过三年之久，对院落布局及其中的一草一木记忆犹新。

1994 年 2 月，潜江升格为省直管市后，中共潜江市委、市人民政府再次迁址于今章华大道 18 号办公楼，笔者也一同进入了中式古典风格的这座办公群楼，在二号楼及四号楼先后待了十五年之久，见证了现代“衙署”迁移的来龙去脉及其中的风风雨雨。

潜江古县城城门及城楼

冷兵器时代，凡州府衙署所在地都建有护卫城池的城墙，城墙必有城门，城门之上一般都建有城楼（亦称谯楼）。古时，城楼既是一座城的标志，也是一种重要的军事防御建筑。城楼在战时是守城将领的指挥所，也是瞭望台和重要的射击据点，和平时期城楼则是游乐赏景、登高远眺之场所。

中国的城楼大都造型古朴典雅，结构端庄稳健，蕴藏着丰厚的历史文化信息。潜江之古城及城楼也不例外，即使它现在埋藏在难以寻觅的黄沙泥土之中，湮没在鳞次栉比的高楼民居之下，但依据史志仍可依稀还原其昔日的风貌。

元朝至元三十年（1293），古县城从今高石碑镇下蚌湖（古称安远镇、亦称白洑）迁至今市政府所在地园林办事处（古地名叫斗堤），初创之城是土城，名曰“田舍城”，即在一片田地、几间农舍之间构筑了一圈土墙，建起了县衙。据康熙《潜江县志》卷 4 载，城“高一丈五尺，袤四百余丈”，即土城墙高约 5 米，周长 1330 米，由此折算出田舍城占地约 211 亩。此城肯定有城门，但城门上有无城楼，不见史志记载。

明嘉靖二十三年（1544），时任知县黄学准（广东佛山人）主持修建古城四门，分别是“东曰汉滨，西曰郢郊，南曰迎薰，北曰望洋”，这是潜江古县城最早之城门。城门建成后，请时任兵部尚书湛若水（广东增城人）写了一篇《新修城门记》（康熙《潜江县志》卷 4 载有全文）。这篇记中写到“无城，是无人民也。无门，是无城矣”；“门成即城成”；城门建成“公有依附，民有宁宇，众皆欢喜”。文中着重对城池及城门的必要性进行了阐述。

嘉靖三十年（1551），时任知县夏泗（四川大足人）增筑城池西、南、北三隅，使城池面积扩大到了约620亩，并加高加厚了城墙。此时，城池防御盗贼有了“金汤之固”，并有了“覆以瓦”之记载。这里的“覆以瓦”，按常识城墙是防御工事，上面均有射击垛口等，为了让守城者在城墙顺利通行，城墙上是不可能盖上瓦的，只能是对新建的城楼“覆以瓦”，这也是潜江古县城城楼最早的记载。

潜江古县城之土城墙一直延续到明万历五年（1577）。是年，时任知县朱熙洽（江苏昆山人）改土城墙为砖城墙，扩大了城池范围，同时建成了五座陆地城楼和两座水上城门。此时的砖城“周围九百八十丈（约3270米），高一丈七尺（6米），厚一丈五尺（5米）”，即潜江古县城城池占地约1200亩。其五座陆地城门和城楼分别是东门及城楼曰“襄渚东闸”、西门及城楼曰“潜阳西郭”、南门及城楼曰“汉别南兴”、北门及城楼曰“沱圻北钥”、西北门及城楼（最壮观的城楼，紧邻县衙）曰“万象归辰”，两座水门分别曰“百川环注”“三楚周行”，即城墙东北面的“朝宗门”、东南面的“通会门”。另在城墙上修筑巡查堡垒14座。

此时的潜江古县城城池已非同一般，蜿蜒龙形，高以数仞，有着雄伟壮丽之外观，且固若金汤，盗贼畏惧，民众欢悦。坚固的城墙，巍峨的城楼守护城内衙署及黎民百姓历时90多年。

岁月如梭。清康熙十一年（1672），一场特大洪水再次侵袭潜江古县城，城墙和城楼部分被洪水冲毁。尤其是北城及城楼毁沉于洪水之中，时任知县王又旦（陕西合阳人）再次进行了修复，并将北门及城楼改名为“楚服奥区”。同时，王又旦对修缮过的城北“朝宗门”上的城楼亲笔题书“谯楼寓获”，请到了清初著名诗人孙枝蔚（陕西三原人）来潜采风，并安顿孙先生在此楼上寓居四个月之久。孙枝蔚在潜江留下了十多篇极有价值和品位的诗文，被收录在《潜江明清诗选》一书中。

到了康熙三十二年（1693）时，城墙及城楼连年遭受洪水侵蚀，“朝宗门”至“通会门”的城墙大多崩颓，部分城墙仅存几段残垣，时任知县刘焕（陕西清涧人）再次组织重修城墙及城楼。将东南边城墙移至原城内，先筑一长堤（即今堤街和西堤），以节制泛滥之洪水，再筑城墙。

潜江古县城城墙和城楼历时几百年，在与河伯争斗中不断营建，不断损毁，至清朝末年基本上是名存实亡了。民国时期北门、西门及东门的几座城门还在，但城楼早已只在人们的记忆之中了。

新中国成立初，保存最完好的是南城墙，即今中心医院一带，城墙部分段面还可骑自行车，西门和北门的城门框架仍然巍然屹立在风雨之中，诉说着历史的沧桑。

颇具韵味的潜江古城门之名

古时，凡是有“城”之地就有城墙，出入城墙必有通道，即城门。城门与城楼雄伟壮丽的外观显示城池的威严和地域风采，是一座城的标志。而城门之名烙印着当地历史地理、风土人情、审美情趣、精神图腾等物质表象和精神内在的元素。潜江城门之名虽几经更替，但在传承、创新中，传递特有的儒学思想和文化韵味没有变。

先说潜江的古县城。北宋乾德三年（965）潜江建县，县署设在今高石碑镇下蚌湖村一带，最早地名叫白洑，后改为安远镇。那时古县城有无城池及城门，现有史料中没找到记载，不好妄加推断。元至元三十年（1293）潜江县衙因水患冲圮，迁址至今园林办事处建了城池，只可惜当时地广人稀，经济落后，在一片田野上建起的是一座十分寒酸的土城，取名“田舍城”。康熙《潜江县志》卷 4 记载：“潜江城旧为土城，高一丈五尺（高约 5 米），袤四百余丈（周长约 1330 米），名曰‘田舍城’，东临水。”没有城门及城门名记载。

时光荏苒，岁月如梭，直到明嘉靖二十三年（1544），潜江古县城才有城门记载。当年，承天府的分巡佥事（相当于知府的副职或助理）柯乔檄和时任知县黄学准（举人，广东佛山人）主持修了四城门，虽然还是土城，但四城门之名却十分雅致，分别是“东汉滨、西郢郊、南迎薰、北望洋”。

东门“汉滨”，意指汉水支流（今县河）经城池东边东流入沔阳，亦有潜江城地处汉水之滨之意；西门“郢郊”，“郢”是承天府所在地钟祥的简称，其本意是潜江似郢都的郊县，拱卫皇城郢都；南门“迎薰”，意指南风送爽，祈财解愠，以为民悦；北门“望洋”，意指城北汉江及排沙河（今汉南河）白浪滔滔，如汪洋一片。此时，潜江古县城还是土城，虽有城门，但无城楼记载。

斗转星移，到了明嘉靖三十年（1556），时任知县夏泗（举人，今重庆大足人）又扩增了城池“西南北三隅，高固胜前，轮八百余丈（周长约2600米），覆以瓦”。增修后的城池虽有金汤之固了，但城门名并没有改变。

似水流年，21年后的万历五年（1577），时任知县朱熙洽（进士，江苏昆山人），不仅将城池扩增到了“周围九百二十八丈”（约3000米），城墙增高加厚到“高一丈七尺（约5.6米），厚一丈五尺（约5米）”，而且将土坯城墙改成了砖石结构的城墙。这时潜江古城墙已巍峨宏大了很多，城门由原有四座增至五座，并有了新的名称。东门曰“襄渚东闉”、西门曰“潜阳西郭”、南门曰“汉别南关”、北门曰“沱圻北钥”、西北门曰“万象归辰”。朱熙洽是进士出身，精通四书五经，所命城门之名都蕴含深厚的儒学内涵和文化韵味。

“襄渚东闉”。“襄”古时今汉江亦称襄河；“渚”即水中小块陆地；“闉”指瓮城的门，亦指城防工事的进出口；“东闉”即防卫城池东边的进出口。全名之意，这是襄河之滨绿洲上一座城池东面的防御之门。

“汉别南关”。古人云“江汉河济，水之大者也，江别为沱，汉别而为潜”，“汉别”即潜江的别称；“关”即关口、关卡、要塞；“南关”即进入城池南边的关口或守卫处。全句之意，这是进出潜江城南边的一处关口。

“潜阳西郭”。“潜阳”是古时潜江城的一别称，古人称“山之南、水之北为阳，山之北、水之南为阴”，因潜江城在古潜水即芦洑之西北，故称“潜阳”。如清初诗人朱继智在题潜江西门《通政桥》曾写道：“西城桥石水依城，通政潜阳旧有名。”“郭”指外城墙或泛指城市。全名之意，这里是通往潜江城及城西外广阔之地的一道城门。

“沱圻北钥”。“沱”古时长江有一条支流叫沱水，流经潜江，因而“沱”也是古时潜江称为“沱潜”的简称；“圻”指天子直辖之地，或方圆千里之地；“钥”门直闩。全名之意是北门是拱卫郢都（钟祥），锁住方圆千里沱潜之水（含匪患）的锁钥。

“万象归辰”。“万象”意为宇宙内外一切事物或现象；“辰”，日、月、星总称，亦特指北极星，或泛指众星；“归辰”即天上所有星星都围绕北极星旋转，地上芸芸众生都归服皇帝统治。西北门是潜江县衙所在地，亦是皇权的象征。潜江是承天府属地，拱卫好皇城郢都就是归顺拥戴天子。

同时期，潜江城新开了两座水门（即河水从城墙下流经之门），一门曰“百川环注”，后改为“朝宗门”，这是城区水流向县河的水门，比喻小水绕城，注入大水（县河）；另一门曰“三楚周行”，后改为“通会门”，“三楚”指秦汉时期楚国的疆域，即西楚、东楚、南楚，这里泛指广阔的地方；“周行”即大路之意，大意是这座门是各路来水顺流之通道。

后来，又有不少知县重修或增修过潜江古县城及城门、城楼，但城门名没什么改变。寒去暑来，改朝换代至清康熙七年（1668），潜江又迎来了一位勤政清明、文雅通达、满腹诗书的知县王又旦（今陕西合阳人），他除了清田均赋税、筑堤防水患、兴学振文风、廉政治胥役等政绩至今仍被传诵外，还在康熙十一年（1672）重修了被洪水冲垮的城北城墙，并将原“沱圻北钥”之城门名，改为“楚服奥区”。

这里的“服”，指担任；“奥区”，指腹地、深处。出自《后汉书·班固传》：“防御之阻，则天下之奥区焉。”如（宋）刘炎《迩言》：“或曰：淮堧千里，滨接鲁邓，昔为奥区，今为极边。”其意是说，潜江城地处楚国腹地，此城门担当着捍卫楚国要地之责。到了清朝晚期又在城墙东边开了一城门，名曰“关厢门”。此门因关帝庙在此而得名，现在仍用此门之名，即今市检察院办公楼对面通向民主街、红军街古老的“关厢门”，一条巷子取名“关厢门巷”。

岁月枯荣，时至清末，随着枪炮火药的大量使用，冷兵器时代城墙的防御功能基本失去，加之时局动荡和风蚀水患等，潜江城门和城楼倒塌在冬去春来的岁月之中。

民国初期，潜江城已不见城楼和城门了，但城门门垛还在，人们却慢慢遗忘了当年文雅之城门名，取而代之简称为东门、小东门、南门、西门、北门及关厢门。

黄学准、朱熙洽、王又旦等知县新修或增修城池之后所修建的城门和城楼，其檐角飞翘，阁宇流丹，气势恢宏，好似铁甲军墙，固若金汤之景观及焕发出潜江特有古韵和魅力的城门之名，都只能烙印于史志和后人的美好记忆之中了。

潜江古县城之街衢

潜江是中国的千年古县城之一，其古县城在元朝至元三十年（1293）从今高石碑镇下蚌湖的安远镇迁至今市政府所在地园林办事处，已有700多年历史。迁址前古县城的街衢暂没找到文字记载，从（明）万历《承天府志》、（清）康熙、光绪及1990年的《潜江县志》等史志中，可以依稀找到潜江古县城街衢的脉络。

（一）

万历三十年（1602）《承天府志》卷5载："潜江县城七街，二十一市，五乡，分领二十二图。"明朝时期潜江古县城的七街分别是：

县衙前的"一字街"，即今章华中路市法院原办公楼一带，道路呈东西走向。东边过堤街，至朝宗门，西边穿今物探公司大院，至城隍庙。此街道今已废。

"十字街"，即今章华中路与建设街交汇处。

"通沔街"，即今建设街东段，西起章华中路，东至县河街。其本意是沿此街道向东行进即通往沔阳（今仙桃市）。

"西河街"，即今建设街西段，东起章华中路，西至劳动巷。古时西城墙边（今江汉路一带）有条河，叫城西河，故名西河街。

"东西街"，即以章华中路为界，东风路的东段至今红军路口一带为"东街"，西段至东风电影院一带为"西街"。

"东街""西街"，即今红军路中段。路的东边就是古县河，亦称城东河，故取名东河街。这条街道在明清时期最为繁华，史志称"亘南直北，市肆肩摩，商帆雾泊，昔有富庶之称"。清朝年初，一次洪患冲毁了东河街，街之商贸慢慢移至今堤街。

上述"二十一市，五乡"的大致方位现在仍能找到，但"分领二十二图"《承天府志》上没有，唯一的一张县治城池图，绘制得也十分粗糙简略，根本看不出街衢走向及名称。

明朝时期潜江的市、乡分界图至今没找到只言片语，遗憾中让笔者成了一位有心人。2018 年 9 月，笔者收集到了清光绪二十七年（1901）的一张《潜江舆地图》，一张民国 18 年（1929）的《潜江地图》（应该是孤本），从图中可知晓当时市（镇）、乡状况。

（二）

时光飞逝，明灭清兴。到了清康熙三十三年（1694），重修的《潜江县志》卷 4，对古县城街衢有下列记载：

"正街，自县治前直达南门"，即今章华中路，北起儒学路口，南至横堤路红绿灯处。从康熙县志所绘城池图上看，当时，从城北至城南，没有一条直通道路。通过查阅其他史料，走访现在的老人等，得知潜江古县城建城时，就有南北走向的这条"正街"。民国时期这条"正街"，宽 10 至 12 米，长约 700 米，只是街道没有现在这么宽阔笔直。

"一字街，左之儒学，右之城隍庙"，与明朝时期的一字街相同。今已废。

"观街，在县治妙庭观前"，即今市公安局办公楼向东，通往妙庭观的一条街道。今已废。

"十字街，在正街中"，即今章华中路与建设街交汇处。与明朝时街道街名一致。

十字街东为"大关庙街"，即今建设街东段老财政局一段，也就是明朝志书所言的"通沔街"。

十字街西为"火星街"，即今建设街西段，也就是明朝志书所言的"西河街"。

南门城墙外有条街道，称为"南直外街"。今章华中路荷花仙女一带。

北城墙外为"北直外街"，即今儒学路章华中路起点至北门转盘，再向东 50 米左右的老潜泽路。

（三）

到了清光绪年间，潜江古县城已有了 9 座城门，分别是南门、小南门、北门、小北门、西门等五门，东边还有四门，从东北角向南依次是朝宗门(水门)、关厢门、大东门、小东门，但街衢与清初比变化不大。据光绪六年(1880)

《潜江县志》卷4载，古县城街衢如下：

“县治前的一字街今废，其前汇水桥西出之城隍庙街，旧名同仁街，亦废”，名曰“城隍庙街”，即章华中路市法院原办公楼一带，这条街道即史志上常说的“一字街”，东西走向，东通朝宗门，西至城隍庙。今废。

“关庙街”，即今市公安局院墙南边的关厢门巷，东西走向，东至关厢门（今红军路），西穿今检察院办区，至市委原建设街住宅区。此街道东头虽然现状七弯八拐，楼房林立，但街道走向基本上是原始状态，小汽车还能通行，西头已废。

“东街，今称东大门街”，即今建设街东段至县河街。

“西街，今称大西门街”，即今建设街西段。

“前东街，今称小东门街”，即今东风路新华书店这一段。

“前西街，今称小西门街”，即今东风路影城这一段。

“北门外街，分前后街，旧志称抵泽口者今前街也”，即老潜泽路；北门外“后街”，亦称“衙后街”，即今儒学路。

“东河街，今称堤街”。此表述不够准确。东河街即今红军路，与堤街并非是同一条街道。清初被水冲毁后，林立的商埠迁至今堤街，并非将堤街更名为东河街。

（四）

沧海桑田，时过境迁，上述三份史志相隔近300年，县城迁址至今亦有700多年，潜江古县城城池亦在不断扩大，因而街衢兴废及名称变动十分正常。

元朝时期潜江古县城叫田舍城，占地约124亩；明朝末年古县城占地约920亩；清朝末年古县城占地近2000亩，也就是今天常说的1.3平方公里左右，但路网格局基本上没什么变化，街衢名称却有不少变化。尤其是到了现代，潜江主城区建成区面积已有近30平方公里，即占地约45000亩，潜江中心城区的古街道名已荡然无存。

为了还原这些古街衢，笔者近年多次徒步老城区，先后走访了罗仲全、蒋世林、陈家志、龚开云、谢先华等耆老名士，力求还原古街衢概貌。现将古县城街衢名与现代街道名叠加一下，让古街衢名唤起我们的乡愁；让古韵风雅灵动千年古县城；让传统文化滋润现代文明城市建设。

今章华中路。曾用名正街、南直外街、北直外街、解放路。

今东风路。曾用名大东门街、大西门街、东街、西街、胜利街。

今建设街。曾用名通沔街、西河街、大关庙街、火星街，大街口街、红卫街。

今堤街。曾用名堤街、民主街、和平街。

今红军路。曾用名东河街、前进路。

今关厢门巷。曾用名关庙街。

今儒学路。曾用名北门后街、衙后街。

现代城市建设拓展有个通病，主管者在对旧城、老街改造时很少有保护意识，对上千年积累形成的城市符号和街衢文化往往不屑一顾，一味追求现代时尚，动辄大拆大建，形成了当下几乎千城一面、中西不像的窘态。

文化是城市的灵魂，但愿这些古街衢名今天能古为今用，复活再现。

县衙内的官箴石

箴，是以劝告、规诫为主题的一种旧文体。官箴，是当政者对官员道德规范和行为准则所做的规诫。按旧时之规定，省、府、州、县各级衙署大堂或衙门前甬道中都要立“官箴石”。

据悉，公堂前立官箴戒约首倡是北宋太宗帝赵匡义。北宋建国不久，赵匡义吸取前朝吏治腐败、官贪民反、不战而败等教训，从五代后蜀主孟昶所撰《颁令箴》中精选出了“尔俸尔禄，民膏民脂；下民易虐，上天难欺”四句话十六个字作为官箴，于太平兴国八年（983）颁示天下。于是，各府州县即刻石立于衙署公堂前甬道，作为官员之座右铭。

这段话的大意是：你们的俸禄，都是百姓的血汗；平民百姓是容易欺负虐待的，但上天和良心是不可欺的。以此告诫地方各级官员，老百姓是你们的衣食父母，你们的职责就是要安抚好他们，为他们办事谋利，让他们过上安定、富裕的日子，否则，对不起天地良心。

官箴石，后来演变为“官箴亭”“戒石亭”“戒石铭”等官箴建筑。古时，中国衙署建筑一般坐北朝南，以大堂（正堂）为正穴，设立南北中轴线，按左文右武，前朝后寝，分前门、前厅、中厅、左右厅、后堂、后厅等多个层次。大堂前两旁分别建吏、户、礼、兵、刑、工等六科用房，两旁布县丞衙、典史衙、主簿衙，前后再建监狱、库房、神庙、皂班房及官舍、吏舍等。

潜江县衙的官箴石与一般衙署的布局大体相同。据康熙三十三年（1694）《潜江县志》卷4记载：元至正十年（1350），知县明安达尔（蒙古族，今甘肃武威人，进士）在县衙正堂南的甬道上立了上述十六字的官箴石，并建了一亭，将官箴石进行保护，取名“戒石亭”。由此得知，元朝统治者沿用了宋朝的官箴。

甘鹏云先生的《潜江贞石记》卷1收录了“元戒石铭”。其中写道：“右戒石铭旧在县署仪门内，其铭文曰……”（同上述“颁令箴”）。并附记了元至正十二年（1352），元末徐寿率领的红巾军（元史称之为贼）攻占潜江城，明安达尔率勇士抵抗，被灭门（28人）的情况。

明太祖朱元璋当朝后，尤其重视整肃吏治，防范贪腐，注重官员的道德修养教育，明令各府州县衙署要保护或重建官箴亭。明朝潜江首任知县史纯一在洪武二年（1369）重建县衙时，重建了戒石亭，再次将宋太宗颁布的“尔俸尔禄，民膏民脂；下民易虐，上天难欺”立于衙堂正南甬道。

时隔200多年，到了明万历年间，潜江先后有三位知县修建过官箴建筑。万历六年（1578），时任知县朱熙洽在县衙仪门东南边新建了迎宾馆，将迎宾馆内的大堂题名为“广益堂”，为官箴石移至此堂打下了伏笔。

万历十八年（1590），时任知县曹珩（贵州石阡人，举人），将官箴石移至广益堂内，并自撰了一篇“官箴”，刻于堂内。箴文曰：“行朝廷之公法，不行左右之私情；畏君子之清议，不畏小人之横谤；恤良善之冤抑，不恤豪强之怨恨；惧鬼神之阴德，不惧刁嚣之污玷；求百姓之利益，不求一己之便安；积无穷之阴德，不积有限之凡财；论人品之高下，不论官爵之崇卑；为上古之循良，不为今时之俗吏。”

笔者以为此官箴从立意到词句很是一般，实在不敢恭维，更觉得难登大雅之堂。官箴要么是明君圣主之诏示；要么是公认的名家至理名言。如明永乐年间理学家曹瑞提出的“吏不畏吾严，而畏吾廉。民不畏吾能，而服吾公。公则民不敢慢，廉则吏不敢欺。公生明，廉生威”，尤其是其中的“公生明，廉生威”这类格言，也是明清时期很多衙署大堂及戒石亭中常用的官箴。又如，明代清官海瑞所题“清慎勤节”也是著名的官箴。

明万历二十八年（1600），时任知县潘之祥（今江西婺源人，进士）可能与笔者有此同感，也许是为了废除曹珩所题官箴，将广益堂内的官箴石再次移至衙署南仪门处，重修戒石亭，其官箴内容难以考证。

中国古代官箴是官场文化的重要组成部分，蕴藏着悠久而丰富的文化内涵，它对规范官员的职业道德、陶冶官员情操、净化官场风气是有很多积极作用的，并造就了一大批清官良相。如宋朝著名知府包拯、范仲淹，明朝兵部尚书于谦、思想家王阳明，清朝两江总督于成龙、内阁大学士刘墉等等。但并非立了官戒石，官员就一心为民，清正廉洁了。如官箴的始作俑者——孟昶帝就是一位奢侈淫逸的昏君。古代衙堂上高悬“勤政为民”匾牌，而堂下视百姓如蝼蚁的官员并不少见。

现代官场不是用官箴在管官员，而是用制度规范官员。同时，领导者也时常将古代之官箴、格言古为今用，这是对中国优秀传统文化的传承和发扬，值得点赞。

护城堤及西堤觅踪

潜江古县城在元朝至元三十年（1293）从今高石碑镇的下蚌湖（古时叫安远镇）迁至今园林办事处时，县城选址在重水沮洳的一个高岭之上，三面倚水带河，地名叫斗堤。

潜江最早的城池形态，（清）康熙三十三年（1694）的《潜江县志》（以下简称县志）卷 4 载：“潜江旧为土城，高一丈五尺（约 5 米），袤四百余丈（约 1330 米），名‘田舍城’。”县志卷 10 对旧时潜江之护城堤是这样记载的：“潜江城东西北皆带水，惟南隅平临原野，周环一堤，袤延十余里为城障。”也就是说潜江的古县城有一土城起御匪防暴、抗洪抵水之作用，同时，土城四周是河渠，河渠之外还有周长十余里的堤障即护城堤保护着城池。

这十余里的护城堤建于何年，今在何处呢？笔者认真考研，有文字记载潜江最早的护城堤名曰“花封堤”。（清）嘉庆九年（1804）的《湖北通志》卷25载：潜江县城“环城之水为濠，东濒潜水，旧率卫决，明成化七年（1471）县丞李镛外筑大堤”护之。《县志》卷10载：“成化七年，县治决，县丞李庸筑堤御之。广三寻（宽约9米），崇二仞（高约3.6米），袤八百丈（长约2700米）。沿岸夹树榆柳，通车马往来，名曰‘花封堤’。”

从史志中的城池图解和现在的地形、地貌得知，旧时潜江城北十多里是波涛汹涌的襄河（今汉江），城西三五里是经流不息的夜汉河（今东荆河），城东是宛若银带的县河、洛江（今城南河、城东河），南面很狭窄地段与陆地原野也是靠刓涵才能连通的。潜江古县城之护城堤有别于其他地方的护城堤，旧时，一般州县的城墙即为护城堤，城墙脚下即是护城河。潜江县城的城墙、护城河之外还有一道护城堤。

明成化年间，县丞李镛始修的护城堤面对巨潴苦垫，三面环水，十年淹九水的潜江古县城，其护城作用也非一劳永逸。就在明朝成化年之后的弘治、正德、嘉靖、隆庆、万历等年间，县城都先后被洪水洗劫过。尤其是嘉靖元年（1522）八月，水决柘林（今泰丰办事处莫市一带），县城官廨民庐尽圮，淹死96人，时任知县敖钺（举人，江西高安人）又疏请占皇庄之地开挖新河，疏流筑堤以护县城。嘉靖三十年（1551）知县夏泗（举人，四川大足人）又增筑土城以护城；万历五年（1577）知县朱熙洽（进士，江苏昆山人）始修砖城以防匪患，增修护城堤以防水患。

从清朝到民国的300多年间，潜江的护城堤在不断增修，又在不断被洪水冲决之中苦苦支撑守护着潜江县城。因而直至中华人民共和国成立初，潜江古县城既没有百年的深宅豪门，也没见巍峨古朴、庄严肃穆的古县衙，频繁的水患是主要原因之一。

千年古县城之护城堤，即现在南门河游园南面的这段堤坝，它是古护城堤西南边段的一部分，俗称“西堤”，也是留给当下唤起人们乡愁的一份遗产。希望现在的当政者能将其列为“市级文物”进行保护，并明示市文物部门对西堤撰文立碑以昭示后人。

县丞与花封堤（堤街）

史志记载，元至元三十年（1293）潜江县衙从今高石碑镇蚌湖一带迁至今园林办事处一高洲地段重建。县境一望平原广野，无天险四塞之固。县城头枕汉水，城北30里古芦洑河分流汉水过境入长江，芦洑河在今三江口一带又折一支绕县城而过，旧称潜水，亦称县河。

绕城而过的潜水至今依稀能见其雏形。即今城东已盖了的县河街，城南已建成的南门河游园，城北已填平了的煤栈河，城西隐藏着雏形连接东风路与建设街的劳动巷。潜水过县城后，又折三支，二支入沔阳境，一支进夜汉河（今东荆河）入长江。加之环城河渠之外又有马昌湖等大片湖泊，境内重湖沮洳，频年汉水横溢，城郭田庐委悉巨浸，因而，旧时凡到潜江为官者，筑堤、疏河是头等大事，也是政绩所在。

明朝成化年间，潜江就出了一位勤政为民、筑堤建仓、修县衙建城墙而载入史册的县丞李镛。尤其是其修筑的花封堤，即今潜江城内的堤街，亦称民主街，成为千古之美谈。

据清康熙三十三年（1694）《潜江县志》载："李镛，太平（今浙江温岭市）人，正统年间（原文此处有误，应该是成化年间）以监生授县丞。"他在成化六年（1470）到任，成化十五年（1479）离任，即在潜江县丞岗位上干满了三届（明清三年为一届）共九年。

李镛是潜江唯一以县丞之职而宦绩突出有传记载入康熙《潜江县志》人物志的。他除了主持修建便民仓、修筑古城墙、修葺县衙外，修筑的花封堤，其功能作用一直发挥至当下，可称得上功德无量。

成化六年，农历五六月，全县普降暴雨，白洑垸（今王场黄湾村一带）决堤一千余丈，民垸被淹，绕城东的潜水及洛江（今泰丰办事处的护城村一带）也相继决堤，县城被淹，加之境内河湖也溢漫成泽，县境一望千里，渺无畔岸，民众流离失所，苦不堪言。于是县城的耆老乡绅联名上书知县，祈求修筑护城堤以防水患。知县手捧祈请书，望着泽国一片的城池感到力不从心，但他又不能不表态，于是决定将这一艰巨难办的事项交由新到任不久的县丞李镛去承办。

李镛接到任务后，他走街串户，与知名的耆老、商民、良吏等商讨修筑护城堤之策，并形成共识。于是决定沿县城东边的县河原古堤，北起今康馨花园，经今堤街（民主街），绕今横堤路，再绕至南门河游园的西堤，至今钻石国际酒店一带重修护城堤。修堤时，李镛亲操畚锸，劳作其间，民欢趋之。

于是，康熙《潜江县志》卷 10 载："成化七年，县治决。县丞李镛筑堤御之。广三寻（即宽约 9 米），崇二仞（高约 3.6 米），袤八百余丈（长约 2700 米）。沿岸夹树榆柳，通车马往来，名花封堤。安福张司业有颂，华容黎淳（湖南华容县人，明天顺元年状元，官至礼部尚书）学士有诗"。

清嘉庆《湖广通志》卷 25 也记载："花封堤在潜江县东。明正统年间（记载有误，应该是成化年间）县丞李镛筑。"卷 11 载："潜江县城周九百二十八丈（约 3062 米），一丈七尺门（约 5.7 米高）。""环城之水为濠，东濒潜水，旧率为决。明成化七年，县丞李镛外筑大堤，岁久就堙，嘉靖三十年知县夏泗筑土城，万历五年，知县朱熙洽筑砖城。"

古时，某一地方官员为民筑堤浚河、修路架桥后，当地民众为颂扬其功德，习惯用其姓或名命名事物。如宋代苏东坡在杭州任知州时，疏浚西湖修了一道堤，人们命名为"苏公堤"，简称"苏堤"，传诵至今；近代湖广总督张之洞在武汉西北面修了一道防御水患的长堤，人们取名"张公堤"，其堤名沿用至今。当时，潜江乡绅提议将此堤命名为"李公堤"，李镛认为功在民众，利在子孙，态度坚决，予以否定。当他回首新竣长堤，沿岸榆柳成行，花团锦簇，像一端庄安详的贵妇拥抱着美丽的古城池，想到了古代赐给贵妇人常用"花封"一词封诰，于是提议命名"花封堤"，得到了大众的认同。

时任左庶子（太子侍从官）的黎淳旅居潜江，目睹县丞李镛遵从民意新筑的花封堤，车马往来，吏喜民乐，甚是喜悦，特题诗二首。诗一："堤抱花封十余里，汉庭有吏善河渠。遮阑水潦为城市，驱遣蛇龙放泽菹。惠及人民裨国政，名同草木载坤舆。便应采入新图志，特笔留教太史书。"诗二："既道沱潜又作灾，惟君今日独兴哀。人夸少府多能事，我爱朝廷得治才。保障千年形胜在，桑田百里画图开。四民安堵乐生业，会见恩光早晚来。"

时任国子监司业的江西安福县人张业，题《花封堤颂并序》一文，被收录于康熙《潜江县志》卷 10，序文其中写道："县之东，古有堤，以防汉水，民有奠居。近年来，堤为洪涛所啮，县治之公私宇舍悉为淹塌，其害甚盛。乃成化壬辰之孟冬，浙之黄岩顾侯崇恩拜丞是邑，首进耆老民吏，询县之急务……堤旁咸植榆柳，夏以荫行人，冬以蔽冽风，民甚德之，颂声载道。”“花封堤修，成于李侯，可以匹休。我经潜水，为此颂美，将贻无止。”

如今，花封堤早已面目全非，堤已成街市。街市商铺林立，人流如织，甚是喧嚣繁华，没有了当年防御水患之功能，也没有了昔日鸟语花香、绿树成荫之原生态景象，并已淹没于鳞次栉比的现代都市高楼别墅之中，但当下繁华亦不该忘却昔日之渊源。

当年，一位不远千里的异乡人能不图名利在潜任职九年，这本身就很了不起，而能干出一般知县都干不了的事业，更让吾辈钦佩万分。这正如康熙《潜江县志》(县丞宦迹)所言:“潜甚赖之”,“有功民社，盖一时之能吏也”。

“潜阳”之名小考

潜江人都知道潜江城区有条横贯东西、全长约 20 公里的道路名叫“潜阳路”，但知其路名来历者寥寥无几。前不久，一位颇有名气的学者问我，是否知“潜阳”之名的出处及它所代指的是潜江城还是潜江市域？我只能如实告之，“潜阳”是古时潜江城之别称，其他有待考究。

近日，笔者躲进书斋琢磨史料后，方知“潜阳”之名说来话长。根据中国的地理位置，古时人们称“山之南、水之北为阳，山之北、水之南为阴”。如湖南衡阳市之名，来源于衡山之南；河南洛阳市之名，来源于洛河之北；江苏江阴市之名，来源于长江之南。而潜江自宋乾德三年（965）建县，至 1949 年民国结束，近千年之间其行政区划和版图面积均无多大变化。

古时，潜江版图中，其北部汉江横贯东西，即今汉江北面天门的张港、多宝等有约 450 平方公里属潜江所辖，也就是说古时潜江有部分版图在汉江之北、部分在汉江之南，因而，“潜阳”之名不可能是潜江行政区域的别称，否则“阴”“阳”难分。只能是依潜江城坐落在“潜水”之西北，即“水之北为阳”，称潜江城为“潜阳”。

“潜水”是指潜江的古芦洑河，即今从竹根滩、泽口发源，流经潜江、仙桃、汉南入长江的通顺河，在潜江段亦称汉南河。“潜水”是潜江之母亲河，其县名就来自潜水。最早见于战国时期《尔雅·释水》所载：“水自河出为灉”，“汉为潜，淮为浒，江为沱”。其大意是：水从黄河流出为灉水，汉江的支流为潜水，淮河的支流为浒水，长江的支流为沱水。清初的《读史方舆纪要》卷77称：“潜水在县东一里，所谓汉出为潜”。另据《中国历史地名大辞典》载：“明郭子章《郡县释名》湖广卷上：潜江县‘汉水从郧襄来至县北三十里，芦洑河分流其水，经县东南入江，曰潜水，而其县在其右转之间。《尔雅》云：水自汉出为潜，县因以得名’”。

“潜阳”作为潜江城池之别名，有史可考最早出自清康熙《潜江县志》卷4。县志载：明万历五年（1577），时任知县朱熙洽（江苏昆山人）主持新建了砖石结构的城墙及五座城楼和城门，对这五座城楼分别命名：东曰“襄渚东闉”，西曰“潜阳西郭”，南曰“汉别南关”，北曰“沱圻北钥”，西北曰“万象归辰”。即城之西门就是潜江城通往荆襄之走廊。由此，人们往往将“潜阳”变成了潜江城之别名或代称、昵称。

嗣后，不少文人墨客就开始用“潜阳”之名吟咏潜江城了。如清朝潜江一儒雅贫穷的诗人朱继智，曾对潜江城区的“大通桥”“汇水桥”“月宫桥”“南津桥”“龙凤桥”“通政桥”等六座桥分别题过诗，其中对《通政桥》题诗道：“西城桥石水依城，通政潜阳旧有名。罾罩各寻深浅处，素鸥惊起捕鱼声。”诗中说到“通政潜阳旧有名”，其中的“通政”，说的是明万历年间潜江进士刘道隆（今杨市人，晚年居今城西园林办事处深河居委会），曾任朝廷通政使司右通政（相当于今国务院副秘书长）。后来人们亦称刘道隆为“刘通政”，命名通政桥，以示纪念。这里的“潜阳”是潜江城的昵称。

“潜阳”用于现代“潜阳路”之道路名，出自20世纪90年代。1988年5月，潜江经国务院批准撤县建市后，城市建成区面积迅速扩大，原本在县城南边的318国道，被鳞次栉比的高楼大厦包裹其中，成了城市中心的主干道，于是318国道穿越潜江城区中心路段作为城市道路，被命名为“潜阳路”。近几年随着城池的不断扩大，潜阳路西段以北百里长渠为界至周矶办事处，东段以城东河为界至泰丰办事处莫市村，又分别命名“潜阳西路”“潜阳中路”“潜阳东路”。

笔者作此小考，呈送献给钟爱潜江之学者及各位朋友。

卷三　山川河流

引　　子

潜江地处江汉平原腹地，属典型的冲积平原，四无山阜，旷然平地，沱潜之水合流其下，江河纵横，湖泊众多，一望千里广野，无山川天险之固，然而史志却多处记载潜江有山，并有不少文人墨客吟咏过潜江之山。

潜江民众也期望潜江有山。因为山除了巍峨、厚重、挺拔、秀美之外，还能愉悦心境，给人无穷遐想。如杜甫在《望岳》中的一句“会当凌绝顶，一览众山小”，留给人们的是一种敢于进取、不怕困难、积极向上的人生态度和俯视一切的气概雄心。迷信之说，山还可以避鬼邪、保平安，它亦是民众常说找“靠山”的一种精神寄托。譬如，说到某地秀美，那必然是山与水的结合；说到某地人杰地灵，钟灵毓秀，必定是有山水作依托的风水宝地，因而说潜江有山，那当属情理之中。

水是生命之源。一周无水，人则虚； 一年无水，国则损。潜江因水而得其名，因水而成为丰腴之地、鱼米之乡。古时，也因水而遭灾，时常泽国一片，城池崩圮，民众流离失所。但潜江终因水之博大、纯净、力量而感动很多人，并承载着丰厚的文史信息和美丽的传说。

康寿平安的寿灵山

清嘉庆九年（1804）《湖广通志》卷 7 记载：潜江的“寿灵山，在县西半里”。“寿”在这里本意是指人的年岁；“灵”字在佛教中意为祝愿长寿平安。即这是一座祝愿众生健康长寿的山。

寿灵山山势如何？今在何处？清康熙三十三年（1694）《潜江县志》卷3曰：“潜江有寿灵山卧佛禅刹。”又曰，“势若隆起，实本非山。”

也就是说这寿灵山，就是卧佛寺（亦称大佛寺）的寺基，并非真正意义由地壳运动挤出的岩浆构成的山。寿灵山位置，清光绪六年（1880）《潜江县志》卷20，收录清末黄玉辉（潜江人）的一首《马昌湖打鱼歌》表述得比较明确。

诗曰：“马昌湖，马昌湖，矮屋郎当西城隅……小渔舟往来大佛寺前，三板桥头拍手呼，卖鱼得钱美酒沽。”

旧时的“三板桥”就在今中百仓储超市处，加省志所言“县西半里”，由此说来，这寿灵山就在今钻石国际酒店斜对面的原乡镇企业管理局办公楼附近。

此处现在高楼林立，地面看似平坦无异，康熙《潜江县志》卷7，收录明朝大常卿（正三品）王谦的一篇《大佛寺记》，其中写道：“荆之潜江寿灵山，有卧佛刹”，“惟荆之阳，寿灵郁苍，中有梵宫，胜冠一方”，“幽谷开山，时实伟观”。这既说明寿灵山不仅是一片林木茂盛，郁郁葱葱，有山势形貌之地，还是荆楚一胜景。

光绪《潜江县志》卷7载：“大佛寺今废，座楼圆通阁高插霄汉，登其上可验汉水消长。乾隆五十年毁。”说明灵寿山当年之高大。

康熙《潜江县志》还记载：“康熙十一年（1672），壬子，十月，虎至西城大佛寺。”虎是山林之王，能至大佛寺（即寿灵山），说明当年此处树高林茂，有山之气势。

潜江地处江汉平原腹地，沱潜之水合流其下，河流纵横，湖泊诸多，一望千里广野，无山川天险之固，属典型的冲积平原。民众将高隆之地的大佛寺基址称为山，是一种找“靠山”的精神寄托。因为先民认为山可以避鬼邪、做依靠、保平安。

愿康寿平安这种美好的精神寄托永存心中。

势若山形的毕家山（笔架山）

光绪《潜江县志》卷 8 载："毕家山在邑西沱埠垸，宋状元毕渐故居，后人累土为山之，亦表厥宅里遗意也。"

毕渐，今园林办事处人。潜江千年就出了这个状元，家乡人民都引以为豪，官府树之为士之典范，鞭策后生科举成名，让圣贤精神薪传。经年之后，潜江民众不仅移土累山以显地灵人杰之风水宝地，还在县衙前建起了"状元坊"，在儒学前建了"毕家楼"。

清康熙七年（1668），时任知县王又旦（今陕西合阳人，进士）除了重建"状元坊"之外，还以毕渐之名将城区过去称"坊厢"的区域，更名"毕公乡"，即县衙所在地的城郊区域，相当于今市委、市政府所在地的园林办、泰丰办事处。

这史志上的毕家山，在民间又有多种说法。相传毕渐在殿试"策论"时，主考官不经意地问其家乡是否有山。毕渐深知达官显贵、名人雅士都出生于山清水秀之地，便信口回答说"有"。考官心悦而语："想来你有如此锦绣文章和雄辩口才，应该出生于山清水秀之风水宝地，以后我会借道去你家乡看看山水的。"

金榜题名时，毕渐高中状元，想到在考场上与主考官的一番对答，如果考官大人真去家乡考证如何是好？不觉浑身冒汗，甚是着急。家乡宗亲朋党得知此事后，想了一苦招，民众连夜行动，即以黄豆铺底，层层覆土，硬是垒起了一座山，取名"毕家山"。主考官后来是否莅临潜江考察过毕家山，无处考证。

后来，家乡人民看这座山三高两低，山峰形似笔架，加之毕渐又以文致仕，写得一手锦绣文章，而笔架是"文房四宝"之一，亦是读书入仕的象征，于是潜江民间又将"毕家山"说成"笔架山"了。因毕渐之名及毕状元锦绣之笔的名气，这两个山名都镌刻于潜江民众心中。现在，将古毕家山所在地深河居委会南边新成立的一社区居委会取名"园林办事处笔架山社区居委会"，并将社区内的一条道路取名"笔架山路"，亦是对毕渐及状元文化的一种传承。

2010年，笔者在组织建设现已投入使用的“梅苑”及“曹禺大剧院”时，曾优化过设计方案，决定在曹禺大剧院西南边拐角的现停车场一带重建“笔架山”，以弘扬名人文化，并拿出了“三高两低，山有三峰，外山内厅”的设计方案，且市规委会通过了规划方案。2011年底，潜江市党政班子换届，笔者到市人大履新，其重建笔架山之方案也随之搁浅。嗣后，笔架山设计方案可能只能永远搁置于城建档案馆了。

笔架山似笔架的文笔峰在先民的头脑中，在风水学释解中都是利科甲、旺文才、显官贵之吉祥景象。很多地方传承古迹或开拓创新重视笔架山之名。如辽宁锦州十分重视其道教名山胜地笔架山旅游开发建设；深圳福田区依其山形重取名笔架山，并建了一公园，现在成为市民休闲健身的好去处；宜昌五峰县新开发的柴埠溪大峡谷旅游景区时，在其核心景区就是依其“三高两低”之笔架山形，取了一笔架山景点名。

春去秋来燕来又飞走。但愿文化名市潜江的当政者能重视民众心中的笔架山，让潜江重现“人文科第甲郢楚”之盛景。

宛若仙境的清溪山

从康熙、光绪《潜江县志》卷首部分的“潜江县城池图”可得知，清溪山在古县城城墙内东边的大东门和朝宗门之间，即今红军路的关厢门小区一带。

此处历史上本没有山，人们又何称其有山，并还说清溪环绕呢？已故的潜江文史研究前辈毛道海先生考证当时的地理环境后，得出的结论是：清溪山之名源于此处有一名曰“妙庭观”的道观。

中国的佛、道二教都与山有缘，如寺院的主持称“山主”，寺院的大门称“山门”。潜江一带的道教属“山南派”，也常把某“观”直接称为“山”，如“回龙观”又称“回龙山”。旧时，县城内有一条由西向东的小溪，长年流经妙庭观门前，加之道观地处高处，形若山势，人们时常将妙庭观直称“妙庭山”。

如明万历二十八年（1600）道士王通睿主持重修了妙庭观，托人请到了时任工部侍郎的李浩（荆门人）写“重建记”，他在记中就两处写到妙庭

“山”：“度之地形，‘山’环水绕，不啻蓬莱仙景之若也”，“妙庭‘山’旧号通明观，为潜阳琳宫第一”。

又如，明末的汉川诗人王谏求道妙庭观后，题了一首《清溪山色》诗，直接将“妙庭观”称为“妙庭山”。其中写道：“三花树底清风转，五粒松间白日闲。欲访真仙指尘土，茅山东望妙庭山。”

妙庭观前有一汇水桥，桥下清溪流淌，卉木葱青，时常烟雾缥缈，加之仙流道侣清修其间，景象甚是美妙，如是人们将观前的清溪与妙庭山融为一体后取名“清溪山”。

后来又将美妙景色糅入其中，取了个极雅的名字“清溪山色”。这清溪山色是康熙《潜江县志》所载“潜江旧八景”之一，另外七景是：东城烟柳、南浦荷香、僧寺晓钟、蚌湖秋月、浩口仙桥、芦洑宝塔、白洑波光。

旅居美国对文史尤其是潜江文史颇有研究的马荣华先生，2019 年 7 月 12 日给我传来了一份宋·张君房《云笈七签·神仙感应传·袁滋》原文，将清溪山之来由说得更明确。《云笈七签》载：“复州清溪山，秀丽无比。袁公因晴登临此山，行数里迳渐幽小，阻绝无踪……袁公曰，此境山泉奇异，当为灵仙之所都府……袁公后乃登第，果拜相，领西蜀节制。”（新·旧唐书皆有传）

马荣华先生考证：南北朝后周设置复州，治所在竟陵，历隋、唐、五代、宋、元，后改沔阳府。潜江未置县之前，东北和西北部版图长期属竟陵所辖。此山应当在潜江之西北部。明清时期潜江古县城内的清溪山，是移用了县境西北部之山名。

始建于五代十国、宛若蓬莱仙境的清溪山，文化沉淀极其丰厚，若在当代有识之士手中得到重建，让昔日之峥嵘栋宇、辉煌殿堂、碧绿清溪、霞绮小桥重现于现代都市之中，那真是功德无量且影响广远也。

难觅踪迹的小石山

光绪《潜江县志》卷 8 记载：“小石山在长三院马龙谿左，石五色备具，雨后尤光润可爱，贡生谢心辅有记。”

这里清清楚告之潜江的“长三院”不仅有山，此山还产光润可爱的五彩石。按旧志记载，“长三院”在今高石碑镇长市一带，但笔者访问过此处多次，人们只知“长三院”旧时叫“长垴三院”，不知有“马龙谾”这一古地名。

“谾”本意是山谷空而深。潜江一马平川，上下五千年的确找不出真正有山形的峰或谷。就是1956年3月潜江行政区划再次调整，从荆门划归潜江所辖的今借粮湖边的古城、凤姣等地，部分地段有冈丘地貌特征，但也没深谷高峰之“谾”。

同时，笔者在古县志等故纸堆中仔细探寻也没找到谢心辅有关小石山之记，认为这“小石”可能就是小石头。有可能是汉江涨水，上游冲击下来的各种颜色的鹅卵石，年积月累堆积如山，而取名小石山。

当然，这有待未来有识之士进一步考证。

颇有寓意的北斗山

潜江北斗山是笔者2004年在市政府分管城建工作时建造的一座“山”。此山在曹禺公园北隅。

是年正月初三，笔者带领指挥部的一班人，直接坐镇工地，现场指挥施工队伍进入了还是一潭淤泥的马昌湖。因为当年11月26日潜江要举办“中国（潜江）第一届曹禺文化周”，曹禺公园及曹禺纪念馆必须建成投入使用，工期非常紧。

公园最初的设计方案并没有此山，笔者在审定施工方案时，发现原设计清除马昌湖淤泥就近垒成一块高地用于植树造景的方案似乎不够完美，思考着为何不将其建造成一座山呢？于是让市规划局局长孙士清及指挥部办公室有关人员找来曹禺公园原设计单位——武汉园林设计院时任院长孟勇，与他们一同讨论并敲定了今北斗山的设计方案。

工程在推进过程中其造山难度超出了设计想象。原设计山高于自然地面36米，由于工期紧，加之在湖面取出的淤泥干燥太慢，虽然后来取东荆河的河沙进行了部分换填，但垒到30米左右时机械设备再也上不去了。确定调减山高，在山顶建一座六米高的亭子，依曹禺先生著名话剧《日出》，取名“日出亭”，达到原设计高度。

山必有石，潜江没有石头，于是，笔者带领工程指挥部人员，攀爬于京山县的钱场镇京山上开凿山石运载回潜堆垒到泥土之上，才有了今天北斗山上千奇百态、嶙峋突兀的山石。

北斗山之名来由颇有寓意，一是中国古代先民崇敬天象，认为北斗星官中的天枢、天璇、天玑、天权、玉衡、开阳、摇光七颗星是天空的主宰，是不同的神灵，并以天象及星座的变化预测人事凶吉，因而北斗星被先民神格化并传承至今，笔者认为“北斗”之名可古为今用。二是因所垒其山在城市及曹禺公园北面。三是主要依据人们通称中国现代文学巨匠有：巴（金）、老（舍）、曹（禺）、鲁（迅）、郭（沫若）、茅（盾），另加丁玲等七人，称之为现代文学的“北斗七星”。这些现代文学泰斗级人物与曹禺都是同时代的好友，因而将此山命名“北斗山”。于是，找来工匠刻上山名。

2018 年 9 月 24 日，在曹禺先生诞生 108 周年之日，笔者追随尚未隐退的星辰徒步登上北斗山。进入日出亭，想重温曹禺先生《日出》剧中陈白露迫切期待东方日出的心情；亦想登高远眺“日出江花红似火”的美景，但却留下了少有的遗憾。日出亭周边的林木多时没有人修剪整理；亭子油漆斑驳尽显凋敝；当年打造的日出亭檐下一块古朴的亭牌也没有了；秋日的薄雾遮挡了日出霞光。

遗憾不影响世人对北斗星的崇拜，也不影响人们对曹禺先生的景仰，亦不影响笔者对北斗山的怀念。古时，每当夜幕黑暗了视野，迷茫了人心并带给人恐惧时，我们的先民会不由自主地抬头望天，在万点繁星中寻求北斗星的帮助。当下，世人浮躁之心迷惘于物欲膨胀的诱惑，而现代文坛上的“北斗七星”之佳却能净化世人之心灵，给人以超然的精神抚慰。

“河汉纵且横，北斗横复直。”崇敬的北斗星及衍生出崇尚的中国北斗导航系统，引领人们幸福美好的生活。重上北斗山虽然有上述遗憾，但北斗山碧水环绕、青翠玲珑的大环境正与美丽潜江相呼应，点缀着繁星灿烂的历史星空，仍让吾辈感受到北斗山的秀美和灵动。

古今高氏堤

潜江自古重湖沮洳，江河频年横溢，城郭田庐悉委巨浸，因而筑堤防水患成为千古话题。现代潜江人知道高氏堤之名及所在堤段者甚少，而知道其历史渊源者更是凤毛麟角。笔者在职时，曾率民众防守过汉江右岸高氏堤多年，多次驱车或徒步上从高石碑镇与沙洋县交界的遥堤村，下至竹根滩镇黑流渡村与仙桃交界的大王庙，巡防于全长50多公里的高氏堤段。现静坐书斋，简要叙述一下古今高氏堤，或许对后人有点启示。

（一）高氏堤渊源

汉江，亦称汉水、襄河、沔水，这条古老而又有很多美丽传说的河流像母亲一样滋养着沿岸芸芸苍生，她越秦岭，过丹江，入襄阳，一路温文尔雅，但出沙洋进入江汉平原腹地后，每当洪泛季节又像愤怒的怪兽吞噬着沿岸民众。史志记载大禹曾治理过汉水，但没能解决洪泛之祸。时光流逝进入五代十国时期，荆南节度使高季昌开启了筑堤以障汉水之祸的工程。

明万历三十年（1602）《承天府志》卷3载："五代高季昌踞荆南，沿汉水筑堤以防水患。"沿岸民众为感恩其德政之举，取名"高氏堤"。卷5还记载：嗣后，潜江民众为了纪念高季昌，"在城西北九十里"（今高石碑镇遥堤村一带）建了一座"季昌庙"。

这高季昌，又名高季兴，今河南三门峡市人，是一位颇具传奇色彩的人物。早年他只是乱世名将朱温之家奴，因英勇善战后被朱温收为义子。梁开平元年（907）朱温称帝，高季昌被委以重任，擢荆南节度使。他到任后，招集安抚流民，恢复生产，想做一位保境安民的好官。当他目睹汉水横流祸害荆南苍生之惨状，即组织民众沿汉江筑堤防洪水泛滥。这道防洪堤上起今荆门市沙洋县城东南，下至今潜江市城西袁桥居委会（古称沱埠渊）。亦有史料称，下至今潜江与仙桃交界的大王庙，全长约100公里，史称"高氏堤"。

后来，高季昌又收用了一批文武官员为其辅佐，暗中准备割据。924

年他自立为王，史称荆南国，为五代十国时期的十国之一，辖荆、归（秭归）、峡（宜昌）三州。至963年历经五主，历时39年。960年，赵宋王朝政权建立，963年，高季昌纳地归降大宋王朝。

清康熙三十三年（1694）《潜江县志》卷10载："五代荆南节度使高季昌，自荆门绿麻山，绕今县沱埠渊直接沔阳，延亘二百余里。筑堤障汉江之水，名高氏堤。一曰仙人堤，址尚存。"清顾祖禹《读史方舆纪要》卷77载："高氏堤，县西北五里，五代时高氏所筑。起自荆门州绿麻山，至县南沱埠渊，延亘一百三十里，以障襄、汉二水。"

（二）高氏堤变迁

从沙洋至沔阳的高氏堤筑成后，当时生产力水平和自然条件亦不可能从根本上解决汉水洪泛之祸。进入明清两朝及近代，高氏堤经历过屡筑屡溃的恶性循环。

康熙《潜江县志》等史志记载：明宣德四年（1429），潜江以蚌湖、杨湖皆临汉江，连年溃口成灾，危及江陵、监利等地为由，请求朝廷发兵修筑获准。明正德十二年（1517），巡抚都御史秦金檄、通判赵景、知县莫瑚修筑车脑（今高石碑陈岭村堤段）长堤3300余米。万历十五年（1587），车脑垸再溃，知县曹珩再次主持修筑，更名长脑垸。

清顺治年间（1644－1661），高氏堤潜江段就有十年溃口十年修筑的记载。康熙九年（1670），知县王又旦主持修筑杨旺、屯营（今王场杨湖一带）二堤，改名新丰堤。康熙六年至九年（1647－1670），高氏堤潜江王场镇沿汉江的今杨湖垸一带（古称屯营堤），四年间先后在四月、五月、八月决堤，时任知县王又旦组织抢筑，并留下了《屯营堤叹并序》等多篇诗文。乾隆十六年（1751）、十七年（1752）筑沙窝骑马堤（今华润化肥至孙家拐堤段），时任知县曹銮留下了《重修沙窝骑马堤碑记》。

清道光八年（1828），高氏堤蚌湖段决口三里长许，形成上下蚌湖街。同治年间（1861－1875），深河潭连续七年溃口，县城、民舍、农田时常被淹。民国17年（1928），省水利厅委派专员督修孙家拐、深河潭、赵家台等三处堤段。1954年，汉江、东荆河堤多处溃口，潜江全境受淹，是年冬又大兴堤防建设，堵口筑堤。至20世纪90年代，潜江境内的高氏堤年年都在整险加固之中，笔者 1995 年至 1998 年在张金镇任书记时，曾率镇里民众上堤多次整修过高氏堤，其堤坝保境安澜之作用进入 21 世纪才得到稳固地发挥。

（三）当今高氏堤

潜江所辖高氏堤，近代统称汉江堤。据清同治四年（1865）统计，潜江境内汉江堤全长 95 公里，其中右岸 50 公里，左岸 45 公里。左岸的堤防随着原潜江所辖的张港、多宝在 1955 年 7 月划归天门所辖，只剩下右岸 50 公里堤防了。笔者 2004 年 1 月至 2011 年 11 月在潜江市政府任职八年，曾是高氏堤的一名防守指挥长。

潜江历来是洪泛重灾区，汉水首当其冲。那时，市里明确防洪抢险实行市领导带队包保责任制，笔者被分配负责带队防守汉江右岸 50 公里的堤防。接到任务后，曾先后多次带领市水利局和市住建委等单位负责人，沿汉江堤从潜江与沙洋接壤的高石碑遥堤村开始，巡防到竹根滩镇黑流渡村与仙桃接壤的大王庙，这 50 公里的堤段有兴隆一闸、谢湾闸、王拐进水闸三处险闸及杨湖、雷家潭、深河潭、陶朱埠、孙家拐等八处险工险段。

2006 年 9 月，当汉江泽口段水位涨到 40.83 米时，笔者即带队防守过泽口谢湾闸，并在闸房旁扎帐篷驻守过三昼夜；与水利专家一同处理孙家拐翻沙鼓水险情。2011 年 10 月初，泽口段水位又突破设防水位达 41.6 米时，笔者带着脑颅手术尚未完全康复的病体，带领上万名防汛抢险干部群众巡防汉江大堤 15 个昼夜，打了一场防汛抢险的胜仗。

2013 年，随着国家投资 84 亿元投入南水北调补偿工程及兴隆水利枢纽工程竣工及潜江高石碑镇横跨汉江兴隆坝的建成，洪害潜江千百年的汉水祸患终于根治。

中国治水鼻祖大禹及荆南王高季昌治水保境安民之梦想现在终于成真，承载着很多美好传说和悲痛洪泛史的汉水与高氏堤终于与民和谐共处，昔日时常呈狂躁、咆哮之恶魔态的汉水，现在终于恬静、温顺地造福沿岸百姓了。

芦洑河及芦洑宝塔之前世今生

芦洑河是潜江最古老的河流之一，上古时期就已存在，潜江之名来源于此河。芦洑宝塔，亦称芦洑佛塔，是芦洑河源头上有近千年历史的一座镇锁河妖、祈福消灾的佛塔。清朝末年就已淡出了潜江民众谈资之中，只能在史志中找到其踪迹，现在却呈现在人们的视野之中。下面简要叙述一下芦洑河及芦洑宝塔的前世今生。

（一）

先说芦洑河。洑，本意是水洄流的样子或漩涡，另一层意思是水伏流于地下。芦洑河本意是水潜流于地下的一条河，亦称潜水，它是潜江之地名来源之一。春秋战国时期的《尔雅》云："水自汉出为潜。"即江水（汉江）经芦洑河流出称潜水或潜江。

明万历三十年（1602）《承天府志》卷 4 载："潜水一（支）自潜江县排沙渡至深江入沔阳州西北界，经刘河、范溉关、栗林、麻港、南湾至黄荆口入下涨湖，东会于白湖。"又如，明朝的《郡县释名》（湖广卷）云："汉水从郧襄来至县北三十里，芦洑河分流其水，经县东南流于（长）江，曰潜水（江）。"清康熙三十三年（1694）《潜江县志》云；"汉由潜一道入江，故名潜江。"通俗的说法，汉江由潜水分流入长江，即名潜江。清光绪六年（1880），时任知县史志谟在重刻《潜江县志》序中曰："潜邑以水得名，俗称芦洑者，即潜水也。"

清康熙五年（1666），汉江杨林洲堤溃，芦洑河新的分流口形成，时任分守荆州副使以"修堤不如疏河"，奏准重疏芦洑河，竣工后芦洑河即改名通顺河。笔者曾多次实地踏访得知，古芦洑河连接汉水之源头，因江水时常汹涌横流，在此处分流，或改道，或溃口有多处，史志记载的有今竹根滩镇沙街村、杨林洲村、回龙村三处。三处相隔约四公里，当下依稀可见其源头口。尤其是回龙村一组的源头，旧称黑毛潭，其古芦洑河的脉络及痕迹十分清晰。

（二）

据史志记载，先有芦洑河，后有芦洑宝塔。芦洑宝塔原址在今竹根滩镇沙街村对岸今天门市张港镇的汉江河滩上。汉江北岸的张港、多宝镇1955年7月从潜江划归天门，此前一直在潜江版图里。宋元（可能更早）时期，潜江民众时常苦于汉江洪水的侵害，无奈之下只能建塔供神，祈求降伏河妖，保佑生灵。因宝塔正处芦洑河、泗港河、汉江三水鼎立之处，古时，这几条河流如妖魔鬼怪不断吞噬沿岸人民，于是，就有了康熙《潜江县志》所言，建塔是为“镇锁三澨”。又因，其塔正在芦洑河源头处，即取名“芦洑佛塔”，后来人们亦称“芦洑宝塔”。

早期的芦洑宝塔石基，砖石结构，共有七层，取“七级浮屠”之意。“浮屠”即佛塔。芦洑宝塔在明朝中期与“南浦荷香”“蚌湖秋月”等成为旧时潜江八景之一。此处是鱼盐商贾聚集之地，亦是文人墨客泊州待月、信众祈福敬香及民众舟楫停靠、车马憩息之处。

明朝早期潜江教谕王祯（江西安福人，举人）曾题诗道：“塔建芦溪自古今，冰虬长浸碧波心。画檐金铎风霜古，石窦丹梯岁月深。清夜佛灯明耿耿，半空星象灿森森。登临回顾乾坤广，不许尘埃半点侵。”

“镇锁三澨”（汉水、泗港、芦洑河）的佛塔，其佛法时常穷尽，洪水照常无情祸害百姓。不仅如此，佛塔自身难保，大约在明隆庆或万历年间，佛塔被洪水冲毁，并淹没于汉水的滚滚泥沙之中了。到了清康熙九年（1670），云游僧人雄峰募资在芦洑佛塔原址建成了“景峰庵”，从邑人朱士尊（著名隐士）当时为建塔写的一篇劝捐文得知，芦洑佛塔始建“或肇开唐代，或创造宋元”，其古名叫太安。

古人云，水能载舟，亦能覆舟。康熙《潜江县志》卷10载：“芦洑入杨林，直经南流为排沙渡，又直经南流为县河，县城郭庐舍滨矶岸，岁苦河水，撼荡过县。”旧时，古县城因芦洑河之水经常被淹没，农舍粮田也常遇灭顶之灾。为了防患汉水经芦洑河洪患潜江城及沔阳部分区乡，清同治九年（1870），经省巡抚衙门同意，人工堵塞了其河源，汉水即与芦洑河（潜水）由此隔断，其河床慢慢淤塞，河流亦慢慢消失。

1958 年，经湖北省人民政府批准，在汉江潜江泽口堤段重新开口建闸，并开挖汉南河，在泽口董滩村一带与旧芦洑河（通顺河）相连，引汉江水灌溉潜江、沔阳等地。此河统称通顺河，全长 191 公里，过沔阳境后进汉阳，在今武汉汉南区入长江。通顺河在潜江境内 15.5 公里，习惯称汉南河。

（三）

如今的芦洑宝塔屹立在风景秀丽的城北梅苑之中，宝塔的重建亦凝聚笔者的心血和汗水。2009 年秋，潜江市委、市政府为了次年“中国（潜江）第二届曹禺文化周”举办有新的场馆，决定启动梅苑（最初名为曹禺公园二期）景观建设，笔者当时分管城建工作，理所当然成为此项目的指挥长。当时，提出移址在梅苑景区重建芦洑宝塔时，曾遭遇诸多艰难曲折。但笔者认为，一个公园“有水则秀，有山则俊，有林则幽，有塔才灵”，于是，力排众议，竭力而为，终于让昔日在汉江之滨的芦洑宝塔落成于梅苑的马昌湖湖畔了。

此塔的重建颇费心血和周折。笔者认为既然是重建佛塔，就得让塔符合佛教规范和礼制。为此，曾先后三次拜访中国佛教协会副会长、湖北省佛教协会会长正慈法师，就塔基、地宫、塔高、层数及每层供奉哪位佛主等请教正慈法师。最后让宝塔成了今天梅苑的画龙点睛之笔，成了潜江的地标建筑之一。

芦洑宝塔高 56 米，与中华民族 56 个民族同数；塔身九层，每层高 5 米，取佛主有“九五之尊”之意；每层都供奉一尊佛像，其中有释迦牟尼、观世音、文殊、关公等，塔顶置放神钟佛鼓，如果现在开放让信众登塔，朝晚一撞一擂，其晨钟暮鼓之音必然缭绕于古城上空，净化民众之心灵。地宫中藏有金佛、县（市）志、水杉等特色种子及重建碑等。

2011 年 2 月 14 日，宝塔开光奠基时，笔者委托潜江市佛教协会时任会长心恩法师请来了荆州、荆门、天门等周边四个市县的佛教协会会长做法事、行佛礼。宝塔山门上的“芦洑宝塔”四字是正慈法师所题，塔身的“芦洑宝塔”四字是时年 84 岁高龄、时任中国佛教协会会长传印法师的墨宝。只可惜这两副墨宝至今没镌刻入塔。更可惜还有两点：一是后来者没能按当初已审批了的规划设计方案完成宝塔塔院、山门、香炉等后续工程建设，弄得如今人们不知此塔是礼佛敬香之地，还是观光游览景点；二是宝塔至今塔门紧锁，没有对信徒或民众开放，有悖重建宝塔之初衷。

芦洑河虽早已淡出了潜江民众的视野，但以芦洑河命名的“芦洑大桥”却赫然在东荆河上进入人们的眼帘。笔者认为将通往周矶新区的东荆河上新建的大桥命名为“芦洑大桥”实属牵强。东荆河古名叫夜汊河，与芦洑河虽然分别是汉水的支流，但不是同一条河流，两河源头相距约 15 公里（直线距离约 6 公里），芦洑河在市区东，夜汊河在市区西。将古夜汊河上新建的桥叫“芦洑大桥”有点讲不通。

此桥可直接取名“夜汊河大桥”，既古朴又独特，也名符其实。亦可取名“通政大桥”，一是此处明清时期属通政乡；二是潜江西门今中百仓储一带，明万历年间有刘道隆（今杨市刘岭村人，官至右通政）所建“通政桥”；三是“通政”亦有政通人和之意。

故事美丽的洛江

潜江之名来源于古潜水，古潜水即芦洑河。芦洑河在县城东边折转一支称为洛江。洛江有一段有据可考的美丽传说。

康熙三十三年（1694）《潜江县志》卷 3 是这样记载：“《韩诗外传》：郑交甫游于汉江，遇二女妖，服佩两珠，交甫与语曰：‘愿请予之佩。’二女解佩与交甫怀之，去十步，探怀之，则亡矣。回顾二女，亦不见。”“二女者湘洛妃也。洛江之名由此。”

《韩诗外传》是汉景帝时的太傅韩婴所著，记载的是周朝有位名叫郑交甫的学士，喜欢游历汉江，一日由汉江游入潜水。在潜水遇到两位衣着华丽、佩戴明珠、十分美丽的女子，交甫请求要其佩饰，两女子很大方地将佩饰交给了他。交甫甚喜，将之珍揣于怀中，心花怒放地行了十来步视佩，怀空无物，再回头看二女，也不见了。后来交甫恍然大悟，原来刚才遇见的是湘妃（亦称娥皇，尧帝女儿）、洛妃（亦称洛神，伏羲氏的女儿）二神女。于是人们将郑交甫所游历的这段潜水称为洛江，即古通顺河。

那么洛江古河道今在何处？先说潜水。清初顾祖禹所著《读史方舆纪要》卷77云：潜水“县东三十里有芦洑河，即汉水的分流处”。“所谓汉出为潜。”清嘉庆九年（1804）《湖广通志》卷7曰：“潜水在县东，东南流经汉阳府沔阳州（今仙桃市），西北合夏水，今名芦洑河。”。笔者多次实地寻访过古洛江的源头走向。2017年9月，在今竹根滩镇杨林洲村、回龙村一带，当地居民告知笔者，回龙村一组的黑毛潭是古芦洑河源头，也有人说是古洛江源头。同年10月，笔者走访潜江泰丰办事处黄垸村与仙桃毛嘴镇接壤的深江村养鱼人余幸福等人，他们告知面前的这个鱼塘就是古洛江的一部分。后来，笔者又先后走访了潜江杨市办事处左场村与仙桃刭河镇丁脑村、菜河村接壤的洛江段，即史志中记载洛江中下游段的仙桃范溉关村等地段，迄今其古河道依稀可见。

从康熙《潜江县志》和民国时期《潜江水系图》可以看出潜水的大致走向：今竹根滩镇汉江右岸的杨林洲为入口，经竹根滩镇政府东边，在此分为两支，一支折转流向西南的董滩村，经华润化肥入今汉南河；一支向东南流经今三江口。在三江口又分为两支，一支向东出潜江的杨林口，进入仙桃的深江、刭河等地，再进入武汉的汉南、汉阳等地入长江，称之为通顺河；一支向西南流经潜江县城，称之为县河。县河在今园林办事处徐角居委会一带又分为三支。一支为运粮河，绕县城西向南流经今杨市西、总口西，渔洋镇的高湖台、横堤、新南（古地名许家口）过苏湖，入东荆河；一支为城南河（即县河），绕县城东向南，流经今杨市东、总口中部，在渔洋镇拖市东折，入仙桃的陈场；一支在县河东折为洛江。

就洛江古河道有两种说法：

其一，康熙《潜江县志》曰：“自县河东折一支为洛江，河水屈曲，夹古县城盘绕，无驶迅湍骇。”潜水过三江口后西南折的一支才称为县河。县志所言的此洛江“夹古县城盘绕”，这与县河走向较一致。依此笔者实地踏访，其走向应该是在今泰丰办事处南荷居委会一带东折，经今杨市的黄汉垸、左家场入仙桃刭河的丁脑（旧称耙子垱），过刭河范溉关，在新里仁口入通顺河。

其二，民国《潜江县水系图》和1997年的《潜江水利志》均称“洛江为芦洑河的东南支”，“源出排沙渡以下里许”，即今通顺河，全长 73 公里，在潜江境内 11 公里。明清时期，水向东流，经孟公碑、丁家口东、斗河、莫老潭抵今仙桃的深江，再绕黄中垸到耙子垱。清末，莫老潭一段已湮没。民国初，从丁家口起，向东流，经侯家滩、余家台至深江入今仙桃境。笔者认为这两种说法都有据可考，但后者依据更可靠。这是因年代远久，古河道淤塞后改道而形成的不同说法。

时过境迁，岁远年湮。愿洛神的美丽传说和洛江之名在沧桑变迁中永驻世人心中！

为民请命开恩江

潜江自古就是古云梦泽一隅，水多、河多、湖多，江也多。如上古时期其境内就有汉江（亦称汉水、襄河）、潜江（亦称潜水、芦洑河）、洛江、沱江等，明朝嘉靖年初又新添了一条江，名曰恩江。恩江是时任潜江知县敖钺（江西高安人，举人）冒着杀头革职之风险，上书皇上获恩准后，率民众开挖的一条人工河。

（一）

事情发生在明嘉靖元年（1552）。当年农历八月初三，潜江新任知县敖钺到任。经过一番微服私访一番后，了解到潜江尚属富庶之地。谁料到任不满三天，八月初五，襄河发大水，洪水经芦洑河入县河冲决了县城东岸的柘林堤（今泰丰办事处护城、葛柘村一带），一下子沱埠渊、崔家垸、黄汉垸等 48 个民垸皆被淹没。初六夜二更时分，洪水冲倒了县城土城墙，顷刻之间城内高屋封檐，矮屋没脊，呼救哭喊连成一片。敖钺奔出衙署，心急如焚指挥衙役鸣锣报警，通告百姓骑屋或向高处转移自救。

人刚被转移出来，旋踵间墙垣倒塌，县署衙舍俱被淹没，牢房尽行浸倒，官吏、狱卒等只得攀爬屋顶而逃命。等到天明，敖钺找到一艘小船驾行于波涛涌动的街市之中踏勘灾情，放眼见到的是坍塌的房屋，不少百姓骑屋待救，布政分司并府馆、儒学及教官衙舍、文庙及祭祀器皿或被淹没或浸倒，货物、用品漂流于街市之中。县城之外，茫茫似海，无陆路能相通，洪水滞留县城18天后才慢慢退落。最终统计全县共淹死96人，冲走、冲垮官民房舍140间，近20万亩农田严重受灾。

面对如此天灾，以知县之力难以为救。于是敖钺情意殷切地向皇上呈送了《减粮疏》，其中写道："本县库藏既空，仓储又竭，无可赈济，秋冬及春，存活尚难。""此非常重灾，陛下若不宽宥之，则催征令一出，荒残之民举逃，非惟臣不能为陛下催科，臣亦无所于催科也。"

按当时朝廷的规定，核减"秋灾不得过九月终"，他十分害怕这份过时的奏折按常例不准，在奏折中特别写道："本县水灾八月初五方遇，九月方得委官踏勘，又且路途遥远，奏报不及，难以按常例拘之。伏望陛下悯怜民瘼，一不以常例为拘，二不以免五为惠，特赐恩恤"。

不知是敖钺的真情打动了皇上，还是皇上圣明，朝廷还真破例减免了潜江受灾民众当年的税粮。

（二）

水退后，敖钺实地踏勘了决堤之处，弄清了县城被淹的原因：柘林堤决口是因高家垴（今泰丰办事处护城村一带）的一高洲地阻水，才使城东的排沙河、洛江、县河下泄不畅。于是他决意开新河导流以免潜江民众再遭此灾。工程开工之前父老乡绅说道："高洲属皇庄，奈何？"他果敢地说：吾来"恳乞天恩，开挖皇庄淤洲，消除水患"。于是在当年十月他给当朝的嘉靖帝朱厚熜呈上了一篇《请开新河疏》（康熙《潜江县志》《湖北文徵》载有原文）的奏折。

要知道敖钺当时上这份奏折，拿出了为民请命不怕丢官杀头之勇气。封建帝制时代皇权之大不能冒犯，皇土之重是不能动弹的，否则都是杀头之罪。此时的朱厚熜正由兴献王变成了嘉靖皇帝不久，其潜江县河东的这片高洲土地是他在钟祥为王时变成皇庄地的，试想谁"敢在太岁头上动土"？敖钺为了"图存县治，急救生灵"，还是奋笔疾书道："今东堤一决，水即内灌，一川之泻，势若天来，虚腹受侵，岂能吞纳，首冲学舍，次冲县衙，布政二分司以及府馆迎浪而倒，居民屋庐，悉不能存，而一邑生灵皆为鱼鳖。"接着情真意切且不怕触怒龙颜地写道："臣往复相视，惟有将高家垴淤洲挖开取河，流顺下方，可杀水势。”“但沿江一带淤洲，尽属皇庄掌管，不敢擅便，臣窃伏思之，陛下飞龙当天，四海一家，尺地莫非其有，何少此洲？”“伏望准臣所言，特旨降下，许臣即于冬前水涸之时，并工开挖。”

敖钺唯恐户部拖沓缓办导致皇上御批太迟，又加了一段急迫之言：“若仍循故事，委勘覆奏方许动土，则来春水发，缓不能及矣！此盖数十年积患以遗于臣，今日之事，万分迫切，不敢缄默坐视。臣敢欺诳，臣甘万死。”

一位新上任的知县，能如此殷切地为民请愿，真让世人感动。皇上阅览后即刻准奏。户部在农历腊月“初九日奉旨”复书道：“所据知县敖钺奏议，前因相应准。”“见在乡户市民佥点夫役，及此冬春之交，并工开挖。”

（三）

敖钺疏奏获准后，“于是集民夫，开皇庄河。逋人闻之，归者相于途，争持畚锸而至”。嘉靖二年农历二月十四皇庄河破土开工，四月初四竣工，全长 700 丈（约 2300 米）。河成后民众编歌唱道：“转危为安兮，敖公有江；公如可借兮，我终无恙”，并认为敖钺为民请命策功茂实，一致要求将此河取名“敖江”，勒碑刻铭。敖钺闻之后谦逊地说道：“皇天在上，恩若属自朝廷，惠我潜人者圣上，宜名‘恩江’也。”

恩江建成后，水顺其道，邑固人恬。景陵人鲁铎（谥文恪，弘治十五年会试第一，任国子监司业、祭酒）感佩其功绩，专为敖钺写了一篇《恩江河记》，甘鹏云先生为其编了《鲁文恪公集》，收录有此记原文。潜江百姓在江边勒石立碑，题名为《潜江敖侯新开恩江碑记》，以旌其功德。此碑文被收录在民国 26 年（1936）刊印的《潜江贞石记》等旧史志之中。

三年之后敖钺擢升离任，潜江民众自发十里相送，“攀卧涕涟不已”。甘鹏云先生在《潜江旧闻录》中说道：“若非敖侯建开河之议，引水东行，潜城沉没久矣，我甘氏焉能累世宅居于此！潜人受贤侯之赐无穷。”“恩江”碑虽不见踪迹，但“恩江”之名民众至今没有忘却。

1997 年中国水利水电出版社出版的《潜江水利志》所载《民国时期潜江县水系图》对恩江古河道标注得十分清晰。近年，笔者在走访竹根滩镇的彭洲、勤俭村，泰丰办事处的解放、葛柘村，杨市的金银河村及仙桃市的深江、谢场等一带村民时，他们都知道一些恩江的传说。其古河道清初已淤塞湮没，但另一河道起源于县城东的今彭洲，经勤俭、护城一带，即今斗河仍称为恩江。

据考证，清末此恩江起源于禅堂口，经徐家台、斗河、莫老潭、金银河、左家场，入仙桃的蔡河、中洲、谢场、潘场等地在通海口入通洲河，其在潜江境内约 15 公里。

20 世纪 70 年代大兴农田水利工程，潜江新开挖的城东河上接汉南河（即古芦洑河，亦称通顺河），经彭洲、勤俭、亚元湾、左场等地在总口接城南河，其中就利用了恩江的部分河道。

桃李不言，下自成蹊。敖钺虽离去已 400 多年了，并没有言及要谁记住他的恩泽之举，但受滴水之恩、好涌泉相报的潜江民众，至今仍在传诵其执政为民的功德。

通顺河之名来历

通顺河是汉江的一条支流，一河碧绿清澈之水经潜江的泽口汉南闸，出竹根滩的杨林口入仙桃境，经深江、毛嘴、三伏潭、胡场、袁家口、新里仁口、彭场、沙湖、王家台等地入武汉市境，再经汉阳、汉南，在沌口经济开发区入长江，全长近 200 公里。现在它是三市三区境内重要的取水灌溉、泄洪排涝的河流，人们都亲切地称为通顺河，但对其名之来历知之者甚少。

通顺河最古老之名称叫潜水。春秋战国时期的《尔雅》云："水自汉出为潜。"后又名洛江。洛江之名来源于汉景帝时有位叫韩婴的太傅所著《韩诗外传》一书。书中记载：周朝有位叫郑交甫的学士喜欢游历汉水，一日他由汉水进入潜水境地。在潜水之舟上遇见了两位衣着华丽、佩戴明珠的女子。交甫想请求其佩饰，两女子很大方地将佩饰交到了他怀中。

交甫欣喜地行了十来步，视佩，空怀无物，再回头看二女，忽然不见了。后来交甫恍然大悟，原来刚才遇见的是湘妃（亦称娥皇，尧帝女儿）、洛妃（亦称洛神，伏羲氏的女儿）二神女。于是人们将郑交甫所游历的潜水亦称为洛江。洛江之名在通顺河沿岸至今仍在流传。唐宋时期又改名芦洑河，它是潜江县名来源之一。明朝的《郡县释名》（湖广卷）云："汉水从郧襄来至县北三十里，芦洑河分流其水，经县东南流于（长）江，曰潜水（江）。"

古时通顺河堤塍低小，沿岸民众经常遭洪涝之灾。清顺治七年（1650），荆西观察使徐旗鼓领旨督筑芦洑河两岸堤坝，堤成之后，依其名号改名"旗鼓堤（河）"，芦洑河名亦同时并用。今潜江华润化肥公司至竹根滩镇沙街村一带的汉江堤至今仍称旗鼓堤。芦洑河流古源头在潜江今竹根滩镇回龙村破汉江堤处，现名黑毛潭。

通顺河是汉江南岸的一条自然支流，在洪水季节分泄汉江洪水，当河流平缓时，也是沿岸民众通航灌溉、商贾往来的重要河流。明清及民国时期沿岸就有了如竹根滩、杨林口、范关、新里仁口、彭场等多个有"小汉口"之称的古集镇闹市。

清康熙五年（1666），潜江、沔阳、景陵（其今仙桃郑场一带当时属今天门辖）境内的旗鼓堤（河）多处决口，分守荆西副使知"利无两全，弊无双害"之原理，提出了"欲防水患，莫急于修堤"，"修堤不如修河"，"浚旗鼓堤，以杀水势"的议案，得到上峰许可。于是，他率领民众疏挖了芦洑河，加筑了旗鼓堤的部分段面，于是，得皇恩之浩荡，依顺治帝之名号，亦有水顺流通畅之意，将旗鼓堤河（古芦洑河）更名通顺河。

虽然取名通顺河，但汹涌无情的洪水毫不顾及河名之意，几乎每年都要冲破堤塍，淹没沿岸民众的家园，官民苦不堪言。清同治十年（1871），湖北布政司采取"止儿啼而塞其口"之策，将通顺河源头，即古芦洑河口杨林洲接汉江之处堵塞，通顺河遂与汉水隔断，成了内河。

1959年，国家大兴农田水利建设，为方便三市三区及流域人民引汉水灌溉农田之需，湖北省政府决定在潜江泽口原轮船码头东侧破汉江堤，修建汉南进水节制闸。于是通顺河舍去了竹根滩镇那段古河道后又复与汉水连通，一江清水重新惠及沿岸百万人民。

三江及三江口溯源

现在的潜江人都认为在市区东北边，沿三江路行进 3.6 公里左右，过古县河桥就到三江了。虽然这地方叫三江村，人们习惯叫三江或三江口，但真正的三江及三江口并非在此，说起三江之名还是颇有渊源的

（一）古之三江及三江口之源

中国古今称三江及三江口的地方很多。如松花江与黑龙江的交汇口东北人称三江口；四川人将金沙江与岷江汇合口称三江口；浙江人将余姚江与奉化江的汇合处亦称三江口。又如，曹操在长江与举河（今武汉与鄂州的交汇处）交汇的三江口写下了著名的《短歌行》。古时，潜江所言三江，是指潜江境内今泽口汉江段面上下十公里左右的地方有三条分流汉水的河道。

康熙三十三年（1694）《潜江县志》卷 10 载：“汉水自嶓冢（今汉中市宁强县汉王山），达襄郢，经内方（今马良山），至县北三十里播为三汊河，入于江。三汊河一名三江口。”这“三汊河”分别：“其一汊，东经张截港，接车墩，交景陵界，过汉川，至大别山入江”，即今天门张港西北边的泗港河；“其一汊，西南经夜汊河，过双雁，直经其南流，过直路（河）至新（沟）口，东为江陵境，下交监利境”，即今东荆河；“其一汊，自芦洑入杨林，直经南流，为排沙渡，又直经其南流为县。县城郭庐舍滨矶岸”，即今通顺河，古称芦洑河及分支县河。

上述记载明确了潜江之三江及三江口来源。“县北三十里播为三汊河”，即县城北边三十里处汉江在此分流，称为三汊河，又名三江口，简称三江。这是潜江三江及三江口正源。

三江口源头亦是古芦洑河源头。明朝《郡县释名》（湖广卷）云：“汉水至郧襄来，至县北三十里芦洑河分流其水，经县东南流于江（长江），曰潜水”。史志记载，今竹根滩镇沙街村、杨林洲村、回龙村相隔约四公里地段依稀可见三江口源头。尤其是回龙村一组的黑毛潭，三江口源头的脉络及痕迹现在仍十分清晰。

清康熙五年（1666），汉江杨林洲段堤决，形成了新的三江口，时任分守荆西副使以“修堤不如疏河”，奏准重疏芦洑河，竣工后将古芦洑河改名通顺河。1958年，经湖北省政府批准，在汉江泽口堤段开口建汉南闸，引汉江水灌溉潜江、仙桃、武汉部分地区，变千百年汉水之祸患为水利。通顺河（古芦洑河）源头改道，黑毛潭原三江口源头及古通顺河竹根滩段慢慢淤塞废弃，因而，现在大多数人只知潜江泽口段的通顺河叫汉南河，很少知道古芦洑河、通顺河之间的关系及三江口之源头。

（二）近现代三江及三江口之说

时至清朝末年，三江及三江口在黑毛潭一带的本源都还没变。清光绪六年（1880）《潜江县志》卷10载：由泗港而下播为三汊河以入江，一名三江口。其一汊，东经张截港，接车墩，交景陵，过汉川，至大别入江，即今泗港河；一汊西南经夜汊者，泽口分支荆河也，即今东荆河；一汊三江口入芦洑河，排沙渡分流东南流也，即今通顺河。

据2008年《竹根滩镇志》等史志载：竹根滩镇始建于明代。明初刘简兴集于上滩，因集镇建在古芦洑河源头东岸的滩涂地上，上街多长青竹，故名竹根滩，下街多长芦柴，故名柴林滩。集镇地处三江口源头河滩，河道通畅，通江达海，舟楫往来十分便利，逐渐商贾云集，店铺林立。清末民初形成素有“小汉口”之称的著名集镇，但没用三江及三江口之名。

三江及三江口移名今三江，笔者所见最早的文字是甘鹏云先生所著《潜江旧闻》卷7中有《潜江水道》一文，文章认为：康熙之后水道渐改，通顺河在排沙渡（今泗河村一带）向西南分流一支为县河，县河在今三江口又分为三条支流，一条向东流，称恩江；一条向南流，称洛江；一条绕县城西再向南流称西河。结论是“盖康熙迄今，地名易改，故旧迹不可寻耳”。

20世纪30年代，在今竹根滩镇机关所在地设竹根滩区苏维埃政府。1949年新中国成立后，竹根滩区改为小北区，后改为第五区，机关驻地标明在今三江口。

因蕴藏着丰富文史信息的三江及三江口之古地名大名远播，其版图上一新生的行政机关成立及机构驻地用古地名实属正常。因而，1957年10月，竹根滩镇在成立人民公社时，亦借用了古地名，称之为三江人民公社，机关驻地仍是今三江口。1961 年将三江公社改为三江区公所，后来又撤区变竹市公社，公社机关驻地再次迁驻今竹根滩政府所在地。1980 年 11 月，三江公社更名竹根滩镇。

于是，1982 年的《潜江县地名志》就这样记载：“三江口，位于县城东北 3.6 公里，因原县河与通顺河在此相交，故名三岔口。后名为三江口。”事实上，当下所言之三江及三江口，与古之三江及三江口相距十公里之遥。

笔者并非想罔谈彼短，靡恃己长，只是想告之大家，沧海桑田，时过境迁，但事物本源是历史，现代人可以古为今用，甚至篡改，当追根究底、承史继学时，要能知晓历史本来面目。

卷四　书院学校

引　子

从汉武帝刘彻命“天下郡国，皆立学校”开始，各郡县就有了供子弟读书学习的书院。一个地方的书院状况呈现出当地教育文化水平。古时潜江虽居汉水横冲之地，常遭洪涝之灾，民不富县不强，但官民历来崇文重教，有史可考的书院并不少，让潜江人才辈出，素有“人文科第甲郢楚”之美誉。

清嘉庆九年（1804）《湖广通志》卷29载：潜江有“石桥书院”“同仁书院”“中州书院”“传经书院”。此志同卷记载，当时，随州只有“白云书院”“擒珠书院”；沔阳州只有“纪恩书院”，后在乾隆四年更名“聚奎书院”；天门县只有“东湖书院”“梦野台书院”。就是潜江的上级安陆府也只有“甘棠书院”“郢门书院”“文昌书院”。

清康熙三十三年（1694）《潜江县志》卷5载，潜江有五个书院。这正如康熙七年（1668）时任潜江知县王又旦（今陕西合阳人，进士）为新建传经书院写《约》（记）时曰：“洎至今未百年，而讲习之地多于邻邑，亦足以见此邦人士之好学也。”

儒学春秋

儒学，旧时指官办供生员读书的地方。县一级的儒学亦称县学。儒学是府、州、县的最高学府。能进儒学读书者已是当地识文断句中的佼佼者了，这些人大都是在书院或私塾熟读四书五经多年，年龄在 15 至 20 周岁之间，经过“童试”成绩优异者才能入儒学，俗称“秀才”。明清两朝对儒学的生员规定也较死、较严，府、州、县分别是 40 人、30 人、20 人。旧时潜江之儒学就是其中的一个缩影。

（一）

自古帝王治天下，皆以兴学育人为首务。而学校之兴废，人才之盛衰，治政之口碑，均与兴学重教紧密关联。汉武帝就曾下诏“天下郡国，皆立学校”。尤其是明清两朝，其开国皇帝均明确要求各府、州、县必设儒学。这也是考核各级官员政绩的依据之一。因而，旧时潜江历任知县十分重视儒学的建造、增建、修缮等事宜。从明万历三十年（1602）《承天府志》、清康熙、光绪《潜江县志》及民国 24 年的《潜江贞石记》（甘鹏云主编）等史志中，以及笔者多次实地踏寻走访多位耄耋老者，对潜江之儒学的兴废等有了一个系统认知。

据明万历《承天府志》卷 5 载，“潜江儒学元时在县治东，至正末废”。潜江建县于北宋年初的公元 965 年，古县城在元至元三十年（1293）由今高石碑的下蚌湖（安远镇）迁至今园林办事处。康熙《潜江县志》卷 5 记载 ：“潜江儒学在城内东北隅”，“随县迁建于今县治东，前校官杨磬滨创始”。也就是说潜江之儒学在安远镇古县城就存在，在县城内东北隅。迁县后的儒学在县衙东，其创始人是时任教谕的杨磬滨。

时隔 26 年，即元仁宗延祐六年（1319），时任知县阮伯颜又进行了重建，增建了“礼殿”“两庑”（庑，即主殿两边的房屋），时任校官（即教谕）李惟中留下了一篇《重修儒学记》。

记中写道：“至元癸巳（1293）之春，学随邑迁，教官磬滨杨公实草创之。至今日阮公伯颜被命来宰是邑，殿谒之日，慨然叹曰：‘学校虽设，而宫墙庙貌之弗称，匪阙典欤。’于是谋取诸同僚，复请于分按佥宪纳剌及李廷珪，乃率缙绅之士相助金谷，再新斯宫。乙未（1295）秋，鸠工庀材，不旬月而礼殿落成。”到了元至正末年（即元朝末年，1341 年前后），因战乱等原因儒学则破败荒废了。

（二）

据不完全统计，明朝276年潜江有11位知县及州府官员重建、增建、改建或大修过儒学，即平均每隔25年儒学就会改建或修缮一次。

明朝洪武年初（1369），潜江的第一任知县史纯一在新建县衙的同时，紧靠县衙东边（今儒学路原面粉厂小区一带）重建了儒学，创建了殿庑及斋堂，并对儒学主讲斋堂取名“存心堂”，其大门取名“养性门”。

景泰三年（1452），荆州推官（当时潜江属荆州府辖）符节同、时任知县李坚重建儒学。

天顺八年（1464），时任知县吕文重修儒学。

成化十六年（1480），时任知县胡璘重建儒学。

弘治十三年（1500），时任知县史华重建儒学内的大成殿，地基扩大七尺（约2.1米），抬高三尺（约1米），栋梁楹柱俱换大木，雕龙画凤，广植松柏，使儒学焕然一新。

嘉靖六年（1527），时任知县萧延达改建儒学的大成殿，命名先师殿，将儒学与文庙（孔庙）融为一体。

嘉靖三十一年（1552），时任知县夏泗将儒学的先师殿向前稍移重建。时任祭酒（主管国子监或太学的教育行政长官）邹守益（今江西安福县人，明朝著名的教育家）为潜江新建儒学写下了一篇《重建记》。

隆庆三年（1569），时任知县梁栋重建儒学。

万历七年(1579)，知县朱熙洽重建儒学。时任江西按察司副使的袁国臣（潜江人，后官至山东布政司参政）写下了《潜江儒学重建记》。

万历十一年（1853），大水冲毁儒学，时任知县王建中重建。

万历十八年（1590），时任知县曹珩在儒学旁边辟地增建“射圃”。

事实上，明清两朝在重儒学教育的同时，也重视生员的射骑等武艺培训，并要求生员能文能武。儒学教学内容就有“礼、射、书、数”及应付科举考试的“时文”等。射圃应该是与儒学同在的，有的建在郊外等地方，潜江儒学的射圃此前只是没记载而已。

（三）

明末、清初改朝换代先后二十多年争夺皇位的征伐，中央和地方政府均无财力和精力顾及儒学建设，加之风蚀水毁，潜江之儒学渐圮，仅存岌岌可危的简易平房可供生员使用。尤其是清熙四年（1665），洪水入城，儒学彻底被毁，时任知县叶臣遇不得不安排教谕冯云付进行重建。

康熙十九年（1680），知县韩可兴拟组织隆重的拜谒文庙（也就是儒学内的大成殿）活动，可惜大成殿的确破败不堪难担此隆重典礼，于是，在校生员郭于岸、谢焕、杨昌等人带头捐资并提请重修大成殿，知县及民众纷纷响应，三月初开工，至六月工程将竣工告成，又突遇洪水入城，新建的大成殿再次漂圮殆尽。水退将至，韩知县再次督工修葺，次年正月，儒学及大成殿建成，并在大成殿前增建两庑，各七间。同时，韩知县率队在儒学举办了一次空前绝后的祭孔活动。

清嘉庆二十四年（1819），年近八十的潜江名仕万琨（即今全国政协副主席万钢、戏剧大师曹禺的七世祖）被推举募捐督修文庙及儒学。乡邻们被这位德高望重耄耋之人的德行所感动，纷纷慷慨解囊，一年不到重修告竣。

咸丰四年（1854），儒学再次毁于“发逆”（清政府对太平天国起义军的贬称）之乱。

咸丰八年（1858），乡绅万时醇（万琨之孙，其子万际轩，官至工部屯田司主事）领衔，朱承湘、刘开益、杨玉成、范明绂、潘希贤等响应，禀请时任知县林之华修葺儒学及大成殿。三年后竣工，“先师木主及四配十哲照旧志所载”供奉于大成殿。

清朝年末，儒学内建筑更加丰满，除了东西两庑外，大成殿内建有“先贤祠”；大成殿前还建有“大成门”；儒学院墙内外分别有“内泮池”“外泮池”；经过泮池的有“月湾桥”“棂星门”等。

光绪元年（1875），重修儒学泮池后，将嘉庆年间知县刘澍修儒学泮池之事迹，立碑昭示后人。

（四）

据时年93岁的潜江博物馆原馆长罗仲全和辉煌一组85岁的谢先华等老人回忆，潜江之儒学民国时期都还存在，其旧址在今城北儒学路4号（原北门粮管所与面粉厂住宅小区一带）。民国末年，儒学主楼有两层，主楼前有两排平房，潜江已故政协副主席曾祥云民国时期曾在儒学读过书。

罗老回忆，1956年，当时建北门粮管所及粮油加工厂要占用儒学这块地方，工人在将已破败了的儒学拆除时，发现其门楼、牌坊、石碑、梁柱等很多石材构件十分古老精美而上报，县领导即通知罗仲全等人先后组织人员将其部分构件收藏至当时的潜江县文化馆内，现在这些构件移存于市博物馆后院内。

先贤曰“君子欲化民成俗，其必由学乎”。笔者曾多次至现在潜江市博物馆后院，琢磨潜江之儒学的部分古石材构件，在感知其历史的沧桑巨变之中，觉得儒学中很多中华民族优良的传统文化值得传承和发扬。

譬如，古时儒学主要负责传承孔儒文化，施行礼乐教化的职能，也是地方官员、师生祭孔、奏乐、习礼之处，其中对仁义礼智信等的“教化”意义就应推崇；又如，儒学思想虽然体现的是官方统治思想，但其中的宋明理学及科举考试的“时文”类等优秀作品是传统汉语语言文化之瑰宝，值得传承。

元朝大学士与白鹤书院

康熙《潜江县志》卷5（以下简称县志）载：“白鹤书院，元湖北提刑副使姚燧建。今城隍庙，其旧址也。”

姚燧（1238－1313），字端甫，号牧庵，今河南洛阳人。官至集贤大学士、翰林学士承旨。他是元世祖忽必烈时期著名的汉人儒臣，是享誉古今的著名文豪。

姚燧三十七岁进入仕途，1283年任湖北道按察副使（正四品）。他每到一处除了纠官邪、除奸暴、平狱讼、雪冤抑、安民众、劾贪官外，就是兴办学校、赈济灾民。也就在这一年，姚燧因“妄议朝政”被谪官（后又被重用）。县志又载：“姚燧官至湖北按察副使，解官，卜筑于潜，建藏书楼。日读书其中，有白鹤巢于上，遂得名楼。今城隍庙址，台屹然”。

这是潜江最早有文字记载的书院，但最初只是白鹤楼之名，白鹤书院之名是慢慢演进过来的。笔者按图索骥，走访了潜江城1940年之前出生的罗仲全等几位耆老，他们确认城隍庙旧址即白鹤书院所在地，就在今物探公司东院物探幼儿园一带。但时过境迁，城隍庙遗址早已没有了痕迹，庙旁的白鹤楼或白鹤书院地面上更是难觅踪影，但从史志中能感知当年书院之盛况。

书院外临池水，飞檐单门，门上高悬着的“白鹤楼”匾额，是姚燧亲笔所书。院内古树成荫，溪水轻吟，书声琅琅。清癯如鹤的姚燧，萧然自得，一边潜心学问，在白鹤楼中著书立说，一边捻髭高吟，对潜江学子“课士以有用之学”，使当时潜江学风焕然一新，也为后世潜江崇文重教，科举赫然打下了良好基础。

白鹤楼到了明成化年间就已破败不堪，难寻其昔日之盛况。时任潜江训导叶善（江西乐平人）曾题诗《白鹤楼》道：“谁匾书楼作鹤楼，幽栖却有鹤同俦。闻琴影舞朱帘月，警露声传玉簟秋。常喜五车充邺架，不思万贯到扬州。而今一去缑山远，无处登临为访求。”也就是说叶训导在白露时节寻访到白鹤楼时，就已找不到登临之处了。

明朝白鹤书院的教授孔克学也曾题诗《白鹤书院》，诗中写道：“集贤辞老向南州，万卷读书百尺楼。何处飞来双白鹤，结巢相与访林邱。”

清朝康熙年间，白鹤书院又得到了修缮，高耸于城西一隅。清嘉庆年间的潜江诗人宁熙朝（举人，为当时诗坛所推崇，候选知县未任病卒）对白鹤楼情有独钟，他曾留有《游白鹤楼》《春日登白鹤楼》《白鹤池纳凉》《初夏游白鹤楼》等四篇题白鹤楼的诗（原文见《潜江明清诗选》）。他在《游白鹤楼》一诗其中写道：“闭门不出游，形神常苦拘。偶经时雨歇，新水引路迂。行行瞪双目，楼耸城西隅。登高复长忆，读书世所需。”他在《初夏游白鹤楼》一诗中又写“风花飞尽尚登楼，万木森森翠欲浮”。也就是说此时作为白鹤书院的一部分，白鹤楼仍高耸于城西一隅。

据光绪《潜江县志稿》载：清康熙三十九年（1700），时任知县朱轼（江西高安人，进士）又重建白鹤书院，并时常亲临书院授课讲学。

其书院至清朝晚期被县儒学取代。历史悠久，文雅的白鹤书院就这样慢慢消失在史志及人们的记忆之中了。

潜江最早的书院——石桥书院

康熙《潜江县志》卷5载（以下简称县志）：“石桥书院在县治西龙渊

市。元泰定间，学士林士渊建。久废。”

林士渊，潜江人，是史志上记载元朝泰定时期潜江的一名进士，官至翰林学士。翰林学士古时是“参谋禁密，权任独重”的重臣。元朝泰定帝（也孙铁木儿）在位只有四年多时间，“元泰定间”就是公元1324年至1328年间。

据县志记载，龙渊市在今园林办事处深河居委会与城南居委会五组交汇处一带。这可能是林士渊功成名就，致仕荣归故里后所建的书院。因为古代朝廷命官在职时一般不会出资高调去做谋取名誉之事，否则会引来很多不必要的麻烦。

此书院为何叫石桥书院，至今找不到出处。笔者想，可能当时建书院的这地方有座石桥什么的。用石材建桥在中国有悠久的历史，如北京永定河上的卢沟桥、河北赵县的赵州桥、福建泉州的洛阳桥等都是有近千年历史的石桥。潜江城西外有一条河阻断与城区通行，建一座横贯河流的石拱桥十分正常。书院在此桥头，取名石桥书院也就名正言顺了。

林士渊在城西所建石桥书院虽比元至元二十年（1283）姚燧所建白鹤（楼）书院晚40多年，但距今也有已近700年之久，是潜江最早的书院之一。

明朝成化年间潜江时任训导的叶善（江西乐平人）把此书院与赫赫有名的岳麓书院、匡山书院类比，可见当时书院的影响力。《题石桥书院》诗：“昔人有志绍先贤，构得藏修屋数椽。暖席春风悬绛帐，寒灯夜雨对青编。事同岳麓千年著，名并匡山万古传。今日题诗追旧迹，余光还耀石桥边。”

西门外的阳春书院

康熙《潜江县志》卷5载：“阳春书院在县西门外，明万历元年（1573），知县李之珍建。今废。”

李之珍，今四川什邡市人，进士。任潜江知县前是南宫（南京）监察御史。李之珍是一位有能力也很有作为的知县。他在潜任职只有三年，县志记载了他为民众干了很多好事和实事。除了为学子修建阳春书院外，还将府馆与驿站合并；重修状元坊、武备厅，增修城隍庙、新修火星楼等。因而潜江的名宦和什邡的乡贤祠都有李之珍之名。

阳春其本意是春天或温暖的春天。最早出自春秋战国管仲的《管子·轻重甲》："请君伐菹薪，煮沸水为盐，正而积之三万钟，至阳春，请籍于时。"阳春的引申之意较多，如比喻德政、恩泽、温和及高雅难学的曲子等。

李之珍是位饱读诗书儒雅而又能干的知县。书院建起后，他取"阳春"之名，要表达的是他的德政之举；也是让学子感受到如沐阳春三月之温暖和煦的阳光；亦含有此书院未来将培养出难得的高才生。

阳春书院旧址在"县西门外"，即今市自来水公司一带。

仁同于人的同仁书院

康熙《潜江县志》卷5载（以下简称县志）："同仁书院在县治西。邑督学佥事刘垓建。今废。"

刘垓，潜江今园林办事处人，隆庆五年（1571）进士。他一生乐善好施，忠于职守，清正廉洁，刚介自立，历经官场的跌宕起伏。嘉靖帝"夺情案"，他忤逆圣上遭廷杖虽没死，但被谪官流放云南，后又升官至云南学宪（亦称佥事，正五品，相当于今教育厅厅长）。《大明一统志·人物》等史志中对他都有记载。

县志卷15又载：刘垓"致仕归里，睦乡党，善风俗，益以明道为己任。建同仁书院讲学，以掖后进"。刘垓归里大约在明万历二十年（1592），也就是说同仁书院建于1592年左右，距今已有400多年历史。

同仁书院之名出自（汉）黄石公《素书》"同仁相忧，同恶相党"之语；亦有语出孔子得意门生颜回"仁者，人也"之说。这里意思指对待学子要一视同仁。因为旧时很多书院某人出资建造后，只收族内人家弟子入学，但刘垓所建同仁书院面向社会招生，相当于今私立学校。

书院的位置大约在儒学路住宅小区西边一带。县志所言"县治西"即紧邻县衙的西边。清康熙十年（1671）其残碑遗址尚在。当年，潜江著名隐士朱士尊为新落成的传经书院写记时曾提及："邑治书院有四：石桥、阳春、白鹤、同仁。惟同仁尚存废址残碑，余俱古迹莫考。”也就是说，同仁书院在清朝康熙年初其旧址及残碑都还存在。

书院建成后，刘垓请时任都御使的邹元标（江西吉水人，明东林党领袖之一）、礼部主事刘元卿（江西萍乡人，明理学家、教育家）等为书院作序、赋诗，盛况空前。从县志收录的这些序文和题诗可知书院规模宏大，其中有讲经所、环翠亭、椿桂堂等教学场所。

邹元标在《同仁书院记》中写道：“以我之仁同于人，是分所有与之，不知人自有也。以人之仁同于我，是分人所有与我，不知我固有之也。以爱之理同仁，爱仁之一端也。以万物一体为同仁，世皆一体也。”

刘元卿在《记》中写道：“年友督学刘君……创同仁书院，其前为厅事，后为义仓，又后为堂，堂之后有池”，“今天下谭学者，谁不言同仁哉？然试问以孔子为仁之方，则莫不茫然矣。仁者博济，则孔子抑何所施乎？而不知孔子之立人达人，其施皆有大焉！”。这里即表明了他与刘垓是同年进士，也告知同仁书院紧邻县衙及布局状况并论了“仁”学。

同仁书院与官办儒学几乎为一体。当时其书院的性质及儒学之间的关系有待进一步考证。

规模宏大的传经书院

传经，即传授经学。出自（唐）杜甫《秋兴》：“匡衡抗疏功名薄，刘向传经心事违。同学少年多不贱，五陵衣马自轻肥。”诗中的刘向，即汉朝的经学家，古有刘向传经之典故。康熙《潜江县志》卷 5 载（以下简称县志）：“传经书院在前西街。辛亥，知县王又旦建。内有传经堂，堂左为说诗台，右为操缦轩，后为藏书楼。楼东西为文场。”

笔者考究传经书院旧址在今章华中路实验小学一带。“辛亥”年，即清康熙十年（1671），是王又旦在潜任知县的第四年。王又旦是清初中国著名的诗人，《中国人名大辞典》等史志都有记载的名宦，也是有史可考的潜江 147 位知县中政绩最卓越者。他主政潜江七年之久，除了新建学堂、推进民众崇文重教外，还有诸如清田均税赋、筑堤防水患、廉政治胥吏等宦迹。王又旦将书院建成后，依刘向传经之典故，取名传经书院。

对新建的传经书院，王又旦写了一篇《传经书院约》（摘自康熙《潜江县志》卷5），其中写道：“潜之书院，见于旧乘者四，曰‘阳春、曰‘石桥’、曰‘白鹤’、曰‘同仁’，今已废，故老莫能识遗址”，“乃建传经书院于市南。门有四楹，南向，入门西折为‘传经堂’，堂后东西屋为文场，北有楼，可藏书，堂之东曰‘说诗台’，东有隙地，可为圃，堂之西曰‘操缦轩’”。由此可知其书院规模之宏大。当时潜江名人向大观（进士，曾任广西怀远知县）、朱士尊（著名隐士，康熙十年《潜江县志》的主编）等都为传经书院落成作了《记》。

向大观在《传经书院引》（摘自《湖北文徵》卷6）中写道：“侯（指王又旦）雅志经学，谓缀文之士，思以文章宠其身，显闻于当世，必经义修明，博物洽闻，通达古今，乃可备世用。议筑传经书院于孔衢，效汉时儒者选高才生时时受其学地，邑人士蒸蒸起。”

朱士尊为新建传经书院写了一篇《记》（摘自康熙《潜江县志》卷5），其中写道：“郃阳王公又旦，捐俸创建传经书院于南城内后西街，院门三间，中为传经堂，堂左为说诗台，筑基高一丈，上翼以亭，秋可邀月，冬可眺雪也。堂左为操缦轩，基稍逊左。亭亦如之，设琴瑟柷敔于中，用以导和也。堂后为文昌阁。”“阁前古柏一株，老桂一株，俱荫十丈许。”将传经书院之地址、始由、规模、形态写得十分详尽。

王又旦建好书院后，对立志读书求学之子弟还立下了“课期约”“讲期约”“先志约”“辩非士约”“明戒约”“治诗约”“习乐约”等“七约”，对老师、学子学什么，怎么学等都提了明确要求。

距今340多年的传经书院何年、何月废或毁，暂没找到相关史料。但作为任职一方的当政者重视教育之精神及书院中蕴藏着极其丰厚的文化信息值得传承。

读书求学的世外桃源——中洲书院

时至清朝康熙年初，潜江相关史志记载，旧时潜江只有“阳春”“石桥”“白鹤”“同仁”四座书院。明嘉靖十年（1804）的《湖广通志》卷29就载明潜江有石桥书院、同仁书院、传经书院、中洲书院。康熙三十三年（1694）《潜江县志》卷 5（以下简称县志）终于将“中洲书院”列入其中。

县志载：“中洲书院在大关庙街东，邑人郭世朝建。内有‘椿桂堂’‘环翠亭’‘讲经所’‘大本达道斋’。”这“大关庙街东”即今建设街东原财政局办公楼一带。书院建成于明嘉靖年间，比传经书院要早。

中洲书院创始人郭世朝，潜江人，嘉靖年初贡士，其本人没有什么功名记载，但其子孙都是很有成就的历史名人。长子郭嵩，进士，廉州府（今广西北海等区域）推官；次子郭岱，进士，河南邓州知州。长孙郭之潘，贡士，广东紫金县知县；次孙郭之干，进士，河南卢氏县知县。郭世朝饱读四书五经，尊孔重儒，尤其是重视办学育人，其行为荫及子孙，带来郭氏家族人才辈出。同时，潜江其他世家子弟亦受益其书院。

“中洲”本义是水中沙洲，后引申为仙岛，或道士居所，亦是现河南省的简称。语出屈原的《九歌·湘君》：“君不行兮夷犹，蹇谁留兮中洲。”郭世朝将书院建成后之所以取“中洲”之名，意指书院建在四面环水古县城的一高洲之地，亦指这里是读书求学者的一方世外桃源。

书院建成后，郭世朝请来右佥都御史的赵釴（安徽桐城人，进士，当时著名的学者）写了《中洲书院诗并引》（康熙《潜江县志》载有原文）。诗中写“讲经堂”道：“五经羽翼汉儒多，疑义千年几勘磨。为问经生传诵日，可曾重订宋儒讹。”

写“大本达道斋”诗曰：“大本达道本无功，只在吾人喜怒中。要向自身寻位育，好从斋里问申公。”诗名“大本达道”，语出《礼记·中庸》：“喜怒哀乐之未发，谓之中；发而皆中节，谓之和。中者也，天下之大本；和者也，天下之达道也。”。简单而言，“大本”，天下之根本，事物的基础；“达道”，人所共由之道。郭世朝为中洲书院的一书斋取其名，意思是说读圣贤书是做人、做事、入仕之根本。

岁月如梭，时光飞逝。中洲书院在时光隧道中不经意就在潜江古城消失了。笔者以为，当下无论有无书院楼阁之遗存，但先贤崇文重教之行为却有“功在当代，泽及子孙”之功效。正是这些先贤仁人促进了古时潜江“人文科第甲郢楚”之美誉的形成，至今仍散发着催人奋进之光芒。

卷五　名宦循吏

引　子

名宦即在当地任职，勤政爱民，卓有德政、善举、义行，深得民众爱戴之官员。这类官员逝世后，由当地官府和士民举荐，经本省总督、巡抚，会同学政审核批准，将其牌位入祀于所在州县之祠堂，此祠即称名宦祠。它是中华民族崇德报恩的一种优良传统文化，对教化官员和民众有较好的社会意义。旧时，每个州县都建有名宦祠，每年春秋两季，州县官员都会率领僚臣及当地知名士绅进行祭祀。

潜江名宦祠应该在明初存在，但能找到文字记载的是明万历元年（1573），时任知县李之珍（进士，今四川石加人）主持始建。祠址在县衙大门左手边（右手边是乡贤祠），即今公安局大院东北面的住宅小区内。始建的名宦祠供奉的是史纯一、敖钺、周延、史华、任良干、周洪范、朱熙洽、徐熙八人。到了清康熙三十三年（1694），新增韩国玺、蒋永修、杨素蕴三人，共十一人。

清嘉庆二十四年（1819），知县李维新主持修缮了名宦祠，到了清咸丰八年（1858）县府在原址重建了名宦祠，同时，新增了明安达尔、吴玙、郭世隆、杨宗仁、额伦、陈铣、吴毓珍、张道祥、叶映榴、显谟、刘兆麒、张朝珍十二人。这样，至清光绪六年（1880），潜江名宦祠供奉的名宦共23人。最早名宦祠供奉的包括韩国玺、明安达尔10位，他们都曾主政潜江，是“政声人去后”的恩泽潜江者。另外13位名宦则是主政湖北宦绩突出者，是府台衙门要求各州府县统一入当地名宦祠供奉的名宦。下面简要介绍这些名宦循吏的德政、善举、义行等情况。

史纯一　敖钺　周延

名宦一：史纯一

史纯一，明朝开国后的潜江第一任知县。他是何方人士，是进士还是举人入仕任潜江知县，史志上无据可考，但他面对华夏大地经历元末明初20多年战乱满目疮痍、百废待举的潜江，的确干了很多名垂史册、让民众感恩戴德的创始性工作。

一是重建县衙，并在衙堂内竖立勤政爱民的“戒石亭”；

二是始都察院潜江司（即都察院派驻地方的办公场所）；

三是始建养济院，收养鳏寡孤独、老弱病残者；

四是重建储粮官仓“广储仓”，新建“常平仓”；

五是新建征税的陶朱铺、永兴铺、班家湾、白湖铺、龢潭城等十九个铺舍；

六是修缮泗港驿站；

七是重建县儒学并增建斋堂；

八是新建社稷坛；

九是重建城隍庙。

于是，康熙《潜江县志》卷12载：“史纯一，洪武除，旧志称其有才干。邑池兵燹凋残之后，官署、学校、坛壝、祠庙皆所创建。草味更革时而能如此，可知其志矣。万历初祀名宦。”

名宦二：敖　钺

敖钺，今江西高安人。明嘉靖元年（1522）八月初三，他以举人身份莅任潜江知县。此前他曾在安徽宿松任过知县，因母亡辞官守孝三年后补职。他知政潜江最感人的有两件事：

第一件是抗洪赈灾。敖钺到任后的第三天，潜江遭遇特大洪水之灾，水漫县城，高屋封檐，矮屋没顶，粮仓淹没，淹死百姓96人，冲走房屋140余间。当时，民众呼救哭喊连天，他冒着生命危险，乘一叶扁舟划行在风高浪急的街道及洪泛区指挥抗灾，转移囚犯，救助安抚民众并及时上奏朝廷调粮赈灾，减免上交税粮。按朝廷当时规定，“秋灾减免不得过九月”，他再次奋笔疾书“哀嚎民苦，令人悱恻”，皇上特批赈灾减税，避免了潜江民众新一轮的背井离乡。

第二件是动土皇庄地开挖河渠。灾后，敖钺勘察地形，得知城东皇庄的一片高洲地阻水，导致河道不畅，是淹没城池的主要原因，于是，他上奏朝廷要破皇庄地开挖新河。这可真是在“太岁头上动土”的大忌。因为这片地正是嘉靖帝在钟祥做亲王的封地。敖钺冒着革职杀头之风险，真情呈情说服皇上。新河竣工后，民众拟取名“敖江”，他说这是沐浴皇恩而开的一条江，应取名为“恩江”。恩江之名流传至今。

三年后，敖钺擢升离任，潜江民众自发十里相送，“攀卧涕涟不已”。

名宦三：周　延

周延，今江西吉水人。进士。明嘉靖三年（1524）任潜江知县，时年25岁，是潜江历史上最年轻的县官。他体恤民情，爱民如子，敢于担当，主政潜江三年干了不少载入史册的事。

一是清退整治奸猾胥吏，百姓拍手称快，胥吏惧怯守法；

二是组织民众增筑夜汊河（今东荆河）、恩江等地堤防，增强辖境抗洪能力；

三是打击猖獗的盗匪，擒拿了为首者，归顺了一批随从；

四是为了潜江民众利益，冒着得罪上峰及革职的风险，抗拒灾年仍照征钱粮的指令，其《水灾题免钱粮疏》收录于康熙《潜江县志》。

周延的确年轻有为，三年后调任广东新会知县。后官职不断上升。先后任兵部给事；江苏扬州府同知；礼部郎中；广东布政司参政、按察司副使；南京吏部尚书、兵部尚书。

周延67岁而终时，赠封太子太保。

史华　任良干　周洪范

名宦四：史　华

史华，字文美，今陕西渭南人。明弘治五年（1492）以监生身份出任潜江知县。史华主政潜江有以下特点：

一是学位低，主政时间长。历时三届共九年。

二是善政、德政多。东荆河水涨堤决，他奋战在第一线；为城区百姓重开新井，修建通仙桥、广济桥；始建官办医馆，重建射圃，增建明伦堂；修葺儒学，重修县衙、察院司；主编《潜江县志》等。其弘治十五年（1502）主编的《潜江县志》是潜江第一部有文字记载的县志。

如是，康熙《潜江县志》载："史华，渭南人，监生，弘治间除。劝课农商，葺理学校，诸所废坠，罔不振兴。尤敬神恤民，诚意笃志，一时讼简盗息，号称治邑第一。九载致仕去，人追思不置。万历初祀名宦。"

《湖广通志》名宦卷也有同类记载。

名宦五：任良干

任良干，字直夫，广西桂林人。以举人身份入仕。明嘉靖九年（1530）任潜江教谕。

据康熙《潜江县志》等史志记载，任良干在潜任教谕九载，"教思无穷，泽所渐者也"。即说他教育学生有一套深入浅出的方法，让学子在无穷的回味中也能受益。他培养出了不少乡里才俊，并泽惠了不少后来者。

嘉靖十年（1531）乡试潜江中举者有田助（曾任淮安、夔州同知）；嘉靖十六年（1537）乡试，潜江又有郭岱（邓州知州）、张师载（官至佥都御史）中举。不久潜江又出郭嵩（官至兵部给事中）、胡钥（官至广东参政）、隗邦衡（官至济南知府）等进士。

有史志还记载，任良干为人十分善良，有"雅望"，在潜江名宦之中属于"永无替者"。这其中有一段凄凉的故事：

说今湖北宜城有位姓刘的人，当时在巴县（今重庆主城区）任主簿。刘的妻弟王邦携其名叫六儿的幼子去投靠刘主簿，结果刘拒而不见。刘因失礼被解官归里，他们同船行至潜江时王邦病重，刘又丢下王邦父子扬帆而去。任良干收留了乞讨于县衙前的王邦，并为王邦治病，王邦还是不治身亡。任良干又收留了六儿并安排与其儿子同吃同住。后来，王邦在顺天府任通判的族亲得知此事，筹集银子派王邦的长子带财物来潜酬谢任良干，任良干却说这是做人的本分，一文不取。因而潜江就给他冠上了"肃拜瞻依，永无替者”的名誉。

任良干的才学惠及潜江学子，其德行甚是感人，后升阳州（今河南信阳）通判，最后官至广西楚雄知府。

任良干还干了一件名垂史册的事，即主编刊印了《词林万选》（共四卷），并为其作了序。此书流传至今。

名宦六：周洪范

周洪范，汉州（今四川广汉）人。进士，嘉靖九年（1530）任潜江知县。知政潜江四载，后升监察御史。《四川通志》卷29有“周洪范墓在汉州北十里”的记载。

其主政潜江宦绩不详。

朱熙洽　徐熙　韩国玺

名宦七：朱熙洽

朱熙洽，字鸿甫，今江苏昆山人。进士，万历三年（1575）任潜江知县。他知政潜江六载，心系民众，不图名利，不饰虚华，夙兴夜寐，勤政为民，善政累累。潜江史志称：元明三百多年，潜江知县第一。其主要宦迹如下：

一是清田均赋。他不惧严寒酷暑奔波在清田一线，历时一年多田清赋平，豪强刁民俯首帖耳依田亩交税，逃避高税流落他乡者纷纷回籍领田纳粮，由此潜江有了一段民安风清的时期。

二是修城保安。清田后，过去那些被豪强侵占的土地，民众纷纷出钱购买；那些私占的土地确权后官府又新增了收入。朱熙洽拿这些钱将潜江城过去的土城墙改修为首座砖城墙，百姓赞颂载道。

三是加筑汉江大堤，筑修乾河口石剅。

四是裁撤白洑驿站，减轻官府负担，在衙署旁新建迎宾馆。

五是修建儒学，重建泮月池、状元坊；

六是重建永兴桥，扩建广储粮仓等等。

朱熙洽在潜政绩斐然，当他升任江西南昌府同知时，潜江民众十里攀留。最终官至山西布政使司参政（正三品，相当于今副省长）。到了清朝康熙五年（1666），时隔近百年，潜江耆老士绅和民众仍请求官府为他复建祠堂，“以永厥祀”。

名宦八：徐　熙

徐熙，字文穆，今江西南昌人。举人，明天启元年（1621）任潜江知县，知政五载，后转任监察御史。

据清康熙《潜江县志》载，徐熙主政潜江“清慎有为，难者易，剧者简”。志书所言“清”是一种为官的品位，“慎”即谨慎。也就是说徐熙是一位清廉、谨慎、勤勉，很有作为的知县。他的行为证明天下的事，只要认真对待，再难也会变容易，再繁多、复杂的事也会变简单。

史志还言：潜江“殷阜之风，实熙为政基之”。即后来潜江成为殷实富足之地，有崇文尚学之风，都是徐熙在此执政打下了基础。

徐熙后升监察御史调离潜江。

名宦九：韩国玺

韩国玺，字晴岚，今山东茌平人。举人。清顺治三年（1646）莅任潜江知县，他是清朝开国潜江的第一任知县。

上任伊始，面对改朝换代初惊魂未定的民众，撂荒失种的土地，一贫如洗的衙门，百废待兴的城池，他心急如焚。为减轻百姓负担，他决定不新修县衙，不添置贵重物品，自己一日三餐粗菜淡饭，甚至躬耕于亩，自食其力，压缩衙门支出，减轻百姓负担。

此时，清政府并没有完全一统天下，南下征战的军队途经潜江不断要补充粮饷，都要韩国玺去承办。而他深知经历多年战乱的潜江百姓已苦不堪言，不忍心再向民众额外加收税粮，于是，过境军队临时加派的征收钱粮任务，他都一一拒绝了。康熙《潜江县志》载：“国玺身当荼苦，必不以无名之费取民，故三年之内，潜人不知有兵。”

韩国玺心系民众，体察民情之举，无形中得罪了上司，多次遭上峰指责甚至辱骂，最终以“抗旨不遵”之罪被罢官。他主政潜江三载，离任时囊中羞涩，行李半肩，只有十里含泪攀送的潜江百姓，算是给了他一点点慰藉。

韩国玺简政爱民、廉洁奉公、不畏权贵、不图名利之举，让潜江人民久久不能忘却，时隔十五年后，被举荐入潜江名宦祠。

蒋永修　杨素蕴　明安达尔

名宦十：蒋永修

蒋永修，江苏宜兴人。进士。历任湖北应山（今广水市）知县，刑科给事中，平越（今贵州福泉市）知府。清康熙十七年（1678）任湖北督学。

他在任应山知县时，深知战乱给百姓带来的灾难，恤民济困，深受民众爱戴；率领百姓修筑城池，防御贼匪攻城战功卓越。

在刑科给事中任上，他以“敢言，不畏权贵”著称。时任浙江提督田雄，多处安插亲戚，并在州县扰民，他上疏弹劾，当着皇上的面与之辩论无所屈。清世祖顺治帝赞“蒋永修，直谏官也”。

在提学副使任上，他重视儒学建设，先后整修湖广三十多所州、县儒学，包括潜江的儒学，也在他的督促之下焕然一新。他整肃学风，教化民众崇文尚礼，湖广官民对他赞誉有加。后升陕西布政使司参议，因病卒没能就任。

蒋永修为官、治学之业绩，清嘉庆九年《湖广通志》等史志上多有记载。其所著《慎斋遇集》（五卷）、《莅楚学记》《日怀堂奏疏》（四卷）、《孝经集解》等，均入四库全书总目，并传于世。

名宦十一：杨素蕴

杨素蕴，字筠湄，陕西宜君县人。清顺治九年（1652）进士。初授今山东东明知县，后升监察御史。康熙三十年（1691）官至湖北巡抚。他的官宦人生以体恤民情，耿直敢言载入史册。

杨素蕴在任东明知县时，黄河洪水冲垮了城池、祸害了民众，他上疏减免钱粮，赈济灾民，鼓励垦荒农耕，捐资建学，受到东明百姓爱戴。

顺治十六年（1659）升监察史。上任不到半年，他先后上呈奏章十余份，直言大清定都北京十多年了，当下法典不全、理刑残暴、学校不举、旧官贻政、新僚甚少、陋规没改、贪墨丛生、盗匪猖狂、驿递偏累、田土荒废、民不聊生，亟待整肃朝纲等。其所言皆中时弊，多有犯上惑众之嫌。

顺治帝的“以藩固周”方略实施三年后，杨素蕴发现吴三桂居功自傲、扩张势力、节制督抚、越权授官，其行为叛离初衷，危及国体，朝野百官畏其权势而噤言，他却大胆直言要防患并弹劾吴三桂。而此时正是吴三桂为满人立国声名大振之际，顺治帝不悦。后反被吴三桂构陷罢官归里，十年没人问津。

康熙十二年（1673），吴三桂反叛，杨素蕴终以先知睿见为康熙帝及众人所识，被召回京城补军务参议道，督办湖广军务。他就任湖广巡抚后，所到之处必访民情，咨询属员，翻阅牍案。

康熙三十一年（1692），诛叛残余及盗匪仍时常骚扰湖北，他亲率兵勇剿灭，湖广安定。次年，湖北遭遇大旱，百姓无以为生，十室九空，他上疏为民请命减免或缓征钱粮，并削除地方杂派，使民众度过了饥馑之年，并慢慢恢复了生产。

杨素蕴六十而卒，著有《见山楼文集》《抚楚治略》《谷城水运记略》《西台奏议》《京兆奏议》等，均入四库总目并传于今世。清嘉庆《湖广通志》卷 59 名宦篇就有其记载。

名宦十二：明安达尔

明安达尔（蒙古族），字字元，今甘肃武威人。进士。元朝末年他由安徽宿州通判调任潜江达鲁花赤（元朝时期监理州县的镇守官），即潜江县的最高掌印官。

元至正十二年（1352）秋，元末起义军徐寿所率领的天完红巾军（元史称之为贼）攻占襄阳后，一路南下攻克荆门，当“贼军”进入潜江境内时，明安达尔率领官兵及地方勇士奋勇出击，在芦洑一带，即今王场与高石碑交界的汉江边击败进犯之敌，擒获贼首刘万户、许堂主等，取得暂时的大胜。没过多久，“贼军”增援部队赶到，攻下了潜江城，明安达尔及其家人 28 口全部被杀。

由此，明安达尔作为元朝的忠义勇士进入了《元史·忠义传》。明史将其忽略。时隔 400 多年后的清嘉庆九年（1804），潜江官府和民众认为他为守城保民而壮烈殉职，于是将明安达尔推荐入选了当时的《湖广通志》第 61 卷的名宦篇。这也是目前史志上能找得到的元朝时期潜江唯一的一位名宦。

吴碘　杨宗仁　额伦特　陈铣

名宦十三：吴　碘

吴碘，字伯美，山西沁县人。进士。史称“大清王朝的良相名宦”。

吴碘在清顺治十六年（1659），年仅 23 岁就高中进士，初授河南确山知县。康熙十三年（1674）升吏部主事，历任郎中，累迁通政司右参政、后擢刑部尚书，拜保和殿大学士，86 岁而卒。

吴碘为官一生，仕途坦荡。他本领超人，忠于清廷，深得两朝皇帝赏识。康熙二十八年（1689）任湖广巡抚时，主政期间有三件事传为佳话。

一是不搞株连。当时平定吴三桂叛乱不久，其余党并没完全肃清。此前，湖广官场奸猾之徒为扳倒对手，往往指对方为“乱党”，并株连好友亲朋众多，搞得人人自危，无心于政事。上任伊始，他下令官者不得相互参讦，违者必劾，并严惩一批妄讦他人者，一时风清气正，人心大安。

二是心系民疾。当时，陕西遭灾，不少饥民拥入湖广，边界守令不愿接济，他得知情况后，下令对入境饥民视同本籍人员一同赈济，使入境秦人都得以活命。是年，湖北遭到特大水灾，他一边废寝忘食处理“裁兵”后事，一边带头捐其俸禄买米赈灾。当他得知户部拟向他老家沁州增征 1300 石粮食时，据理力争，使其得减免。

三是注重人才选拔。他主政湖广，真实感受到湖广民众重视教育，人才济济，真是“唯楚有才”。清朝三年一次的乡试，每省举人名额在 100 人左右，朝廷按常例所给湖北乡试举人的名额偏少，于是他激情上书康熙帝，康熙御批新增湖广举人名额 17 人。

吴碘上述善政，潜江民众均受其益，因而，潜江名宦祠中有其牌位。

名宦十四：杨宗仁

杨宗仁（满族），字天爵，今辽宁沈阳人。监生入仕。

清康熙三十五年（1696）任湖广慈利知县，是年，他力排上峰派兵剿杀境内苗民骚乱，单骑进苗寨抚定息事。因行事卓越，官职不断上升，先后授甘肃西宁道、浙江按察使、广西按察使、广东巡抚。

雍正元年（1723）授湖广总督。杨宗仁莅任后，经明察暗访，得知湖广官场文武大吏收受下属官吏钱财已形成了一种习俗、常例，致使州县官员层层加码，横征强敛、私摊滥派，甚至贪墨盐税，虚增兵勇，冒领军饷，闹得民不聊生，府库亏空，官员的俸禄发不出，役工的工钱也无法兑现等。于是，他奋笔上疏雍正帝，拟革除陈规，消除陋习，并请求从外省调任部分官员调整充实湖北重要岗位。圣上谕批“所言皆是，允之”。

杨宗仁在湖广任总督近三年，他废止了下官层层敬奉上官的常例；整治了横征私派的扰民之患；刹住了公务向私人募捐之风；加强了州县保甲责任；劝导鼓励农耕，充实了府库粮仓；废除了荆州等关隘私设口岸 152 处。湖广出现了风清气正，商贾开颜，民众称道的祥和局面。

杨宗仁在任时突患疾病，雍正帝派御医火速入楚医治，但仍没保命，六十四岁而卒。他死后加太子少傅，赠太子少保。

名宦十五：额伦特

额伦特（满族），吉林长春人。清朝著名将领。康熙五十八年（1719）任湖广总督。

额伦特父亲在康熙年初平定吴三桂战功卓著，被授振武将军。康熙二十一年（1682）其父卒后他继承父业从军，初授西安驻防佐领。康熙三十五年（1696）圣祖亲征噶尔丹，他随队出征，累立战功，授协领。康熙四十九年（1710）升湖广提督，其间，苗民叛乱，他采取开导招安之策，使其归顺。九年后任湖广总督。

额伦特在总督任上，多实施怀柔宽大之策安抚民众。要求州府官员多为民办理修路架桥之实事好事；造船筑城增强保境安民的军事实力；鼓励农耕，增加府库粮食；遇见灾年及时开仓赈灾等。其举措均惠及湖广民众，史志称其为“督抚中操守最优也”。

后率部征伐西藏叛乱之军累建战功。康熙五十八年（1719）在西征战斗中不幸中箭身亡。丧还时，皇上命诸王以下及内阁大宦迎丧城外。

清世宗雍正继位后，赐额伦特国葬之礼祭葬，谥忠勇。

名宦十六：陈　铣

陈铣，字叔大，浙江海宁人。进士。清康熙四十八年（1709）调任湖北巡抚。

陈铣是一位刚毅果敢、行事干脆、敢于担当的官员。他莅任第七天，查明湖北布政使司懒政不作为，立即上疏将其弹劾，于是，众吏震肃，百官敬畏，荆楚官风急转，人人兢兢业业投入工作。

次年，武汉等十五州县夏秋遭灾，民众歉收，他积极组织赈灾，及时奏请减免钱粮，百姓受益感激。

汉水横冲，荆襄、安陆常遇水患，每年都在组织民工修筑堤防，但效率低下，进展十分缓慢。陈铣亲临现场踏勘并走访乡绅耆老后，得知主要原因是夫役不均，资费遭贪占。于是，他及时调整工役方案，查办贪墨吏员，不出三月堤防竣工。

吴毓珍　张道祥　郭世隆

名宦十七：吴毓珍

吴毓珍，进士，今辽宁沈阳人。初授思仁分守道，康熙十三年（1674）任武昌分守道，不久升湖广按察使。

当时，吴三桂叛乱之军进犯湖广，其城池不断失守，有些兵勇甚至害怕叛军。吴毓珍调整布局，鼓舞士气，亲率水陆大军迎战，在蕲州一带缉拿为首者，招安受蒙蔽者，创造了“诛一人而定众敌”之战功。

安定湖广后，他下令严惩掳卖良家子女罪犯；禁除苛派夫役；提倡重崇文教，并捐出自己俸禄建校兴学，深得楚人爱戴。

名宦十八：张道祥

张道祥，江苏徐州人。进士。康熙二十二年（1683）任湖北按察使。

是年秋，汉阳、安陆、郧阳三府遭遇百年淫雨；武昌、通山等十七州县连遇干旱。湖广水旱成灾，他及时上疏赈灾，避免了楚人大批逃荒流乞，百姓感恩。

张道祥清慎明决，怜恤庶狱，庭无冤民。他下令，冬给囚犯衣被使其不受冻，夏给囚犯茶水使其不饥渴；狱卒不得欺凌囚犯；狱讼不搞株连。他在今武昌洪山置义冢安葬流乞及无葬身之地死者；出资为邓刘两女子解除俾奴之身，并促成她们出嫁成婚。

张道祥是古时清廉有为之官。他离任湖广时行囊空空，毫无余资。

名宦十九：郭世隆

郭世隆，字昌伯，山西汾州人。清朝著名大臣。他的宦海生涯跌宕波折，最后还是善终而辞世。

其父亲郭洪臣是明末将领，顺治二年（1645）降清入旗。康熙四年（1665）世袭授官，初授礼部员外郎，后改御史。他在督抚山西等地时，纠正了几宗震惊朝野的冤假错案。康熙二十七年（1688）升直隶巡抚。七年后再升闽浙总督。康熙三十八年（1699）圣祖南巡江南，郭世隆接驾有功，不久升两广总督。

在两广总督任上因海防不严，境内盗贼猖獗而掩饰太平被免职。到了康熙四十六年（1707）才重启湖广总督。当时，湖广西南红苗（苗族的一支）骚乱频繁，他沿边广设关卡，禁止内地居民与红苗往来，并严禁通婚，迎来了境内暂时平安。他对民间小钱泛滥，采取立价收购之策，并禁绝了私铸。当民众遭灾歉收时，他放粮平市，并严惩囤积之奸商。不久，他升刑部尚书。

康熙五十年（1711），山西流匪陈四等潜入湖广，纠集朋党在湖广大肆抢劫掠夺，朝廷认为郭世隆此前督坐失察，再次被解职夺官。

两年后，康熙生日，圣上心悦开恩，让郭世隆官复原品，居家养老。三年后，七十一岁而卒。直隶、福建、浙江、湖广皆祀其为名宦。

叶映榴　刘兆麒　张朝珍　显谟

名宦二十：叶映榴

叶映榴，字炳霞，今上海人。进士。初授庶吉士，历任礼郎中、陕西提学、湖广督粮道（掌管湖广漕粮及办理粮食事务的官员）。

叶映榴在任湖广督粮道期间，他召回逃离故土的民众，减轻他们的税银，鼓励其垦荒种粮，凡与农耕不利的事，他都与上司据理力争，直至面红耳赤获胜而终。

康熙二十七年（1688），朝廷决定裁去湖广总督一职，并裁减楚兵，此事激起楚兵的强烈不满。兵勇们推举夏逢龙为首领找巡抚等要粮饷、讨说法。巡抚等官员议定派兵镇压，楚兵得知后更加愤怒，冲进了巡抚衙门，杀了巡抚仆奴，并夺取了道台印绶。巡抚等官员见势不妙都想保命溜走了，唯有叶映榴冒着刀枪挺身而出，想以情理化解兵变。

楚兵情绪激愤，不仅不听叶映榴的劝说，反把他及家人扣留下来逼其一起叛乱。叶映榴及家人被困孤城，他佯装配合，表明只要他们不伤及百姓，可以考虑其要求。后来，他趁机将母亲和妻儿托人从水沟中送出，并带走了他向朝廷写的忠君遗疏，表明了自己以身许国的决心。

叶映榴把一切安排好后，在夏逢龙升座议谈事时，他大骂反贼，随手拔剑自刎。百姓闻之号泣震天地；康熙帝闻此讯后，特封其工部右侍郎衔并赐祭葬。

次年，康熙帝南巡至江苏时，又亲书“忠节”匾赐其家人。其子整理遗作《忠节遗稿》（十三卷）一书传于今世。

名宦二十一：刘兆麒

刘兆麒，字瑞图，今天津宝坻人。（武）进士，清朝著名将领、大臣。他入仕即深得顺治帝赏识，任宗仁府启心郎（相当于皇上的侍从秘书），后历任都察院左副都御史、湖广巡抚、四川总督、浙闽总督、兵部尚书等职。

康熙元年（1661），年仅 33 岁的刘兆麒任湖广巡抚。到任后，他一方面“宣布威兴”，积极督剿反清势力，另一方面“与民更始”，安抚流民，减免繁苛杂役，发展生产。

当时，李自成农民军残余仍占领境内通城、通山等地，清廷调四川、陕西、湖广三省兵力进行围剿，官府征粮派夫以供军需，搞得地方“财殚力竭而攻不克”。刘兆麒到任后“悉心经划，曲为调度”，使得“民无重累”，“士皆宿饱”，“闾里晏然”。

康熙三年（1663），长江发生特大洪水，沿江一带“人畜漂没者无数”，他一边上疏赈济，一边用省之力“百方赈恤”，避免了灾民流离失所。

他在湖广任职八年，使“伏莽悉定”，肃清了反清势力，疗治了民众疾苦和战争的创伤，史称“仁恩被于江汉”。

离任后，湖广人为他立生祠于武昌大观山南麓。刘兆麒死后，他的家乡崇祀为乡贤，湖广及潜江崇祀为名宦。

名宦二十二：张朝珍

张朝珍，字玉竹，康熙十二年（1673）任湖广巡抚。

是年，吴三桂反清，湖广当时也是吴三桂的势力范围，他既要主持围剿境内叛军，还要为进剿滇黔的驻楚大军造舟建桥、征集粮饷和组织民夫，官民承受的压力十分巨大。他废寝忘食筹办军务的同时，又加意体恤民众，不征过头粮，不拉抗议夫，民众诚服。当境内发生灾荒时，他积极赈济，救活民众甚多。

张朝珍在湖广还有两件载入史册的事：一是举荐于成龙（官至两江总督、兵部尚书，著名的清官）任武昌知府。张朝珍到任时，于成龙任黄州（今黄冈）知州，张朝珍十分赏识他，并送他枣红马，多次呈报他剿匪有功，政绩“卓异”，在离任前举荐于成龙任了武昌知府。

二是崇拜朱方旦受牵连。朱方旦，汉阳人，是个道人，会算卦，信徒众多，也是名医，能治疑难杂症。康熙帝也曾召见过此人，但他与吴三桂残余势力有染。康熙二十一年（1682），以“诡立邪说，煽惑愚民”罪，依康熙帝旨意处死。而此前张朝珍认为朱方旦是一奇异之人，曾书赠其“圣教帝师”匾额被康熙得知，在张朝珍死后，剥夺了其后代的世袭权。

古代，对历史人物功过是非评判还是比较公正客观的，即使是清朝，也没因此将张朝珍钉于“耻辱柱”上，时隔近200年，仍将其纳入湖广、潜江名宦祠进行崇祀。

名宦二十三：显　谟

显谟，湖北荆南道。

显谟，目前只能查到他曾是湖北荆州、宜昌、恩施三府（即荆南道，后改为荆宜道）的主官，无宦绩可考。

卷六 乡贤名士

引 子

乡贤，即乡里有德行、有才学、有声望而深得本地民众所尊重的人。这些人生前或致仕，或经商，或求学，为家乡建设、风化教育、公共事务等都做出过贡献，乡里人（一般以县为单位）为供奉这类群体所建祠堂称之为乡贤祠。一般都是在其死后，由乡绅举荐，县府呈报，巡府衙门审定入祀于祠的。按常规每年春秋两季享受致祭。

乡贤祠始建于东汉，明清时期为朝廷和地方所推崇。因为乡贤身上散发出的文化、道德等力量可以教化乡民，反哺桑梓，泽被乡里，温暖故土，对统治集团凝聚人心、促进社会稳定和谐、传承传统文化均有裨益。

潜江之乡贤祠始创于明万历元年（1573），时任知县李之珍（进士，今四川什邡人，此前曾在德阳任知县三年）主建。祠址在县衙右手边（今市公安局大院内）。康熙十年（1671）时任知县王又旦（陕西合阳人）曾主持过修缮，并按礼制要求时常组织斋戒祭祀。

乡贤文化是中华民族优秀传统文化的重要组成部分，是扎根于家乡和民众心灵的母土文化。乡贤祠传递的是一种深深的乡情、浓浓的乡音、独特的乡俗，承载着炎黄子孙美丽的乡愁。乡贤在农耕文明时代是官府与民间沟通的桥梁纽带，是皇权制度的重要组成部分。笔者认为工业文明及信息化时代，当民众迷惑于对财富的无限攫取，对金钱、名利、地位疯狂追逐而失去信仰、失去自我、失去良心、失去道德底线、有悖于中华民族传统美德的当下，可否用乡贤文化来净化人们的心灵。

潜江乡贤祠从始创至清康熙三十三年（1694）共供奉22人，他们分别是：

毕渐　李宗信　初杲

乡贤一：毕　渐

毕渐，字之进。北宋绍圣元年（1094）状元。

毕渐高中状元初，因党争牵连被安排在襄阳府任幕僚。后来，先后任福建的提刑官、湖南潭州通判、膳部员外郎，卒于荆州府知府任上。

毕渐是潜江历史上唯一的状元。他以文学著称于世，曾为苏轼、苏辙等名人的诗集《续池阳集》写过序。他入仕后在党争异常激烈的旋涡中刚介自立，厉行正色，独善其身，鞠躬尽瘁于任上，难能可贵。

毕渐是潜江人民的骄傲。明清时期，潜江官府曾为他修建有“状元坊”“毕家楼”“毕家山”等。清朝康熙年间并以其姓将今汉南片区命名为“毕公乡”，以此激励后人奋发有为。

毕渐死后，葬于今荆州与潜江交界的丫角一带。700多年后的清光绪《荆州府志》及《江陵县志》还有对毕知府之墓称之“毕渐台”的记载。

乡贤二：李宗信

李宗信，今园林办事处深河居委会人。明洪武二十一年（1388）以“贡生”入国子监就读。后以“监生”身份先后任监察御史、大理寺评事、四川保宁知府，陕西按察副使、交趾（今五岭山以南的地区，包括越南）按察使（相当于今副省长）。

李宗信在保宁知府任上清正廉洁，秉公用权，“凡征税赋，必亲检册验户”，深得百姓爱戴。朝廷三年一次的考评，洪武帝御批：“李宗信，廉能，不在考列”，“任满而去，郡人悲泣不妨释”。在交趾按察使任上，他教化黎民重礼仪，劝导农耕，整肃吏治，吏畏民服，政绩卓越。

六十岁不到，他“以老乞归”。归里后位尊不傲，和睦邻里，垂纶自乐，教育后生读书，注重品德修养，八十高寿而终。

李宗信居官于朝，敢于担当，吏民畏服；辞官于野，教书育人，赋闲自娱，深受家乡民众敬重。《大明一统志》《湖广通志》《山西通志》都有其宦迹记载。

乡贤三：初　杲

初杲，字启昭，今高场人。明正德年十六年（1521）进士。曾任监察御史，山西、河南按察使司佥事，云南参政（相当于今副省长）。

初杲入仕后不久，即遇嘉靖帝登基后轰动朝野的“议大礼”事件。已任监察御史的初杲与首辅杨廷和等200多位官员引经据典直言抗阻皇帝立其父为“皇考”，惹怒嘉靖帝对这些官员施行“廷杖”，一次杖毙17人，其他的或降职，或谪官，或流放，或入狱。

廷杖险些毙命的初杲后来升职按察使司佥事，领旨巡视山西河东，他督导整治盐务，筑堤疏河，“商民便之，立祠以祀”。后又调任河南分巡佥事，剿灭“流贼”有功朝廷得到擢升。

嘉靖八年（1529）初杲任云南参政。他以王道为本治政，处置广西瑶族民众聚众闹事，平息云南土司兵变，调停山西大同兵变等功勋卓越，多次受到朝廷嘉奖。

初杲“乞休归田”后办了一学堂，课农训子，使家乡不少聪明才俊者脱颖而出。他百年归山后，《湖广通志》《山西通志》《河南通志》都有其清正廉洁、刚正不阿的宦迹记载。

袁允行　张师载　胡钥

乡贤四：袁允行

袁允行，字克修，今浩口人。明正统十年（1447）举人，官至江西铅山知县。

他为官清廉、亲民，出衙门访民情脚穿草鞋，身着便服，不坐轿子，更不要衙役高举“肃静、回避”牌子招摇过市；为减轻百姓负担，辞退衙役胥吏；鼓励山民种茶植树，引导民众农耕；官服三年破旧不堪为省钱也不更换，却拿出俸禄接济老弱病残及孤苦伶仃者。

袁允行任知县九载带妻儿归里时，行囊空空如洗。乘船过鄱阳湖遇关税胥吏查补税额，看其船吃水较深，认为此知县船舱内一定藏有巨额金银财宝，后来查明舱内只是压风浪的十几块大石头，让胥吏汗颜。

回到故里后，他隐耕于田，杜门读书，辅教子孙及乡邻学子，过着十分俭朴的日子。嗣后，袁氏子孙几代朝廷为官，均以廉能著称。

乡贤五：张师载

张师载，字少渠，今潜江开发区人。明嘉靖二十六年（1547）进士。

他任浙江嘉兴知县时政务宽大，鼓励农商；清丈土地，均衡税赋；组织乡勇，武装民团，联合抗倭；整治胥吏，委屈调停，一时民安如堵，百业兴旺。他自己却过着“一腐（乳）一饭”的简朴生活。

升任给事中，张师载上疏首辅严嵩“窃权罔利”，提请圣上弹劾不成，反被逐出京城任莱州知州。在知州任上他严于律己，让想进一步整治他的严嵩党羽“密属私人吹毛求疵不可得”。后升佥都御使、浙江巡抚（相当于今省长）。在浙杭他协调“三司”，统一号令，逼退倭寇，功臣卓越。

因病回乡乞养三年后，又改任“佥都御使”巡抚陕西。一年多后又旧病复发，于隆庆四年（1570）“病乞归里”。曾为重建的潜江县衙写过《重修县署记》。

张师载回乡时，隆庆帝拨专款为他建了“宝翰楼”；死后万历帝御笔“大明良臣”，恩赐厚葬。

乡贤六：胡　钥

胡钥，字卫卿，潜江人（所在乡镇不详）。嘉靖三十五年（1556）进士。

初授行人，即御前掌管宾客接待和礼仪的人，后升监察御史，督办河东盐务，打击私盐奸商，政绩卓著，后改任河南南阳盐运同，风格依然，再升广东参议（相当于今副省长）。后因其继母老而多病，他“疏旨痛切，上怜而允之”，即辞官归里奉养送终。

居乡养母，他主持公道，教化民众。乡邻的纷争、大小难事都找他裁定和帮助。“士流有隐行，必曰胡公岂知耶？”胡钥因感人的孝悌行为和善待乡邻之举被广为传诵。万历年中被祀乡贤。

隗滋　刘勋　刘垓

乡贤七：隗滋

隗滋，今周矾办事处黄场村人。他生前并无什么功名记载，只是死后万历帝诰赠其“直奉大夫工部屯田司员外郎”而出名。

隗滋入乡贤祠主要得于他培养出了一位很有出息、后任山东济南知府的儿子隗邦衡。隗邦衡是嘉靖四十一年（1562）的进士，他在赴京科考前一年，拾到一张价值千金的银票，原地等候而归还失主，其拾金不昧精神被里人广为传诵，并为他建“还券亭”立碑赞扬。

隗邦衡中举后，初授工部给事中，不久升工部主事。万历年初他擢升工部屯田司员外郎，后任山东济南知府。他主政济南，功绩闻望朝野。

隗滋的诰赠之职是隗邦衡在任济南知府前的任职名称。也就是说隗滋没等到儿子任济南知府就过世了。万历帝即据隗邦衡当时的职务封赠其称号。

当然隗滋可能生前还有很多善行义举，只是史志没有记载而已。

乡贤八：刘　勋

刘勋，字建伯，今园林办事处人。明嘉靖七年（1528）举人。

初授裕州（今河南方城）学正。因文墨功底深厚，才学出众，被选入京城国子监任学录，后升刑部主事，中途为父丁忧三年改任工部员外郎。在此任上，刘勋“三历财贿之地而一无所染”。

第一历，主管宫廷维修，他“司节慎库”，“出资巨万无所染”；第二历，督修涿州琉璃河通往京城的大桥，投资巨万银两，一尘不染；第三历，任河东运同，他整治盐务，打击走私毫不留情，做到“不义之言不入耳，不义之物不入门”。离任时“囊囊萧然，不能具资斧”。由此，成为明朝著名的清官之一。

乞老归里后仍然饭粝衣垢，劝告族党比闾并教化乡民俭朴节约，著《宁俭学》传讲，被选为他生前任职之地河东的“名宦”及家乡的“乡贤”。

乡贤九：刘垓

刘垓，今园林办事处人。明隆庆五年（1571）进士。

初授太平司理，在礼部员外郎任上，刘垓为张居正父死“夺情”一事，直谏犯上，并还“不识时务”、不计后果上疏营救“极孚重望”的刑部观事邹元标，自己惨遭廷杖，差点丧命，后贬任云南学宪。

刘垓在云南学宪任上，他教化民众，整治学风贡献非凡。史志载有：“精鉴拔，滇士被其风教，文运为之一变。”其间，为时任潜江知县朱熙洽（江苏昆山人）“清田均赋”写《清田碑记》教化乡邻。

致仕归里，他睦乡邻，善风俗，置学田，设义仓，置义冢，在今深河居委会一带建同仁书院并讲学，引导乡里学子崇文重教，至死而乐施不倦。

袁国臣　欧阳柏　郭之干

乡贤十：袁国臣

袁国臣，字惟邻，今浩口镇人。明隆庆五年（1571）进士。

初授行人，转升吏部给事。万历五年（1577），他奉旨出使楚藩，楚（藩）王馈赠重金他坚决不受，楚王感动，在大别山通往京城的官道旁为他建了一座“却金亭”，旌表其廉。

万历十六年（1588），袁国臣任徽宁（安徽宿松与湖北黄梅等交汇地带）兵备佥事，他剿灭“寇首”刘当国功勋卓越，再后升江西按察司副使，山东布政司参政（相当于今副省长）。

袁国臣家乡情结较浓，并热衷于家乡的公益事务。时任知县梁栋重修儒学，其中新建一间取名“明伦堂”的大堂，他为大堂书了“随处认天理”墨宝，镌刻成碑传承到清末；知县朱熙洽搞了清田均赋工作，请他写下了《清田记》《潜江儒学重建记》。这两篇记分别收录于康熙《潜江县志》《湖北文徵》之中。

乡贤十一：欧阳柏

欧阳柏，今杨市办事处十号湖村人。明隆庆二年（1568）进士。

任义乌知县时，走访民情，整治衙役皂捕，一次性清退三十多人，形成“奸猾战栗，庶务毕张”的局面；修建学堂，重建乡贤祠；平反冤狱，丈田均赋大得民心。

欧阳柏升都察院给事中充当言官，他不畏权贵，“不曲学阿世，又不以搏击为名高”，直言从谏，在朝堂直言上奏弹劾福建总督治边无力，让倭寇累累滋事扰民。此奏“有违圣意”，被驱出京城改任云南按察副使。

在按察副使任上，他发现都察御使（他的上司）受贿释放夷匪，营私推荐学子入国子监就读等问题，再次直言上疏弹劾御使大人，被卷入忠君进谏反遭馋的旋涡之中。御使与巡抚等联手上奏皇上，由此，欧阳柏在云南副宪岗位上不到两年，即遭构陷被革职归里。

他虽仕没尽业而止，但归隐居乡却学以致用，开学堂训诫子弟读书；参与万历年间《潜江县志》编撰工作；知县王建忠（举人，江西上饶人）重建儒学，他欣然写记；知县潘之祥（进士，江西婺原人）重建关帝庙，他留下了《汉关夫子祠记》碑文等。

乡贤十二：郭之干

郭之干，字宗卿，今泰丰办事处人。明万历元年（1573）举人。

任河南卢氏县知县时，其辖境苦旱，“人食草木，饿骨成丘”，他带头捐其俸禄从潜江老家购粮救灾；他主持兴修水利，均田赋，倡导垦荒，招流民入籍，新建奎星楼等，卢氏百姓感恩戴德，当作普度众生的观世音称颂。

五年后调任刑部员外郎，后升郎中。此任上他“省刑慎狱，仁心为质”，公正廉明，执法如山，不怕得罪权贵。当时有一名叫刘进忠的内相杀人入狱后，其宗亲巨额贿赂他放人，遭拒绝；其上司暗示他“网开一面”免其死罪就可升官。他说“杀人而得官，如天道神明何”？坚持“死即斩”。由此得罪了一大批权贵，被挤出京城任广西庆远知府。

万历二十七年（1599），庆远七县百姓知道京城来了一位不畏权贵的清官，“七邑之民千里相迎”。在庆远知府任上，他整治治安，打击盗贼，境平民安；他清理冤狱，开门接讼，下乡巡视时遇鸣冤者，有时甚至在路边审理诉讼，有“吏爱民戴”之美誉。

告老回乡后，他设学堂讲学；捐仓廪赈灾，并为灾民施粥；他特喜欢周人之急，成人之美，深得乡邻族人爱戴。

欧阳东白　欧阳东凤　柴格

乡贤十三：欧阳东白

欧阳东白，字纯之，今杨市办事处十号湖村人。明万历十六年（1588）举人。

初授清河（今襄阳县）教谕，一年后改任（武汉）江夏教谕。江夏教谕任上，他因材施教，十年期间，先后培养出贺文忠（礼部尚书）、熊廷弼（兵部尚书）等十多名门生高中进士，二十多名中举。史称："凡名下断无虚士"，"门弟子畏其神，服其教"。

因在教谕岗位上业绩卓越，万历二十七年（1599）升广西宜山知县。他在荒蛮的宜山，宽徭薄敛，兴修水利，引种农耕，修缮学堂，教化民众，其政声远播。朝廷知其德能超群，同时任他兼相邻的今贵州荔波知县，这在中国官宦史上的确少有。

万历三十一年（1603），他升任土地肥沃、盛产珍宝的今广东德庆知州。在德庆任上他削去烦苛，清廉从政，严格保甲，打击盗匪，禁止赌博，重修儒学，尤其是打破知州附加税银归己调用的潜规则，不得私银一分，至今仍被传诵。有一年他回老家探亲，堂兄弟及亲朋好友向他讨要德庆盛产的象牙、珍珠等土产，他笑着答："珠宝处民脂膏，焉敢润公肥己也"。

正当皇上拟将授予他要职时，却因病不得不引疾而归。归时，囊空如洗，无象牙珍宝半片。

归里后仍抱病行善于乡邻，六十而终。史志中的传记结尾写道"公出则为名师、为循吏，居则为端人、为长者"。

乡贤十四：欧阳东凤

欧阳东凤，字千仞，今杨市办事处十号湖村人。明万历十七年（1589）进士。

十四岁时其父病故，母抱病抚养其读书。后母因病卧床咯血痰不畅时，他跪而吸之。中进士后，初授江苏兴化知县时，“大水困城，两百里竟成湖海”，他乘一扁舟在风浪中指挥抗洪抢险，安顿灾民。为了受灾的民众，他不顾知府的阻拦，冒着革职的风险硬是越级上疏朝廷，奏请减免兴化税粮。

万历二十一年（1593）升刑部郎中，充当言官，他不畏权贵，上疏冯梦祯（国子监祭酒）“贪赃淫荡”，冯被罢归；他参奏两广总督陈大科骄横自负，抗倭保境不力，陈受降职。其直言忠臣誉满野。再转任广西平乐知府。在平乐任上他重教兴礼，整治胥吏，深得民爱。

万历二十九年（1601），他调任富裕的常州任知府。踏进府衙即遇下辖五县的官员按潜规则送来迎俸银子千两，他全部拒收，却“自制布帷瓦器，日费钱不满百文”过日子。他勤政敬业，革除常州官场很多陋习，大兴水利，严管胥吏，秉公断案，民众交口称颂。尤其是修复东林书院、龙城书院，给大批名流雅士提供了讲习、议政的场所，使之成为“东林党”的功臣。因“东林党”案革职，后重新启任颍州兵备副使。四年后，因病辞官归里。

回到家乡他不顾病体，建藏书楼，办学兴教，著书立说；他热衷于公益事业，为减轻汉水对潜江城的威胁，上疏陈情开通泗港河分流江水。因其公廉卓异，明熹宗帝又任他为山西副使，擢南京太仆少卿，他称病没到任。

欧阳东凤死后，皇上赐他皇亲国葬礼遇（今火车站东边的石人石马就是其墓地），史称其为“明三百年循吏第一”。

乡贤十五：柴　恪

柴恪，字子舒，潜江人。所在乡镇不详。明万历十七年（1589）进士。

柴格中进士后即授江苏无锡知县。他在无锡主政六年，政绩斐然，一是重新丈量土地，均衡税赋；二是不怕得罪留都南京及上级常州府官员，拒绝给百姓额外加税赋；三是审慎刑狱，为遭诬陷而判死刑的百姓申冤免死，为拾金而遭敲诈农夫平反等；四是重视教育，重修文昌阁，建清宁桥；五是营造良好官风，先后推举三位助手升知县。

因政绩突出，作为江苏的优秀知县进京受到皇上接见。万历二十四年（1596），破格晋升兵部职方司主事。但他却在此任上第十天被谪官。当时，昏庸的万历帝主持廷议出使朝鲜使臣等用人方案时，因对柴恪等人提出的廷议人选极其不满，认为这些官员结党营私，一次贬谪官员十九人，柴恪是其中之一。

随后，柴格被流放到荒凉贫困的陕西延川任了一没有品级的典史。他对福祸荣辱十分淡然，身在荒莽之地，居然还有“舞剑跃马，杀敌报国”之想法。后回故里构建一名曰“寤言”的小屋安居。

柴格居乡时，素食粗衣，俨然一农夫，但淡泊名利乐善好施矢志不渝。当其积蓄的俸禄施舍用尽后，家人、族亲颇有微词时，他以自己少而孤被接济而说服；当人们为他被谪官而抱不平时，他以先贤遇不公而无怨开导大家。

明天启年间被平反，赠封“尚宝寺丞”（即掌管皇帝印章的官员）。

朱宗望　吴从诚　刘道隆

乡贤十六：朱宗望

朱宗望，潜江今泰丰办事处人。明万历七年（1579）举人。

万历十九年（1591），朱宗望被任四川江安知县。他在知县任上，崇文重教，迁建儒学；爱民而深得民众爱戴，老百姓与他一道不畏艰险，完成了前几任都没能完成的宫廷征用木材的采伐任务。期间播州（今贵州遵义等地）土司杨应龙举旗反明，偷袭江安，朝廷平叛剿匪军队都远离江安县城。朱宗望临危不惧，沉着机智应对叛军，先是在险要处设伏击败来犯叛军，后又调集乡勇坚壁清野，苦战数日守住了江安城，保护了与他荣辱与共的百姓。后升任刑部员外郎，成为江安名宦祠中的一员。

万历三十年（1602），朱宗望“以疾乞休”回到故里后，他在东门外（今莫市一带）先辟地建茅屋几间而居，后建“拥万阁”藏书其中，以便乡闾仕子求知科考阅览。

朱宗望还有一感人至深事迹。万历十七年（1589），其父朱侃病故，他奔丧回家，出殡当天，东门外的洛江溃堤，巨涛撼屋，棺材漂荡，他跃入水中抱棺葬父，成为潜江的感人孝子之一。

乡贤十七：吴从诚

吴从诚，潜江今园林办事处人。明万历十六年（1588）举人。

初授陕州（今三门峡市）学正。他教授训导门生有方，使陕州一次乡试中举者达十七人之多。一时吴从诚教学管理之声望名震朝野，万历二十二年（1594），朝廷任他为国子监教授兼“两房同考”。

后来，吴从诚先后任袁州（今江西宜春）推理、浙江湖州同知、浙江运同、处州（今浙江丽水）知府、长芦（今河北沧州一带）盐运使，最后官至云南参政（相当于今副省长）。

吴从诚在袁州推理任上，他听讼务查其情，狱无冤囚，人们称其为“民之恩人，士之良师”；在处州知府任上，他面对哗变首领操纵几千民众闹事的危急时刻，不同意用兵镇压，单骑会见并说服了造反首领，使地方和民众免除了一场众人死伤的灾难。

吴从诚为官一身正气，两袖清风，从不以权谋私。在云南参政任上，他的一些做法严重触及了同僚的利益，有些人暗地里散布流言蜚语排挤他。吴从诚不愿与这些人同流合污而辞职归里。

居乡后，吴从诚倾其俸禄节余广行义举，兴办学堂，置义田接济困难乡邻，为有病遭灾者代缴田租等。69 岁而终，临终前还嘱托家人棺材从薄，丧葬从俭。

乡贤十八：刘道隆

刘道隆，潜江今杨市办事处刘岭村人。明万历十四年（1586）进士。

初授今扬州江都知县，作令五载。他上任伊始，整治吏治，杖杀贪污库银的主簿；重视农田水利建设，疏河挖渠，筑堤护岸，缓解了江都水旱之患；惩治倚仗朝廷中书省官员权势、横行江都的恶霸杨介。五年知县，他约己爱民，风裁自砥，深得民心。

万历二十年（1592），刘道隆因政绩卓越，提拔进京任兵部给事，充当言官。他为江山社稷，不畏杀头谪官之风险，冒死向长期不理朝政的万历皇帝呈上《感触时事陈愚忠疏》，直言皇上不理朝政带来的“用舍太偏”“纪纲太僭”“奏扰太烦”“进奏太亵”等四大时弊，希望皇上不要“贪一饱一娆之娱以自率也”。在通政使司右通政（相当于今国务院副秘书长）任上，他秉公直言，三次上疏营救已下监狱的抗金英雄、兵部尚书熊廷弼。熊死后才得以平反昭雪。

当时，刘道隆上书营救熊廷弼无果而被诬陷成“党争”之人，他愤然辞官回到了潜江老家。回到家乡后，他热衷公益事宜，出资修了西郊连城区的“通政桥”；在今竹根滩仁和村修了“文昌阁”；在今三江路西头修了“大乐庵”；为新修《潜江县志》写序；尤其是为开通人为堵塞分流汉水的泗港河，减轻洪泛季节汉水对潜江的危害，他亲笔两次上疏，家乡人民甚是感激。后依其名将潜江汉南片取名“道隆乡”，后更名“通政乡”，将其所建桥命名“通政桥”。

郭之藩　何荐可　刘若金　刘肇国

乡贤十九：郭之藩

郭之藩，字介卿，潜江今泰丰办事处人。明隆庆年间贡生。

明隆庆四年（1570），作为选贡生入国子监就读。万历年初授江苏武进县主簿（九品职位），即知县的辅佐官。

他在主簿任上潜心履职尽责，修筑芙蓉湖堤二十余里；督疏白河、舜河、太平河。他的宦迹被《吴中水利全书》收录；当时的《武进县志》记载：“迄今言县佐之贤者，必首之藩”，并把他比作明永乐年间以工部侍郎之职、巡抚督修江南堤防的周文襄。以主簿之职进武进名宦祠被供奉是第一位。

因在武进治水有功，万历十年（1582）升今永安（今广东紫金县）知县。他上任后又是兴学校、课农桑、修水利，万历十四年（1586），组织编撰了《永安县志》并写序。

郭之藩入乡贤祠昭示后人，官职无大小，只要居心为民，民众就会经久不忘。

乡贤二十：何荐可

何荐可，字替否，所在区镇不详。明万历二十八年（1600）乡试第一名（解元），万历四十一年（1613）高中进士。

初授江苏常州推官，在此任上他恪尽职守，审理讼案秉法无私，查验冤案有错必纠。审案时让诉者申明缘由，以理明查，做到了狱无冤案，杀无冤鬼。因其断案严明，升户部主事，后任广西道御使。

何荐可在御使任时，他痛切千余言，要皇上加强广西边防，补齐僚臣，操练精兵，奏请得准。后来因上疏弹劾礼部尚书温体仁因循守旧误国而触及高层群党。他在明末党争白热化政治生态恶化的大环境下无所适从，最终不得不“引疾辞官”归里。

居乡后他读书著述，教导子孙及乡里学生颇有成效。73 岁而终。

乡贤二十一：刘若金

刘若金，字云密，潜江今园林办事处人。明天启五年（1625）进士。

初任福建古田知县。上任后他首先整治胥吏，清除一大批扰民之徒，三年后离任时，古田呈现“四乡无胥吏之迹，县衙无击鼓之声”的局面；二是加强联保，严厉打击盗贼，有劣迹者不敢犯境；三是查禁打牌赌博者，惩戒游惰者农耕；四是征敛不扰民，使古田出现了难得的境安民乐景象。史称“八闽循吏第一”。

三年后，刘若金升吏部主事，不久转任淮海兵部佥事，其治所在经济繁荣昌盛的扬州。在此任上他整治军务，淘汰老弱者，招募精壮士，清理贪墨者，军队焕然一新，士气高涨，贼寇不敢犯境。同时，他不忘帮助地方浚河筑堤，扬州有一道河叫“刘公河”，一道堤依其职取名“兵宪堤”。他还出手严惩侮民敛财、干政扰政的奸商豪强，其声名远扬。当时，街坊流传“宁撄毒龙，莫犯刘公”之说。因行事激进，触犯了豪强奸商之利益，后遭恶人捏造事实诬陷而被免职。

刘若金归里后，在今深河居委会筑一别墅取名蠡园，着手研究本草学。崇祯十七年（1644）大明王朝倾覆后，他在清顺治二年（1645）被南明小王朝皇帝朱聿健再次请出，任刑部尚书。任职一年多，他看不到南明王朝前途，识时务而果断致仕归里。之后垂纶自乐，潜心于本草学著述。

康熙三年(1664)，八十高龄的刘若金终于完成了31卷80余万字的《本草述》一书。先在家族朋友间小范围传阅，康熙三十八年（1699），由在江苏涟水任知县的次子刘湜牵头，得以正式刊印发行。2005年被中医古籍出版社校注出版，成为与李时珍齐名的“国医大师”。

笔者案书斋就收藏一部2005年版刘若金所著的《本草述》。

乡贤二十二：刘肇国

刘肇国，潜江今杨市办事处人。明崇祯十六年（1643）进士。

当年任翰林院庶吉士，次年明朝灭，他在恐惧惶惑中度过了一年。清顺治二年（1645）再次入清朝的翰林院授弘文院检讨，奉命主持江浙乡试，后受命主持会试、殿试，为朝廷选拔好了大批优秀人才。

再后他任国子监司业，最后任国史院掌院学士（相当于今中国社科院院长）。

因养母病逝，依礼制他丁忧葬母。后来，他以身体欠佳为由，辞官赋闲再没出山。

今杨市办事处翰林路就是以其职而命的名。

卷七　名人义士

引　　子

历史名人是在过去的历史中影响巨大的人物，既有备受后世景仰的人，亦有遭受千古诟谇者。现实生活中人们大多有推崇品德高尚、影响巨大的人物而不愿提及后者。

潜江历史悠久，名人辈出。前些年，笔者历时六年之久，怀着景仰之情，以拙劣之笔为潜江历史中的100位名人写过传记，此书不再赘述。这里只选以前遗漏而又特有典故的几位名人逸事补入其中。

义官是古代专设的一种编外官员，一般是拥有一定社会地位，能直接参与官府管理一定社会事务者。相当于当下人大代表、政协委员或常委。义民即指乐善好施、济弱扶倾、品德高尚之人。义士这里专指有武士风度、为国英勇就义者。

历史是人民创造的。中国历史大厦的构成，不仅仅是达官显贵、名人雅士堆砌于顶层，而应该包含为大厦奠基如沙石般的这些义官、义民、义士及草民鼠辈。因而，这些人的义行壮举一并演义了旧时潜江丰富多彩的历史画卷。

潜江之三贤堂及三贤

笔者考证，潜江之“三贤堂”建于北宋末年，堂址在古县城（今高石碑镇蚌湖二组一带）县儒学内，他是潜江最早的乡贤祠堂。众所周知，乡贤祠堂供奉的是本乡本土有德行、才学、声望，并为本乡本土做出过巨大贡献，深得大家尊重的人。据南宋王象之所著《舆地纪胜》载：潜江“三贤堂，在潜江县学，祠三贤，唐质肃公介、毕少卿渐、孙大监伟，皆郡人也”。“唐质肃公介”即唐介；“毕少卿渐”即毕渐；“孙大监伟”即孙伟。

甘鹏云先生在《潜江旧闻录》卷8中对三贤堂是这样记载的：“学随县迁，故三贤堂亦废。然三贤堂为潜江故迹，遗构虽湮，而纪载不可阙，旧志失载，非也。如修县志，应据补。”下面简要介绍这三贤之贤能德行情况。

唐　介

唐介（1010－1069），字子方，潜江今积玉口镇人。北宋神宗赵顼时期的参知政事（副宰相）。是中国历史上著名的清官、谏官、名宦，史志有他系统的传记。

唐介为官清正廉洁，诤谏不避权贵，敢与皇上争执是非，屡次遭贬，又多次复出，但刚正不阿，忠君爱民的初心不变，与同朝的包拯一样，贪官忌惮，百官敬畏，民众爱戴。

唐介从小深明大义，德行高尚。其父亲唐拱（今潜江人）曾任殿中天章阁侍讲、户部员外郎，卒于漳州任上。他病逝时，州人深知唐拱家贫，纷纷集资相助唐介，但他谢绝不受。

天圣年间唐介中进士，初授武陵（今湖南怀化、张家界一带）尉，因德行好，不久任湖南平江知县。当时，平江有一位悭吝的富豪屡遭胥吏勒索，富豪不从时被诬陷杀人获刑，前任官员还判其全家入狱。唐介复审后知其有冤，上疏异地重审，平反了这一冤案，包括前任太守、知县等全部问罪。

后调任河北任丘任知县。此地正是辽使往来汴京的官道，而辽使不断在驿站耀武扬威，骚扰百姓，勒索驿臣，让驿臣苦不堪言。他下令，除规定之外一文不给，对违令辽使他也敢抓起来问罪，从此辽使循规蹈矩了。境内西湖连年洪水泛滥淹没农田，宦官为一己之利，要他划出大片村庄土地蓄水消患，但他为保住百姓田园，却决定筑堤防洪，百姓称颂。

皇祐年中，他任殿中侍御史，后来官职不断上升。宋朝的殿中侍御史是掌纠严正百官朝会失仪之官，即纠弹百官的监察官。在此任上，他上疏当朝宰相文彦博在蜀州做郡守时，造了一种镶金绸缎，贿赂后宫而谋取升官，皇上虽然不悦，但理智上还是认同唐介是位恪尽职守之官。为此，唐介被贬谪到边远的英州（今广东英德市）任别驾（州府长官的副手），同时也免了文彦博的宰相职。不久唐介被召回京城复职，又先后任集贤院大学士，开封府判官，扬州知府，江东、河东转运使。

后又进谏院，他依然直言如故，在论罢集贤殿大学士、同中书门下平章事陈升之时，因忤圣意，唐介又被谪贬洪州。后又历任河北都转运使，瀛洲知府。治平元年（1064）回御前任御使中丞。

熙宁元年（1068）升参知政事，即副宰相。在此任上，他为皇上启用王安石及推行变法之策，数与皇上争论。

唐介六十岁而病故，宋神宗甚为惋惜，亲往唐宅吊丧，授礼部尚书，谥号“质肃”。

毕　渐

毕渐，字之进，潜江今园林办事处人。北宋绍圣元年（1094）状元。曾任福建的提刑官、湖南潭州的通判、膳部的员外郎，卒于荆州知府任上。

毕渐中状元时，正是北宋党争异常激烈时期。宋哲宗亲政后，重新启用顽固保守的司马光为宰相，司马光上台后，说服宋哲宗将宋神宗推行的“王安石变法”，亦称“熙丰”“熙宁”变法全部废止，并将过去支持变法的一大批臣僚定性为“旧党”，这些所谓“旧党”成员或谪官或流放。新科状元毕渐不识时务，他在殿试“策论”时仍支持“熙丰”变法，因而，圣上不悦，并没有马上重用这位状元，最初将他安排在襄阳府当了一位幕僚。

到了宋徽宗崇宁二年(1103),新皇帝可能才想起这位才智过人的状元，授福建提刑官，此后毕渐官职才慢慢上升。崇宁四年（1105）回京城任膳部员外郎（从四品）。不知何故，毕渐后来又调任潭州（今湖南长沙）通判，最后出任荆州府知府。

毕渐是潜江历史上唯一的状元，是潜江人民的骄傲。明清时期，潜江官府曾为他修建有“状元坊”“毕家楼”“毕家山”等，并以其姓将今汉南片区命名为“毕公乡”，以此激励后人奋发有为。他以文学著称于世，曾为苏轼、苏辙等人的诗集《续池阳集》写过序。他虽然入仕在党争异常激烈的旋涡中，却能刚介自立，厉行正色，独善其身，鞠躬尽瘁于任上，这是古时忠君爱民士大夫的最佳结局。

康熙《潜江县志》、光绪《荆州府志》均记载，毕渐卒于知府任上。这说明他为大宋王朝真正殚精竭虑，鞠躬尽瘁了。

荆州民众没有忘却他，他死后葬于城东六十里的昭王贞姜之处，并为他修了高大的墓冢，取名“毕渐台”。毕渐台后来成了荆州的名胜，元朝的杨维桢、明朝的李东阳等名人雅士登台凭吊毕渐后分别留下了诗文。

毕渐入土700多年后的清光绪《荆州府志》《江陵县志》，还有对“毕渐台”的记载。

孙　伟

孙伟，号七泽老渔，潜江龙湾镇人。据宋李心传《建炎以来系年要录》记载：“戊寅，故左朝议大夫孙谕，特赠左中奉大夫。以其曾孙右朝奉郎致仕。伟乞以覃恩一官，回授也。谕为吏廉，绍圣初，引年告老。有司以谕子孙皆亡，不许荫补，遂绝禄仕。湖北诸司上其事，请官其曾孙伟，以为天下循吏之劝。奏，可，着为令。”

从上述文字及其他史料我们可还原孙伟粗线条及官宦生涯。孙伟的祖父孙谕是宋仁宗景祐五年（1034）的“左朝议大夫”（官职四品），以廉洁享有盛名，后来告老还乡，因子孙皆亡，竟无人世袭其禄位。后来湖北的官员认为，廉吏的后人应该有所褒扬，于是他们奏请朝廷，让孙谕的曾孙孙伟享受先祖的封荫，委以官职，给天下廉吏一个好的交代。这份奏章得到了皇上的特批，授了孙伟一个县令。

孙伟虽然是受封赏入仕的，但他从政能力水平还不错。在县令岗位上他政绩十分突出，后升职为黎州（今四川西南面的汉源一带）知州（府）。他要赴任的黎州这地方边远荒凉，历史上贪墨之官很多，很多官员都难保洁身而退，因而，他在上任时其上司加好友即时任参政知事（副丞相）的张方平笑着对他说：“沉黎，廉者不往，往者不廉。”说你要去的黎州那个地方很复杂，廉吏是不会去的，去了之后必成贪官。孙伟沉默不语，表示将以自己的实际行动破除丞相所说的痼疾。

据《四川通志·名宦》载："孙伟，宣和间知黎州，饮食外，不市一物。比去，谓人曰：'吾所愧古人者，囊中有十金耳。'"这段文字是说，孙伟在宋徽宗宣和年间（1119－1125）任黎州知州时，除了饮食外，从不到市场上买一件东西，自然从不给贿赂者机会。他在即将离任时，人们都说他是一位清正廉洁的好官，他却谦虚地说："我所愧古人者，囊中有十金耳。"（即少量的银子或铜钱）一位任知州多年的官员，离任时囊中羞涩到如此状态，可窥其廉之德行。他以廉者去，最后还是以廉者返回，破除了"廉者不往，往者不谦"之痼疾。

《四川通志》将孙伟列入名宦之列，他以"廉者"载入史册。时隔100多年，南宋著名的理学家、诗人、永嘉学派代表人陈传良还写诗（《止斋集·和孙伟卿杂言十首》）赞誉孙伟："一饭腹果然，身外百不需。深知饥方朔，不以饱侏儒……人事尽乡曲，田租了王官。独于大海枯，不改古井寒。"

唐介、孙伟籍贯小考

笔者在《潜江之三贤堂及三贤》一文中介绍了唐介、毕渐及孙伟等三贤。这三贤来源于宋王象之的《舆地纪胜》一书。原文如下：潜江"三贤堂在潜江县学，祠三贤——唐质肃公介，毕少卿渐，孙大监伟，皆郡人也。"其中所言"毕少卿渐"即北宋绍圣元年（1094）状元毕渐，他是潜江人历史上毫无争议，但"唐质肃公介"即唐介，"孙大监伟"即孙伟，这两位先贤的籍贯现代大多数资料都言"江陵人"，甚至亦有言"荆门人"的。宋史记载孙伟，自号七泽老渔，江陵龙湾司人。笔者认为王象之所言准确，唐介、孙伟的确都是潜江人。

一是《舆地纪胜》主创于南宋嘉定年间（1208－1224），浩瀚200卷，成为此后考证界定中国州县沿革、风土人情的标杆，现在我们只能以史为证；二是此书人物简介等来源于各州县史志，说明当时潜江史志就有明确记载；三是当朝人记当朝事，时限不长，不会有误；四是成书时离唐介、孙伟辞世也仅百来年。

当然，现代有的史料称唐介、孙伟江陵人，笔者以为十分正常。因为沧海桑田，时过境迁，上千年的行政区划在不断变化，加之中国人习惯于拿祖籍当籍贯，亦有人拿名气大的地方做籍贯，更何况唐介、孙伟出生时，潜江建县才几十年，又是一个名不见经传的弱等县，当事人或外人忽略潜江出此等名人而不记其名下也不足为怪。

如中国戏剧大师曹禺其籍贯栏多处填的是“天津人”，但他本人晚年却秉笔撰文写道“我是潜江人”。曹禺的父亲万德尊是清朝末年从潜江县城走出去的民国初将军（中将），籍贯有显示“天津人”，亦有显示“潜江人”的。潜江为曹禺建了“曹禺公园”“曹禺大剧院”，多次举办“中国曹禺文化周”。如果潜江再编志书，其曹禺传记中的籍贯栏肯定会写上“潜江人”，而天津亦会照填“天津人”，这十分正常。

又如，武警总部原副司令员朱曙光（中将），生于延安，其父亲朱声达是20世纪初从今潜江张金镇土地口村（当时属江陵县辖）“闹革命”走出去的，也是中华人民共和国的开国将军（副兵团级），而他们父子籍贯都显示是“江陵人”，但他们现在却是地地道道的“潜江人”。大家可想而知，现健在的朱曙光将军要是寻根问祖，肯定只能说“回潜江去”，不会再说“回江陵”了吧。这样，江陵、潜江名人录上肯定都有他们，事实上谁都没欺世盗名。

又如，民国时期有位“世间不可无”并与沙孟海齐名的金石巨匠易均室（1886－1969），他籍贯栏至死都填“潜江人”，网络信息平台也显示“出生于湖北潜江一个殷实的耕读之家”，即今天门张港镇，现在人们说他是天门人也很正常。因为1954年7月前，潜江建县以来一直所辖的张港划归天门所辖。

如此，这类名人的籍贯，当代人都弄得一头雾水，可想而知，百年、千年后更是说不清、弄不明。所以，有些史志将潜江本土上的唐介、孙伟说是江陵人真不足为怪了。

再简要说说潜江建县沿革及版图变化情况，就更清楚唐介、孙伟是潜江人士。宋潘自牧《纪纂渊海·荆湖北路·沿革表》载：“本朝淳熙元年（1174），改荆南府，寻复改江陵府。乾德三年（965），以江陵县地置潜江县”，潜江属“荆北路江陵府”辖。北宋立朝始于960年，始称建隆元年。也就是说北宋开国第五年，朝廷就从原江陵划出一方版图设立了潜江县，当然不排除今潜江西北面与江陵、荆门、天门部分交界的地块。县署设在唐朝在潜江所设的“征科巡院”白洑镇（今高石碑镇下蚌湖一带），五代时改名为安远镇。也就是说公元965年前，潜江本来就属江陵的一部分，更何况当时也属江陵府辖，因而，建县后的早期，当事人或史官们在有意或无意中，将潜江版图上与江陵交界处的这两位名人籍贯写成“江陵”也在情理之中。

就是中华人民共和国成立后其行政区划也曾多次调整。如1954年秋，将原江陵县所属的张金、龙湾镇（原龙湾司）划归潜江辖，将原潜江县所辖的张港、多宝镇划归天门所辖；又如1956年春，将原属荆门的宝湾、凤姣、古城、新农、积玉、荆河等六个村（即新农乡）划归潜江所辖。另，据乾隆《荆门州志·寓贤》记载，唐介曾寓居荆门“先峰白土里”（即今潜江的积玉口镇宝湾、古城一带）。“先峰北土里”的孙家山还有孙叔敖（史称天下第一循吏，千古良相）的墓冢，而有史记载孙伟又是孙叔敖的后世孙。

正因为如此，唐介、孙伟二人籍贯地曾是潜江、江陵、荆门三县市交界地带，而又曾先后分属三县市管辖过。因而，有的史志将潜江籍的唐介、孙伟记载为江陵人也在情理之中了。

笔者曾考证孙叔敖就出生在今潜江积玉口镇宝湾村孙家山一带，古地名叫先峰白土里。这样史志上就有唐介、孙伟其籍贯江陵、荆门、潜江之说了。

一枝斋及归鹤洞

清康熙、光绪《潜江县志》等文献记载：“一枝斋”是县河东岸（今火车站东）的一别墅名。其主人是明万历二十九年（1601）任常州知府的欧阳东凤，这是他看透了官场险恶，在万历三十九年（1611）借病辞官归里后所建别墅之名。

“归鹤洞”是一枝斋的另一名称。此名来自董文敏，董今上海人，又名董其昌，曾任湖广提学副使、河南参政等，是欧阳东凤同友。欧阳东凤死后，董文敏专程来潜致悼送葬，为其别墅不远的墓地题名“归鹤洞”，并留下了祭文。

旧志记载：一枝斋“亭榭参差，台沼逶迤，环古木千章。建三层阁以藏图史”。欧阳东凤是载入中国史册的名宦，死后崇祯帝御赐国葬待遇。

欧阳东凤生前对其别墅曾自题一首《曲柳铭》，诗曰：“谁铸尔形，鞠躬道周。含烟拂草，迎飔弄柔。尔游尔钓，我纶我钓。意不在鱼，爱尔风流。”

潜江人柴一德（明崇祯年间雅士）陪时任知县罗仞庵游一枝斋后曾留下一首五言长诗，其中写道：“素园吊先达，竹树存仪型。曲柳卧道旁，苔藓剥其名。鱼鸟江天散，印月空留亭。”

清顺治十五年（1658），一枝斋东边不远的傅家湾堤决，别墅沉入深潭，名贤题咏的碑刻、归鹤洞前的牌坊等无一幸存，仅留下了欧阳东凤所题《曲柳铭》片石于断堤间。

欧阳东凤（1563－1622），字千仞，号宜诸，今杨市办事处十号湖村人。他是明万历十七年（1589）进士，曾任江苏泰州兴化知县、刑部郎中、广西乐平知府、江苏常州知府、安徽颍州（今阜阳市）兵备副使、山西兵备副使（因病没就）。他每到一任都政绩卓越，古代的《大明一统志》《广西通志》《江南通志》《湖广通志》《东林列传》及现代的《中国历史大辞典》《中国人名大辞典》、百度“百科人物”等史志及文献中都有其传记等，其中《东林列传》称其为“明三百年来循吏第一”。

万历十八年（1590），欧阳东凤在兴化任知县时，该县遭遇特大洪水，他乘一叶扁舟在浪涛汹涌的湖水中指挥抗洪救灾，并抵制州府大灾后不顾百姓死活、照例催收钱粮的不良做法。冒着革职杀头之风险，越级奏请皇上减免了兴化“浮粮二万担，蠲积逋一万两”，使兴化大批犯“逃税罪”的农民获得了新生，民众回到家园正常生活。

万历二十一年（1593），他任刑部郎中，充当“言官”，不畏权贵，先后参奏弹劾了“贪污淫荡”的翰林院修编冯梦祯；“骄横自负，抗倭不力”的两广总督陈大科，其忠君直言进谏之举誉满朝野。

万历二十七年（1599），他任平乐知府，与少数民族民众“皆相亲如子弟”，教化民众知礼节、讲仁义、重教育，广选“俊秀者入学”就读；他整顿吏治，打击巧立名目、横征暴敛的行为；筹资修建城池；对上级不当指令“东凤力抗之”。

万历二十九年（1601），他调江南富裕的常州任知府。新官到任即破除下辖知县等百官送厚礼恭迎的潜规则，“自制布帷瓦器，日费不满百文”过日子。尤其崇文重教，筹巨资修复“东林书院”“龙城书院”，为士子议政、课徒讲学提供了必不可少的场所，使常州成为当时大批名人雅士议政讲学的中心，东林书院亦成为明末“东林党案”的老巢。“东林党”平反后，欧阳东凤更受世人敬重。万历三十四年（1606），民变频发，明朝江山岌岌可危，欧阳东凤由文官改任武官，出任颍州兵备副使，他也是严格治军，威风凛凛。

后因病辞官归里又被熹宗（朱由校）皇帝“起山西副使，擢南京太仆少卿”，被他三次称“病”上疏拒受。其间他除“杜门著述”外，亦为家乡做了不少实事和好事。

天启二年（1622），他死后，皇帝赐给了他大明王朝王公国葬礼遇。这样就有了今火车站东的“湖北省重点文物保护单位”（明墓）之碑。

潜江之谯楼与两位诗人

古时，凡州府县署所在地为防御强盗、匪祸等都建有城墙，城墙四周开有城门，城门之上建有用于高望远瞭的楼阁，俗称城楼，亦称谯楼。如湖北襄阳、安徽安庆等地现存的古谯楼都被列为省级文物保护单位。据清康熙三十年（1694）《潜江县志》所载，潜江古县城共有六个门楼，其中较为完好的是古城东北朝宗门上的谯楼。这座俨然如雄关的谯楼，在康熙年初见证了清初中国两位著名的诗人。

诗人一：王又旦

王又旦（1636－1687），字幼华，号黄湄，今陕西合阳县人。清顺治十五年（1658）进士，初授推官。

康熙七年（1668）王又旦就任潜江知县，在潜任职七年，其传记、宦迹、诗文等在《清代人物大事纪年》《清史循吏传》《中国人名大辞典》及康熙、光绪《潜江县志》和现代出版的《潜江旧闻录》《潜江明清诗选》等著述中都有记载。

王又旦在潜主政期间，清田地均赋税，使逃避苛捐税赋背井离乡的民众接踵而归，新垦良田二十万亩；筑堤防水患，与民众昼夜巡防在堤坝上忧劳成疾，险些丢命；兴学振学风，重建传经书院、三元阁、法云社等。从史志上得知，王又旦在中国历史上更有影响的是他的诗文。

“搜狗百科”介绍王又旦，其中写道：“擅诗，善絺章绘句，文采风流，官声诗名并重，时与诗坛王士祯并称‘二王’，明末清初著名诗人。”是“清初关中名士”之一。

这里所言王士祯，是清初诗坛泰斗级人物。他官至礼部尚书，一生著述五百余种，留下诗词四千余首。由此可见王又旦诗文水平。王又旦 51 岁而殁，他短暂的人生留下了不少不朽之作，著有《河渠》《黄湄诗选》《黄湄集》等传世。下面从 1999 年湖北人民出版社出版的《潜江明清诗选》中选几段王又旦的诗文供鉴赏。

康熙八年（1669）农历四月二十九，汉江屯营堤（今王场黄湾村一带）决口。这段他去年十一月率领民众筑修过的大堤又决，让王又旦在悲痛中感到叹息，他作了《屯营堤叹并序》诗一首。全诗三段十六句，其中第一段四句写道：“四月月晦北风急，十日淫雨地轴湿。堤上人家愁相向，渺弥一陷嗟何及。须臾坼裂云散乱，蛟龙震怒波涛入。搴茭沉璧吾不能，低头堕泪江头立。”表达的是他面对无法抗拒自然灾害的无奈和痛责及对受灾百姓的同情和怜悯。

康熙十一年（1672），班家湾（今杨市刁庙村一带）大堤决口，不少民居被淹没，县城也淹了一半，他写了一首《民居已坏》诗：“民居今已坏，民力诚可惜……里人狎骇浪，冥然卒被格。有如抱贞疾，偷生恋茵席。小吏议防御，筵撞亦何益。无能叩九阍，俯仰愧夙昔。”诗中也是反映王又旦面对百姓的房屋被洪水冲毁后的痛惜无奈及深深自责。

王又旦有《五月憩于堂》一诗，写他在县衙办公的情景。诗题下原注：“憩于堂不能退食于室也。”说的是因阅批文函等公务太多，只能在办公室里吃饭时休憩一会儿。全诗二十二句，其中后三句写道：“展我蕲州簟（竹席），欲憩还复止。薄俗善谣诼，纷纷无一是。中怀谁能知，请谅荷蓧子（荷蓧子，指农人）。”写他废寝忘食忙于公务，还遭受别有用心的俗人谗言，自己似一农夫，胸怀坦荡无所谓。

诗人二：孙枝蔚

孙枝蔚（1620—1697），字豹人，号溉堂，陕西三原人。清代著名诗人、学者。康熙十六年（1677）《溉堂全集》（22卷）刻本刊行；康熙十八年（1679）以布衣应博学宏词试（皇帝特设选拔人才的一种考试），授内阁中书舍人，不就。

孙枝蔚有一首劝诫年轻人读书励志盛传至今的《少年行》诗，其中写道：“少年不读书，父兄佩金印；子弟乘高车，少年不学稼……相传新使君，怜才颇重文；尔曾不识字，张口无所云；卖田田不售，哭上城东坟。昔日少年今如此，地下贵人闻不闻。”这与三国时期佚名诗人所作《长歌行》诗中的“少壮不努力，老大徒伤悲”诗意颇为相似。

康熙八年（1669）农历三月，潜江已是春暖花开，喜好诗文的时任知县王又旦将老乡及诗坛老友孙枝蔚请到潜江采风应答。他私下游寓会友，不愿破公费住官府的驿馆，王又旦安排衙役将朝宗门上的谯楼收拾好，并亲笔题“谯获寓楼”名后，让孙枝蔚在潜寓居四月之久。这期间，孙枝蔚作诗30多首，其中21首收录在《潜江明清诗选》之中。这里选其中部分诗句供鉴赏。

当年四月底，连日大雨不断，汉江洪水泛滥，潜江屯营堤决口，知县王又旦冒着生命危险奔波在堤坝上指挥抗洪抢险，忧劳成疾，诗人非常担心，写下这首诗用来宽慰自己，也是祈祷安慰王又旦。《雨中大水决堤闻王幼华又旦明府奔走堤上忧劳已甚诗予相宽》。

诗中写道“卑湿潜江县，终朝雨滞淫。阳乌常失意，神女定何心。村有蛟螭横，堂无燕雀临……梦讶波涛险，忧兼簿倾深。流离悲赤子，佻达忆青衿。贫苦原从昔，勤劳直至今。高才一作吏，那得更狂吟。”

诗的大意说：潜江是个地势低下潮湿的地方，近期淫雨绵绵不见太阳，蛟龙兴风作浪，神女也不来帮助潜江人。前几日王又旦向我述梦，颇以大水决堤为忧，王知县忧的还有清田入册的人口、田亩、账册等将遭受覆灭的命运。我悲悯百姓流离失所，也回想起王又旦少年才俊的情形。现在他做了官，忙于政事，就没有时间吟诗作文了。

另一首《大水后呈王幼华明府》。全诗如下：“年少长安得意人，于今憔悴复清贫。竟同饭颗山前叟，那识河阳县里春。自决新堤诗更怨，相逢旧好酒须醇。可怜常抱文书寝，谁解轻裘覆尔身。”

诗文说，在长安春风得意的少年王又旦，大水过后形销骨立，憔悴不堪；清贫得如缺衣少食的山间老叟，勤政如晋代河阳县爱民如子的知县潘岳；他勤奋努力工作，常常抱着文书批阅着就睡着了。一位勤政为民知县的光辉形象跃然纸上。

诗之三《汉水》：“江流阔南纪，汉水滞东归。已报长堤决，还愁小艇稀。黑云朝不散，白鸟夜难飞。夏与冬无别，何劳制葛衣。”这首诗是写洪水过后的汉江更为宽阔，但流速缓慢难以东归。江堤已决水，往来的舟船稀少。带雨的乌云难以散去，夏天气温低得和冬天差不多，好像不需要夏季穿的夏布衣了。

“万事无不尽，徒令存者伤”。两位诗人当时在潜江所遇之境况，望洋兴叹，无可奈何之悲伤，及面对滔滔洪水，长吁短叹、顿足捶胸之神态跃然于纸。

旧时潜江之义官、义民及义士

笔者近来考究康熙、光绪《潜江县志》等史料，发现史志中记录了不少旧时潜江之义官、义民及义士之事迹，其中有的传记让人感慨万端；有的甚至让人感激涕零。感时抚事，细细品读，发现这些人的义行、善举并非浮言虚论，对平抑当下浮躁至极、物欲横流之境态亦有一定作用。

义　官

义官是古代专设的一种编外官员。他们亦是由官府直接任命或采取其他奖励形式向社会公布的官员。获得义官名号者，即拥有一定社会地位，能直接参与当地官府的一些社会事务。旧时，义官者一般都是家境富裕，自身有一定文化水平，靠捐助取得的。他们没有实质性职权，不拿官府俸禄，说白了是个虚名、名号，或荣誉称号。

明天顺四年（1460）和成化二年（1466），潜江先后遭受特大洪涝灾害，民众流离失所，仰食待救者无数，官府则动员社会力量参与赈灾。由于旧时潜江是十年淹九水的苦潴之地，豪富大户人家并不多，因而，响应者寥寥无几。

天顺四年只有江西安福县在潜江经商的尹俊魁（后入籍潜江）一人响应，他“奉例纳米四百石（一石等于约 100 斤）助赈”，授予他“七品散官”。成化二年也只有中港乡（今浩口一带）的郭瑜和长乐乡（今高石碑一带）的张琇二人响应，“奉例纳谷五百石助赈，给以散官”，即义官称号。

“入粟补官”起源于西汉。当时的政治家晁错曾曰：“欲民务农，在于贵粟。贵粟之道，在于以粟为赏罚。今天下入粟县官，得以拜爵，得以除罪。”也就是说汉朝那个时期，凡能捐出一定粮食给官府者，朝廷就给一定奖励，可以封官拜爵，亦可免除刑役。

捐纳授官盛行于明清两朝，捐纳者可“一夜成名”。清朝，捐纳到一定数量钱粮，甚至还可保送一子入国子监就读。当然扶贫济困、捐财布施亦是中华民族一传统美德。

义 民

义民，本意是笃义之民，或起义抗暴之民。这里的义民专指乐善好施，忠君行德之民。义民是义官的演变，有时义官与义民是同一个意思。

明正统年间，潜江遭遇灾荒，邑道隆乡（今杨市一带）彭俊，太平乡（今天门张港一带）王仕恭，中港乡李助、郭芳等四人“奉例输谷千石助赈，有司上闻，赠玺书旌为义民”。也就是说他们四人捐谷赈灾，官府用盖有皇上大印“义民”证书进行旌表。这是一种国家动员式赈灾，是一种国家授予的最高荣誉。

到了明朝中期，义官、义民由纳米改为纳银授冠。据康熙《潜江县志》卷 14 载，明成化二十三年（1487），潜江人龚志良、何瓒、李刚、李缙、梅芳、关文训、彭喜、彭修、江汉显、刘珂庆、吴礼节等 11 人，分别“纳银四百两赈灾，授以冠带荣身”。弘治五年、六年（1492、1493）、弘治十四年（1501）又先后有刘彦祈、陈瓒、方圆、张瓒、余试、朱廷壁、刘奇端、李义、周绍、左文师、尹倚、柴方、蒋灏、蒋仕清、谢伟、周贡、陈显义、彭友钢、李恒广等人，分别“纳银四十两赈济”（弘治四十年纳银分别是三十两），“授以冠带荣身”。

旧时“冠带荣身”即皇上赐给的一种荣誉锦带，与当下“全国五一劳动奖章者”表彰时身上所披的红色绶带相似。这与前述“赠玺书旌”意思相同，这是一种“国家荣誉”，以此示范，倡导国人积善行德，扶危拯弱，扶贫济困。

义 士

义士一般是指具有高尚的道德原则或节操、情操或有武士风度的人。这里所言义士即为国捐躯、英雄就义或牺牲的人，类似于当下所言之“烈士”。

旧时，潜江有史记载的义士共36人，其中康熙《潜江县志》记载有明安达尔等8人；光绪《潜江县志》记载的有刘谅国等28人。

康熙县志所载义士从元朝开始，第一位是明安达尔（蒙古族人），他是元末潜江的达鲁花赤（掌印官，即最高行政官），元至元十二年（1352），他率兵与元末农民起义的红巾军在作战时战死，全家28口全部被杀。到了清朝，官府认为他是为守城保民而殉职的，追认为义士。

第二、三位是佘隆、佘威两兄弟。佘隆跟随朱元璋打天下屡战有功，官至福建都挥指佥事，明洪武八年（1375）海战阵亡；弟佘威袭其职，洪武十四年（1381）征战云南时又阵亡。兄弟二人均恩赐祭葬。第四位涂起鹏，他在清顺治年初任广西平乐的知县，在与南明王朝将士（清称之为“余匪”）的城池争夺战中被捕就义。

剩下的欧阳燧、朱士完、杨自腾、游鹜等四位义士，他们均是明崇祯末年（1643年，史称“癸未之变”），李自成的起义军攻战潜江时，英勇抵抗“守义不苟”的义士。

欧阳燧曾任江苏盱眙知县，告老归里时，攻城被俘，他秉大义，痛骂“贼匪”，蹈白刃而无悔，其妻、母一同殉难。

朱士完，中举还没授官，即被攻战潜江的起义军所俘，他颇有书生壮志，在将其押送襄阳城闯王府时，写下“甘死如饴”的血书后自缢而亡，清朝官府赠“乱世忠臣”牌匾。

杨自腾，是一名善骑射的乡勇，他主持正义，骁勇善战，在率勇士迎战起义军进攻潜江的战斗中，杀死起义军十多人后被俘。被俘后宁死不降，被肢解而死。

游鹜，本是一乡民，因痛骂明朝大将军左良玉进驻潜江后不去剿灭李自成的起义军，反而纵兵杀掠百姓，其二子及幼孙一同被杀害。

清光绪县志所载的28位义士，除柴孕参、刘谅国是崇祯年末抵抗李自成起义军英勇殉国外，剩下26位义士全部是清咸丰、同治年间太平天国起义军及捻军进攻潜江时，官府力不能支，即组织乡勇抗击，或战死阵地者，或被俘慷慨就义者，或临危不惧以死报国者。

甘鹏云先生《潜江旧闻录》卷7有几篇文章记载了清咸丰、同治年间潜江义士抗击太平天国起义军及捻军的事迹。其中记载咸丰二年（1852），“发匪所至，势如破竹，无敢抗者。独潜江六团慷慨倡义，誓撄凶锋，蹈白刃而不悔”，潜江六团乡勇分地设防，互为声援，且守且战，先后歼敌一千余人，但终寡不敌众，乡勇“战死者千余人，自刎者数十，投河死者数百，妇女尽节者千余，老弱遇害者数百，计死三千七百余人”。同治六年（1867），捻军犯潜，乡勇奋勇抗击，先后有三百余人战死。

咸丰、同治年间史志有记载的义士如下：

田复初，年七十有余，恨书生无力“抗逆”，绝食自尽报国；

陈大农，率乡勇“抗逆”被杀；

汪顺先、汪顺明，兄顺先“抗逆”被害，弟顺明寻尸不获，绝食而亡；

蒋运福，单身“抗逆”被害；

董熺国，乡勇首领之一，率其父、兄弟及子“抗逆”，全部捐躯；

戴自培，书生执戈，临危不惧，一死报国；

唐延鉴，乡勇首领，临死不屈，阵亡；

陈福义、陈炳义，兄弟两人自幼习武，骁勇著称，与逆恶战，杀敌十多人。福义负伤，炳义背哥突围，涉水过河，兄弟溺亡；

杨宏林，武勇超群，多次出战，斩“发逆”者首级多个，鏖战中头腰多处重创仍战而亡；

董玉魁，乡勇首领之一，善于舟船，在汉江击败“发逆”四百余人而阵亡；

董其乐，父子四人随董熺国“抗逆”，父子均阵亡；

陈士荣，杀逆多人，被困河岸，临死不降，投河而亡；

李智元、李姻鳌、熊六章，“剿逆”至沔阳阵亡；

唐毓清，带乡勇“剿逆”至安徽阵亡；

朱建东，“抗逆”中被暗中刺伤而亡；

张礼荣、张德元，父礼荣率乡勇四处征战“剿逆”，三年累获胜，后中伏击受伤，子德元入阵救父，父子均阵亡；

茹心纯等 21 人，“剿逆”阵亡；

伍大春，率乡勇“讨逆”至安徽阵亡，后钦加五品衔；

朱泗源，候补县丞，“讨逆”阵亡；

胡起堂，由乡勇效力于军，“讨逆”至陕西、甘肃，累立战功，官至参将加总兵，后阵亡；

陈伟才，“讨逆”河北，渡河而亡。

这些不惜生命尽忠报效朝廷的乡勇及笃义愚忠之民的壮举，的确感天地，泣鬼神。感今怀昔，笔者在悲叹中对这些义士更多了一份敬仰之情！

卷八　古迹名胜

引　　子

潜江古时是楚西一隅，地处江汉平原腹地，自古以来虽一马平川无名山大川及关隘险固，但我们的祖先在这片沃土上劳作耕耘，休养生息，固守家园的活动中留下了不少古迹名胜，使潜江成为楚文化的发祥地之一。

虽世远年湮，沧桑屡易，很多古迹名胜早已淹没黄沙泥土之中，但史志中记载的旷地幽境、溪桥断墙、亭台楼榭及名人雅士的随即题咏，都能激起我们的美好回忆及无限遐想。如春秋战国时期龙湾的楚章华台、张金黄罗冈遗址，三国时期浩口的剎潭城及后湖的四营台遗址，明清时期的潜江“旧八景”和庙宇牌坊等等，这些古迹名胜是当下承史继学、旅游开发的宝贵文化遗产。

一条小河可打造诸多绝景，一块残碑能考究出历史变迁。从古章华台、剎潭城遗址及古街牌坊可俯视潜江历史星空，遥想当年古迹名胜之景态。

章华台及放鹰台

章华台位于潜江市龙湾镇东南约三公里处，又称章华宫，亦称放鹰台，是楚灵王六年（公元前 535 年）修建的一座方圆 40 里的宏大离宫别苑。

2500 年前，楚灵王当了国君后，野心勃勃，总想要独自在诸侯中当领袖，称霸天下。为了炫耀楚国之威，他征集八万国人、工匠，历时六年，耗巨资在这片丰腴的土地上建起了一座宏大华丽的宫殿。宫殿与广阔40里的亭台、楼榭用明廊、曲槛相连。宫殿中间修起了一座台高十丈（约23米），台基长宽十五丈（约35米）的高大楼台，亦称章华台。

章华台高峻恢弘，登台四望，可俯视云梦，仰摩苍穹。楼台雕龙画凤，金碧辉煌，巍巍壮观，气势磅礴，华丽无比。有诗云："高台半出云，望望高不及。草木无参差，山河同一色。"形成了春秋时期我国最为宏伟瑰丽的宫殿和楼台，因此，历史上号称"天下第一台"。

章华台建成后，楚灵王下令选全国美女数千养在宫中供其享乐。楚灵王有现代人的审美怪癖，他特别喜欢细腰女子，因此章华宫又叫"细腰宫"。史志记载"楚王好细腰，宫中多饿死"。楚王的这一癖好，唐代诗人李商隐写道："梦泽悲风动白茅，楚王葬尽满城娇。未知歌舞能多少，虚减宫厨为细腰。"

楚灵王还有一癖好，即好玩鹰，此台亦称放鹰台。这些先秦古籍《左传》《韩非子》及《史记》《汉书》《水经注》等文献及地方史志中均有记载。如清光绪六年（1880）《荆州府志》卷7载："放鹰台在龙湾市，传楚王呼鹰之地。"

巍峨挺拔、气壮山河、威震诸侯的章华台，也没能保住楚灵王的灭亡。楚灵王的穷兵黩武，荒淫享受，激起了国内外的公愤。国内族人、大臣乘楚王征战秦国之际，联手杀死了两位太子，前线将领闻风倒戈背向，加之秦军的反击，楚灵王在今河南信阳落荒而逃的途中自杀，客死他乡。

如是就有了唐朝诗人胡曾的"茫茫衰草没章华，因笑灵王昔好奢。台土未干箫管绝，可怜身死野人家"的悲情诗句。元代诗人吴师道还写道"灵王倾国祟台宇，拔剑章华睨中土。十年霸气终萧条，回首章华归不得。"

那么华丽的宫廷，仍没逃脱中国几千年形成的"人息、政亡、宫倾"的历史悲剧。公元前279年，白起率领的秦国大军攻占郢都后，随即占领章华宫，一把大火，焚烧数日，将巍峨壮观的章华宫（台）付之一炬。李白在《荆州贼乱》中写道"郢路方丘墟，章华亦倾倒"。

古章华台的盛名并没有因朝代更替而湮没。近些年，因考古发现让其再现历史风貌，再次名扬天下。1985年7月1日，中国科学院学部委员谭其骧教授在潜江龙湾考古后写道："章华台遗址在潜江龙湾"。我国著名的考古学家、中国历史博物馆时任馆长俞伟超看了龙湾章华台遗址后写道：“潜江文物精粹”。

2000年章华台遗址被定为“全国十大考古新发现”之一。2001年“龙湾遗址”（章华台）被列入国务院“第五批全国重点文物保护单位”。

经过十多年的保护性开发，如今，章华台古遗址已在混凝土外墙和玻璃屋的保护之中对游人开放了。与章华台相呼应并建成的章华台遗址博物馆、放鹰台、打鼓台等景点，已成为游客访古探幽、放飞思绪的绝佳之处。

近来，湖北省文物考古部门又在对章华台遗址周边进行考古挖掘，2500多年前楚国之异彩又将重新绽放。

龡潭城及棠林冈

潜江龡潭城及棠林冈作为潜江的古迹名胜，既有史志记载，亦有悲情传说。

（一）

清康熙三十三年（1694）《潜江县志》卷8（风土志)中记载：“龡潭城，在县西南八十里棠林冈龡潭铺。汉关帝屯兵处。今遗址尚存”。光绪《江陵县志》也有类似记载。清末潜江的最后一名进士甘鹏云先生在他所著的《潜江旧闻录》卷8中写道：“潜江有汉寿亭屯兵故迹二处，一曰龡潭城，在县西南七十五里棠林冈、龡潭铺。一曰四营台，在县西南三十里，至今遗址犹在”。

龡潭城、棠林冈，确切地说是一个地方。2013年9月17日，笔者踏访了这个古老而又神秘的地方，即现在的浩口镇田湖村二组一片水稻田的高坡处。据当地老人介绍：在20世纪70年代“农业学大寨”大搞土地平整前，这里是100多亩地的高台。听祖辈人说，这个地方叫棠林铺，是关羽在这里屯兵筑城练兵的地方，大家都习惯称之为“将军台”。

笔者仔仔细细观察其地理位置，它的西面约3公里是今荆州丫角及总干渠，西北面4公里是长湖，北面3公里是田关河，东南面2公里是318

国道。而现在的总干渠、长湖、田关河，古时是汉水通往古荆州，流经畲潭城（现田湖二组）的古河道。同时，笔者还认真看了一下这个高台土壤的横截面，并用瓦砾刨了一些遗址土层，发现四周的农田都是湖积而成的黑土，唯独台基看上去掺杂着很多黄土，也就是说这里是客运土筑成的。另外，在田湖六组笔者还看到了 20 世纪 80 年代当地清挖河渠时挖出很多的古石板、石柱、拴马桩，散放在河渠旁边和路边，其中有一块石板上还清晰留着篆体“长发刭”三个大字。当地人都知道这里曾是关羽进驻畲潭城的官道，也是他练兵、放马的地方，这些石器应该是当年遗留之物。

当问及畲潭城、棠林冈地名的来历，陪同笔者踏访的浩口镇领导及当地村民均说不太明白。“畲”字，查遍了《现代汉语词典》及《辞海》《辞源》等工具书，即一个姓，除此再无他意。这是一个很少见到的姓氏。目前潜江已无此姓后裔，不知潜江的褚姓是否从其演变而来。就“潭城”而言，依字面意思，即水围着的城郭。

三国初期，潜江还没有设县，属荆州。那时的荆州所辖地域十分广阔，包括长沙、零陵、武陵、桂阳等四郡都在其管辖范围。现在的潜江相当于古荆州的郊区，是古荆州的核心地带。这里是关羽驻守荆州时领兵护卫荆州城的一个四周环水的卫星城郭。

棠林冈，人们还说得清楚。据说，棠林冈最初的名字叫“棠棣冈”。东汉末年，这里是一片高坡地，长满了棠棣树。从现在荆门的沙洋、潜江的积玉口、王场有连接汉江的两条古河道流经此处，也是荆州连通今武汉、襄阳、潜江、天门、京山、钟祥、沙洋等地的必经水路，棠棣冈是当年舟楫往来的一泊船埠头。慢慢商贾云集，市场繁荣，成为一座繁华的集镇，并以棠棣树命名棠棣冈。这个地名三反四复，且叫起来也不顺口，追根溯源还是关羽造成的。

（二）

建安十三年（208），曹操趁刘备投靠荆州牧刘表门下屯兵新野时，带兵南下先夺新野，再欲夺荆州。刘备从新野一路南逃，幸亏关羽率一路水军由汉（江）水驶入江津，救起了刘备。刘备即求助于吴国的孙权，并联合孙权在湖北赤壁击败了曹操，夺取了荆州。孙权、刘备联合取得荆州后，刘备即找孙权商量说：吾起兵不久，暂无根据地，待吾取得了益州（四川等地）后，便将荆州归还于你。孙权同意了。于是刘备带着军师诸葛亮及虎将张飞等向西南川渝进发。

刘备在率军向益州征发前，将镇守荆州之事交给关羽。军师诸葛亮对此颇有些不放心，于是，诸葛亮反复告诫关羽：云长，你要守住荆州，务必在荆州城七十里以东的水陆要道处筑城屯兵，形成拱卫荆州城的屏障。并明确交代关羽，要他在“棠棣冈”这个地方建一座能攻能守城池。

刘备、诸葛亮走后，关羽心想，我有青龙偃月刀，曾擒于禁、斩庞德，过五关斩六将威震华夏，谁敢来冒犯我那是找死。于是，他把军师临行前交代的布阵筑城防守之事没当回事。

关羽好大喜功，他一心想的是北渡汉江，早日击退江北的曹军，攻占襄阳，扩大地盘，给大哥刘备一个惊喜。于是他将主要精力放在了带领将士到四营台（今潜江后湖关帝庙一带，即县志上所说的“县西南三十里”）点将练兵，训练水军。他想练好兵士后，从今潜江王场一带逆流而上北征曹操。

关羽专注练兵北征时，将诸葛亮要他在棠棣冈筑城设防之事交给一个办事十分马虎的属下麋芳（刘备的小舅子）办理。军事防守之城，应该是用砖头或夯土垒成的。麋芳却安排士卒和民夫大量砍伐当地的棠棣树，筑了一座像拦阻猪狗鸡鸭的篱笆城。后来诸葛亮知道了此事，十分恼火，并派人火烧了这座“豆腐渣”城，交由关羽重修了一座土城。

新城修好后，关羽要随从拿来文房四宝，恭恭敬敬请诸葛亮为这座新城题名。诸葛亮看了城池周围河水环绕，东边还有一大潭，问了当地风土人情，得知修筑此城一龠姓大户人家出资最多，加之这里又是古楚国的拱卫之地，龠与楚又谐音，于是他大笔一挥，就写下了“龠潭城”三个刚劲有力的大字。

（三）

对于大量砍伐的棠棣树，诸葛亮安排属下采取培土、抹泥等补救措施让其再生。新芽虽然长出来了，但名贵的棠棣树却变成了结小圆果的普通棠梨了。由此“棠棣冈”也就变成了“棠梨冈”，后棠梨成林又成了“棠林冈”。又因诸葛亮题了城名，此处亦称“龠潭城”。

关羽据守荆州，有了龠潭城这些护卫屏障，曹操的军队丝毫不敢进犯。

在建安二十四年（219），曹操认为许昌离关羽太近，曾建议汉献帝从许昌迁都，以避关羽之锋芒，因司马懿反对才作罢。

早期建城只是为了防范曹魏军队进攻荆州，但到了建安二十年（215年），孙权得知刘备已夺得了益州，要求取回荆州，但以刘备为首的蜀汉集团却失信占着不还了。孙权遂向刘备宣战，想以武力夺回荆州。这时关羽在荆州已是腹背受敌，但他仍很大意，对孙权派来夺回荆州的一名无名部将吕蒙根本不放在眼里。

建安二十五年初（220），关羽对吴军想从江南面的公安等地进攻荆州毫不在意，却率兵去围攻曹军所坚守的襄阳城。守襄阳城的主帅徐晃待曹操的援军一到，即出城应战，关羽不得不败下阵来。这时，吴将吕蒙派兵乘机偷袭荆州城，守城的糜芳不战而降。关羽率兵退至麦城（楚昭王所建，在今当阳东南），在临沮（今湖北襄阳南漳县一带）遭伏击，他和长子关平一同被吕蒙及马忠当场杀害，且身首两处。

龡潭城及棠林冈，没有因关羽大意殁命丢失荆州而消失。关羽忠义武勇，仁爱诚信，护国卫民之精神被后世帝王将相所推崇，也被民众所敬仰。尤其是潜江百姓对关羽屯守龡潭城及棠林冈的故事口口相传，念念不忘。明清时期，此处一度成为潜江之名胜古迹并被载入了史册。

四营台及关帝庙

古时，潜江既是拱卫荆州的重要战略要地，也因土地肥沃、粮丰草茂，是秣马厉兵的绝佳之地。据光绪《荆州府志》记载，今潜江熊口与后湖交界的马场村一带，明清时期都是朝廷屯兵养马之地，故称马场。有文字记载最早在潜江安营扎寨养马练兵的是关羽，且有两处之多。

一处是前述的今浩口镇田湖村一带的龡潭城及棠林冈。此处，主要是训练陆战之师，并拱卫荆州城；另一处就是“四营台”，即今后湖关庙分场（亦称办事处）一带，主要是训练水师，做东征北伐曹魏准备。

今后湖的返湾湖是八百里洞庭湖之滨，西南由古沱江与长江连通，西北由今西荆河与汉江相连，湖面宽阔，水陆交通便利，操练出的水师入汉江逆流而上北伐曹操的重城襄阳十分顺畅，或入长江顺流而下策应或攻打东吴都十分便利。

清康熙三十三年（1694）《潜江县志》卷8（风土志）中记载：“四营台，在县西南三十里，关帝屯兵处。”甘鹏云先生所著《潜江旧闻录》卷8《汉寿亭侯屯兵故迹》一文记载：“潜江有汉寿亭屯兵故迹二处，一曰龠潭城，在县西南七十五里棠林冈、龠潭铺。一曰四营台，在县西南三十里，至今遗址犹在。”

甘鹏云（1862－1940）先生是潜江城关人，所言“至今遗址犹在”是在1932年。也就是说历经1700多年的四营台，80多年前其遗址尚在。

为寻找四营台遗址，近几年，笔者曾多次找后湖农场领导和当地群众进行实地踏访寻觅。综合有关史料从当地居民得知，四营台是关羽训练水师的营地，由四个水路相连的高台营地组成，中心在今关庙寺一带。2019年9月18日，笔者在后湖党政办主任刘海新陪同下第四次进行实地踏访，年约50岁的关庙办事处副主任黄刚强告诉我们，四营台遗址就在关庙四队刘端午家后面，他小时候曾在此台玩过。我们找到刘端午，刘端午说他搬到此处建房只有十多年，对以前的历史他不清楚。

刘端午的不清楚完全在情理之中。时光飞逝1800多年，朝代更替，沧海桑田，人非物亦非。尤其是新中国成立后，农田水利建设项目铺天盖地，山河移貌往往在弹指一挥间，加之“破旧立新”“敢教日月换新天”等政治宣传，人们又少有文物保护意识，千年古迹四营台不知不觉就消失在“农业学大寨”“改天换地”的土地平整及人们的记忆之中了。

好在潜江人对关羽尤其景仰。关羽虽然大意丢失了荆州，丢失了父子性命，但关羽忠义诚信、神武仁勇、护国保民的精神感动了当地民众。关羽死后不久，人们就在关羽厉兵的四营台处为其建了一座关帝庙。

关羽被历代帝王将相所推崇和广大民众所传诵，他的宿敌曹操也曾上表汉献帝封关羽为“汉寿亭侯”；刘备汉中称帝后，拜关羽为“前将军”，后主刘禅追谥为“壮缪侯”。后来不少帝王褒封关羽为“关圣大帝”“协天大帝”“武圣”等。民众称之为“关公”“关老爷”“关财神”。全国各地到处都建有供奉关羽的庙堂。

潜江四营台处的关帝庙经历过建了损毁、损毁了再建的循环往复，现在其千年古庙的地面建筑早已荡然无存，但其遗址所在地基本没变。2017年9月19日和2019年8月30日、9月18日，笔者先后三次专程拜谒四营台处的关帝庙。关庙分场的有关领导及周边群众，有的确认四营台就在今关庙寺旁，有的说不清楚。现在关帝庙已改为关庙寺，寺内修行的早已不是和尚，全部是出家的尼姑。在访问关庙四队76岁的原党支部书记武业成老人及寺院住持惟明法师后，才进一步弄清了寺庙变迁的有关情况。

武业成告诉我们，1957年旧关庙还完好地存在，当时院落有三重殿堂，两道天井，是方圆几十里最高大的建筑群。大雄宝殿即主殿供奉的是关帝；二殿供奉的是达摩祖师；第三殿供奉的是佛祖释迦牟尼。当年，修建高场小学和浩口粮管所缺少建筑材料，就地取材拆除了关帝庙。

惟明法师（松滋人）告诉笔者，20多年前出家剃发受戒，她来关庙寺当住持已有12年了。知道此庙是为纪念关羽在这里屯田练兵而建，创建于何年她不清楚，但寺内后院有一块同治四年（1865）重建时的功德碑，说明这里就是关庙旧址。关帝庙更名为关庙寺在2007年。因为关帝是神，供神的称庙。现在当地信众更多信奉菩萨，而供奉菩萨称之为寺，所以改庙为寺。她还告诉笔者，全国政协原主席李先念在20世纪40年代初任新四军五师师长率部在荆沙、潜江一带与日军作战时，曾驻扎过关帝庙，并依此曾将关庙改名为红观寺。

笔者曾仔细端详过其寺院及所供奉的神灵；寺院占地约10亩，庙堂亦不高大，钢筋混凝土仿木结构，赤紫墙院、绿色琉璃瓦，山门、大雄宝殿、佛塔、斋房、方丈室及僧侣居室较为齐全。临后返线公路的大殿供奉的是弥勒佛；寺院中间的大雄宝殿，即主殿供奉的是佛祖释迦牟尼。当问及关庙怎么不见关帝塑像及供殿，她说，关庙改为关庙寺后，依佛教礼制正殿只能供奉佛祖了。近几年她们也想打造一尊关帝石雕像，放在两殿中间广场上供信众参拜，但还有很多程序没有走完。后来，她带笔者参观了寺庙山门南边的财神殿，说关帝供奉在财神殿里。

财神殿不大，里面塑有五尊彩色财神像。笔者知道地域不同，中国各地供奉的财神不一致，中路是王亥、东路是比干、南路是范蠡、西路是关公、北路是赵公明，但一眼看上去，认不出哪尊是关公。惟明指引说左手边的是关帝。笔者仔细端详，关帝手持青龙偃月刀、面若重枣、唇若涂脂、丹凤眼、卧蚕眉、相貌堂堂、威风凛凛的形象一点也看不到，一般庙里护卫关帝的两尊怒目相向的金刚力士更不在其中。倒是五尊财神塑像正中有一香案柜，柜子上有一尊绛红色的约40厘米高的关羽木塑像还有几份神态。庙堂又怎么变成了尼姑庵的，其中缘由及细节笔者没探究。

据康熙《潜江县志》卷6（庙祀）记载，潜江除四营台早年建有关帝庙外，“邑境内立庙祀（关）帝者凡数十处”。另据旧志载，仅县城就有两处，一处在“县治十字街东”（今园林城区关厢门一带）；一处在“县西北忠义铺”（泽口信心村一带）。据潜江关氏族谱记载，潜江关姓大都是关羽的后代。

关帝庙文化是中华传统文化的重要组成部分。一座关帝庙，是一方水土的民俗民风展示；一尊关帝像，是千万民众的道德楷模和精神寄托。

登庙怀古，拜佛伤怀。关庙寺主殿不见关羽，笔者但愿四营台及关帝庙文化在千年古县的潜江万世流传。

古县城及城隍庙遗址

据清康熙三十三年（1694）《潜江县志》等文献记载，今潜江市政府所在地园林办事处并非是北宋乾德三年（965）潜江古县城的所在地。古县城详细地址今在何处，古今虽然有诸多不同意见，但大多明确说到“下蚌湖”“白洑”“安远镇”等。

先简要说说“白洑（垸、巡院、镇）”“安远（镇）”。《太平寰宇记》卷146对潜江如此记载：“唐大中十一年（857）以人户输纳不便，置征科巡院于白洑。北宋乾德三年（965）置潜江县于此。”《读史方舆纪要》卷77记载：潜江的白洑（镇、驿）“在县西北四十里下蚌湖附近，明初置于此，万历九年革”。据史志记载，先有今高石碑镇蚌湖村一带的古地名“白洑垸”，唐朝末期朝廷批准江陵县在此设了一个征税的机构，名曰“白洑巡院（镇）”。五代荆南节度使高季昌率民众沿汉水南边从荆门绿麻山开始，绕今潜江汉江右岸直至今仙桃，修筑了一条200多里的长堤以防汉江水患（名曰“高氏堤”），保障了江陵县及白洑巡院的安全，使过去常遭水患之祸的白洑镇、白洑巡院也得到了暂时安稳，于是官府将白洑（镇）更名为“安远（镇）”。

北宋年初潜江建县后，县署设在了原白洑巡院所在地的安远（镇）。

元至元二十七年（1290）古县城安远镇被洪水冲毁，至元三十年（1293）县城从下蚌湖的安远镇（白洑）迁至今市政府所在地园林办事处，古地名叫斗堤。依史志所载古县城在今高石碑镇蚌湖村二组一带，其理由有四：一是国家级权威史志《太平寰宇记》是宋太宗赵炅时期的地理总志，离潜江建县只有20多年，表述应该是准确的。《读史方舆纪要》是清顺治年间的地理方志大全，此类记载科学严谨可信。二是此遗址在今汉江堤外，紧靠汉江古河道，通长江达内河，虽代远年湮，但现仍看得出古时商埠重镇的遗迹。三是现存的“城隍庙”“秋月井”等遗址仍在，湖广一带古时只有县城所在地才建城隍庙。四是现存的残砖断瓦及许多古石基、石凳等保留着古县城的痕迹。

今蚌湖村二组东北面有一座当地民众依古迹重建的城隍庙。据清康熙三十三年（1694）《潜江县志》卷6记载：“邑治蚌湖，去县西六十里有城隍庙，不知创自何年。”也就是说衙署所在地才有城隍庙。

笔者实地踏访时据当地村民讲：古城隍庙基高出现在庙基5米多，20世纪“农业学大寨”平整土地时推成现状。这座庙是近些年当地老百姓自筹资金复建的。笔者后来又多次实地踏访，看到庙前散放着几尊直径近1米的古庙石柱凳和庙堂前摆放的两尊雕刻十分精美的石鼓（亦是坐凳），仍然透露出千年古庙的痕迹和当年城隍庙的巍峨宏伟。县城迁今园林办事处后，在县衙西北角（今农业局办公楼一带）又建了一座城隍庙。

只可惜时过境迁，人非物亦非，古县城及蚌湖、农业局院内的城隍庙遗址，都只是在文史爱好者的记忆之中时常泛起，在浩如烟海的史志之中昏昏沉睡。愿有识之士现在能立碑、撰文传承于后世。

“旧八景”及其他

清康熙三十三年（1694）《潜江县志》卷8等文献记载，旧时（应该是明朝弘治年间的《潜江县志》）潜江就有“八大胜景”，即“东城烟柳（树）、南浦荷香、僧寺晓钟、蚌湖秋月、浩（蒿）口仙桥、芦洑宝（佛）塔、清溪山色、白洑波光”。史称“旧八景”。

潜江旧八景成名于何年虽难以考证，但从万历三十年（1602）《承天府志》卷16收录诗人曾恺的一篇《八景总题》中，推断出应该成名在明朝年初。曾恺是今江西泰和县人，他在明正统年初（1436年，此时明朝立国才50多年）任潜江教谕，他对这旧八景是这样题咏的：“东城烟树蔼微茫，南浦荷花雨后香。僧寺晓钟天欲曙，蚌湖秋月初夜长。清溪山色饶春色，白洑波光漾日光。蒿口仙桥横玉带，芦洑佛塔老风霜。”

对上述八景历史上有不同观点。清末民初我国著名的方志学家甘鹏云先生曾有一篇《潜江八景驳义》（《潜江旧闻录》卷8），他不认同这八景的存在，文中写道“点缀风景，最为方志陋习”，有的地方“本无风景可言，而雕绘山川，强标胜迹，匪特令有识者齿冷”。已故毛道海先生在其《潜江风情录》中有比较详尽记述旧八景的来龙去脉。笔者研究旧志等文献后，认同八景存在的同时，现对旧八景的位置及题咏等简要介绍如下：

（一）东城烟柳

此景在城东朝宗门外的县河对岸，即今文昌中学一带。它之所以居八景之冠，这要得益于前述五代的荆南王高季昌。高季昌修筑了“高氏堤”后，使县河堤岸遍植垂柳，建造亭榭，架桥泊舟。无论晴雨，沿堤总是垂柳飘舞，烟雾迷蒙，成为当时潜江的最佳景色。

清末恩施人樊增祥（曾任潜江传经书院院长）题诗曰：“落拓青衫曼倩饥，鄂中烟树久相思……旅人心事如秋柳，一味天涯怆别离。”

清朝晚期邑人朱继智住城东桥头三年有余，曾题诗曰：“三年移居此桥头，浅水芦边且系舟。霞有竹栖烟有柳，云深添个酒家楼。”

（二）南浦荷香

此景在今章华大道与潜阳路交会的荷花仙女雕塑处，古人对此题咏较多。

曾恺题《南浦荷香》诗：“太华移来玉井莲，花开南浦绿荷鲜。风生四岸清香远，日上千枝翠盖圆。绝胜芝兰沾化雨，不同桃李斗春妍。令人几度来游处，惹得余芳满袖边。”

康熙年初在潜任教谕的黄冈举人冯云傅题《南浦观莲》诗曰:“暗香不渡野云奢,一月风清柳半斜。未许尘心观色界,西池自在白莲花。”

(三)僧寺晓钟

此景在今钻石国际酒店西边的医药公司一带。这里的“僧寺”是指旧时的大佛寺。康熙《潜江县志》等文献载,大佛寺建在城西的寿灵山上。潜江本无山,这寿灵山只不过是一方高高隆起之地。

清末潜江诗人黄玉辉的《马昌湖打鱼歌》中写道:“多少老渔父,小渔舟往来大佛寺前。三板桥头拍手呼,卖鱼得钱美酒沽。”古三板桥即在今中百仓储一带,灵寿山与大佛寺即亦在这一带。

曾恺曾题《僧寺晓钟》诗曰:“上方月晓度疏钟,声彻闾阎处处同。鸦噪松林频出定,香焚石鼎漫谈空。响回银汉星初落,催起扶桑日渐红。欹枕教人清省听,此身浑在梵王宫。”

(四)蚌湖秋月

此景在高石碑镇蚌湖村二组(亦称下蚌湖)东北边古蚌湖河畔。据1982年出版的《潜江地名志》记载,古时,今蚌湖村东北面的江滩上有一个很大的湖与汉江连通,上达襄阳,下通汉口,西到沙市,市井十分繁荣。此后,因湖里盛产河蚌改名为蚌湖河,简称蚌湖。

古蚌湖的繁荣是可想而知的,不然,唐朝不会在这里设征税的白洑巡院,宋初潜江的县署亦不会设在此处,明清时期蚌湖已有七里长街,成为潜江的十大集镇之一。

蚌湖秋月说的是今蚌湖二组东北面有口建县初留下来的深古井,每到秋季的三个月,只要是有月亮的晚上,都能见到井中有一轮明月。每当夜深人静时,还有笙歌舞乐从井中传出。

(五)浩(蒿)口仙桥

此景新址在今浩口镇政府大门左侧,初始桥址难考证。浩口旧时是一片湖区,遍地生长蒿草,故古地名蒿口。

今浩口仙桥桥头所刻碑文曰:“镇八仙桥系潜江八景名胜古迹之一,始建于元代。明弘治十一年（1498）迁建于白湖，相传吕岩（即吕洞宾）曾经过此桥，故名八仙桥。嘉靖二十七年（1548）重建。清乾隆十八年（1753）改建，石刻八仙，栩栩如生，故名八仙桥。”

吕岩，他是唐初道教仙人，是道教全真派祖师，与铁拐李、汉钟离、蓝采和等著名的道教人称为“八仙”。吕岩最大的特点是仙踪不定，擅长丹药济人。相传，旧时蒿口这一带民众患重度皮肤病，不少人被折磨致死，无药可治。某日，吕岩仙游到此，给了几粒仙丹治好了所有人，民众为了感恩吕岩，为其建了祖师殿，并将其走过的桥称为“仙桥”。

（六）芦洑宝（佛）塔

此景旧址在竹根滩镇沙街对岸的今天门张港镇（1955 年 7 月前张港镇与多宝镇一并归潜江所辖）河滩上，新建的芦洑宝塔在梅苑景区内，塔高 56 米（与 56 个民族同数），塔身 9 层，取“九五之尊”之意。

芦洑宝塔是现代人的叫法，古名叫芦洑佛塔。建塔的目的是为了祈福消灾，抵御水患，降伏“河妖”。塔址选在汉水、古泗港河（今汉江北岸天门发源分流汉江的泗河）、古芦洑河（今汉江南岸竹根滩发源分流汉江的通顺河）三水分汉的河岸上，起到“镇锁三澨”之作用。

此塔早期是实心砖塔，共七层，即取“七级浮屠”之意，塔高约 21 米。长期水啮河岸，明万历年间佛塔倒塌。清康熙九年（1670）僧人雄峰又募资在佛塔原址修建寺庙，并取了新的寺名，名叫景峰庵。

明嘉靖年间，潜江教谕王祯留有一首《芦洑佛塔》诗，其中写道：“塔建芦溪自古今，冰虬长浸碧波心。画檐金铎风霜古，石窦丹梯岁月深。清夜佛灯明耿耿，半空星象灿森森。登临回顾乾坤广，不许尘埃半点侵。”

（七）清溪山色

此景在今红军路的关厢门小区一带。

潜江本没山，人们又何称其有山，并还说清溪环绕呢？研究潜江文史的已故前辈毛道海先生考证当时的地理环境后，得出的结论是此处有一名曰“妙庭观”的道观，佛道二教都与山有缘，如寺院的住持称“山主”，寺院的大门称“山门”，潜江一带的道教属“山南派”。明朝为妙庭观重建写记的工部侍郎李浩和赋诗的汉川人王谏都直接将"妙庭观"称为"妙庭山"。

妙庭观前有一汇水桥，桥下清溪流淌，景象甚是美妙，于是人们将观前的清溪与妙庭山融为一体后取名清溪山，后来又将美妙景色揉入其中，取了个极雅的名字"清溪山色"。

光绪《潜江县志》收录李浩的《妙庭观记》，其中写道："度地之形势，山环水绕，不啻蓬莱仙境之若也。"观内"卉木葱青，烟雾缥缈，仙流道羽，清修其间"。

王谏（明朝）的《清溪山色》一诗中写道："三花树底清风转，五粒松间白日闲。欲访真仙拂尘土，茅山东望妙庭山。"

（八）白洑波光

此景在今高石碑镇汉江大堤边的蚌湖村一带。

对白洑古地址至今仍有争议，笔者之见解如下：《中国历史地名大辞典》（中国社会科学出版社，795 页）载："白洑镇，亦作白洑巡。在今湖北潜江西北。""白洑巡院在今湖北潜江县西北四十里下蚌湖附近。"《太平寰宇记》卷 146 对"潜江县"表述道："唐大中十一年（857）以人户输纳不便，置征科巡院于白洑。"《方舆纪要》卷 77 载：白洑驿"在县北，明初置驿于此。万历九年革"。白洑之古地名在民国末年慢慢退出了案牍，也退出了人们的记忆之中。

"洑"即水流回转的样子或者说是漩涡。这一带是汉水的一个大回流湾，每当日出日落时，渔帆点点，波光粼粼，闪烁漂移，耀眼夺目，景色醉人。

明朝诗人杨琚（布政司参政）曾题《舟过潜江白洑驿》一诗，其中写道："日斜月已生，一片波光白。风气入夕阳，洑流响澌涛。卸帆买鱼船，投港远归客。隔水闻渔歌，数声天地窄。"

话说四十八牌坊

牌坊是标榜功德或纪念性、标志性的门洞式建筑物。潜江自宋乾德三年（965）建县至今已有 1054 年历史，古县城蕴藏着丰富的牌坊文化。

笔者2012年走访年过80岁以上的老人龚开云(辉煌居委会老居民)、陈家志（市饮食公司原书记）、蒋世林（市人大退休老干部）等，他们都清楚记得今建设街老邮政局这一带，新中国成立初都还耸立着四座牌坊。进一步考证康熙三十三年（1694）《潜江县志》等史料，真切感受到古县城衙署前、街道上那真是牌坊林立，不到三平方公里的县城内就有“四十八牌坊”之说。事实上旧志记载的牌坊旧址名称并不翔实，实际远远不止48座。

按察分司前立有：激扬坊、贞肃坊。

县衙院内及前（包括左右）立有：三省坊、督抚三关坊、爱民坊、宣化坊、和义坊、厚生坊、科甲题名坊、褒封三代坊、大中丞坊。

儒学前（包括左右）立有：状元坊、儒林坊、文昌坊。

西街(今建设街）立有：名登天府坊、孝义坊、大谏议坊、沧海腾蛟坊、世承天宠坊、世署清华坊、累世赐命坊、发祥坊、经元坊。

东河街（今红军路）立有：仁慈坊、福庆坊、孝义坊。

西河街（今章华中路）立有：通津坊、敬贤坊、东安坊。

大关庙街立有：天台司宪坊、青琐近臣坊。

东城外河街立有：世受国恩坊。

十字街（今堤街与建设街相交处）立有：崇宁坊。

以上32座牌坊是有确切旧址名称的,下面这些牌坊有的只告知为谁人而立；有的告知为何事而立，其所在位置已找不到相关记载了。

为进士章瑛、严宾立有“进士坊”;

为初杲、张本济立有“恩荣坊”;

为陈庸、周盛、昌安立有“登云坊”;

为监察御史胡钥、刘寅立有“监察御史坊”;

为袁允行立有“丹桂坊”;

为周以清立有“青云坊”;

为章瑛、王铭、初珍立有“攀桂坊”;

为周瑜立“步云坊”;

为余敬立“飞黄坊”;

为张海立“擢秀坊”;

为冯溥立“腾霄坊”；

为严宾立“焕文坊”；

为李鉴立“折桂坊”；

为曾贯立“乘鳌坊”；

为朱志和立“雄飞坊”；

为刘正立“敓锦坊”；

为彭伦立“夺魁坊”；

为范瑛立“冲霄坊”；

为王禧立“鹗荐坊”；

为初珍立“敕赠坊”；

为曾旭立“步开坊”；

为郑俊立“致政坊”。

还有在县衙正南街为郭世朝、郭岱、郭嵩及隗滋、隗邦衡所立不知名的两牌坊；另有为胡氏、蒋氏、李氏、张氏等四座贞节牌坊。

据不完全统计，旧时潜江县城内先后建有59座牌坊。在封建社会牌坊是崇高荣誉的一种象征，是彰德行、沐皇恩、流芳百世之举。

如果按牌坊名称分有功德牌坊、忠正牌坊、功名牌坊、孝子牌坊、贞节牌坊、仁义牌坊、慈善牌坊、寿庆牌坊、学宫牌坊、官宦牌坊、名门牌坊、寺庙牌坊、衙署牌坊、地名牌坊、纪念牌坊、会馆商肆牌坊、陵墓牌坊、名胜古迹牌坊等，潜江这59座牌坊都在上述范畴之内。这些牌坊有朝廷旌表赠封所建，也有闾里激劝后生所立，亦有世族彰显门第而建。它主要起着褒奖教育、纪念追思、炫耀标榜、风俗展示、见贤思齐等作用。

潜江古县城牌坊虽多，但比起安徽歙县牌坊还是少得多。据悉，自唐宋以来，歙县牌坊达400多座，至今仍保存104座，其中仅郑村镇棠樾村就保存有7座贞节牌坊。民国末年潜江县城建设街还有四座牌坊，可惜在1951年兴建县政府时被拆除，为政府工程“添砖加瓦”去了。

2010年，笔者在牵头指挥建设梅苑（公园）、曹禺大剧院时，考虑对潜江牌坊文化的传承，特意在曹禺故居广场前和梅苑古街间建了五座牌坊，其中有三座牌坊分别题名“梅苑”“梅苑古街”“菊部巷”。

梅苑牌坊源于曹禺倡导的中国戏剧表演艺术的最高奖——梅花奖。“梅苑”牌坊，意指这里是中国戏剧梅花奖得主云集之苑；“梅苑古街”牌坊，原拟将这条仿古街道打造成集中国戏剧创作、服装、道具、乐器等展演于一体的街道；“菊部”牌坊，源自宋代对宫廷戏班称之“菊部头”，后以“菊部”为戏班或戏剧界的泛称，亦有打造中国戏剧之都的意识。

另外两座牌坊笔者拟题名“状元坊”“敬贤坊”，但终因意见不统一，留白至今。笔者认为后来者一定会填补空白，并将潜江牌坊文化发扬光大。

潜江旧城之古桥

潜江是古云梦泽一隅，河渠众多，水网交错，古时，人们出行舟楫是不可少的，但主要还是陆路。为了将陆路连通，先民不得不建众多桥梁，当然，有些大的江河阻隔交通，也还得仰仗于津渡。因而，旧志对潜江城的古桥记载较多，并泛出溪桥柳如烟、残花落随风之意境。

康熙《潜江县志》卷 4 记载，潜江知名的桥有 15 座：杨胥桥（县西 60 里）、通仙桥（县西 80 里蒿口）、永兴桥（县治东 15 里）、利涉桥（县西郊）、广济桥（县西五里）、普济桥（元妙观左）、王家桥（双家垸）、南桥（南门外，通荆州）、西桥（西门外，通荆门）、袁家桥、廖家桥（俱在南沱埠垸）、永涉桥（县西黄獐垸，通安陆府）、陶村桥（县西南）、张荣桥（县西栗林院）、胡家桥（县西白洑院）。

光绪《潜江县志》卷 4 记载，潜江知名的桥有 16 座：汇水桥（城中城隍庙街口）、大通桥（城隍庙前）、龙凤桥（同仁书院后）、登云口桥（南门外）、文明桥（跨东堤）、北门口桥（北门外）、东津桥（东门外）、莫老潭桥（通武汉、荆州）、沙桥（永宁垸）、杨家桥（长湖垸）、砖桥（砖桥垸）、左家桥（仁和垸）、禅堂河口桥、彭仙口桥、刁家庙桥、刘家场桥。

光绪《潜江县志稿》记载，潜江知名的桥有 9 座，分别是杨胥桥（县西 60 里）、通仙桥（县西 80 里蒿口）、永兴桥（县东 15 里）、广济桥（县西 5 里）、登云口桥（南堤外）、东津桥（东门外）、砖石桥（砖桥院）、左家桥（仁和垸、永宁垸交界处）、文明桥（跨东堤，在马昌垸）。

以上三部县志，跨越时空近 200 年，记载的只是交通要道知名度比较高的桥梁，且重复交叉，又无入史册的统一标准。事实上古时潜江的桥梁远远不止这些。如今渔洋镇荆安桥村，明朝嘉靖年间，以古县河（后称运粮河）为界，河北属潜江，河南属荆州（监利），河上建一座连通荆州府与安陆府（潜江当时属安陆府）的桥，取名荆安桥。又如，今总口南东泓分场古县河（今城南河）上，清朝早期有一座连通潜江与沔阳的桥，古时叫瓦庙桥，亦叫黑桥，20 世纪 70 年代都还存在；又如，笔者生长在潜江与沔阳交界的刘桥村六组，先辈们就讲过清朝年间刘员外捐资建桥的故事。由此可知，潜江境内还有诸多桥梁，三部县志均无记载。这里只介绍清朝晚期潜江著名诗人朱继智题咏过的潜江古县城内几座小有名气的古桥。诗文收录在《潜江明清诗选》（湖北人民出版社 1999 年版）之中

一、大通桥

光绪《潜江县志》卷 4 载："大通桥在城隍庙前荷花池，通西北往来之道。架桥其上，有石栏，今圮于水。"综合清朝时期潜江的三部县志，一是说明此桥建于康熙三十三年（1694）之后，因当年的康熙《潜江县志》没有此桥记载 ；二是从"有石栏"，说明此桥是一座砖石结构之桥，这也是有文字记载的潜江唯一的砖石结构桥梁。

"大通"之名出自《庄子・大宗师》："离形去知，同于大通，此谓坐忘。""大通，犹大道也。"此桥旧址在今物探公司东院临江汉路的篮球场一带。当年的城隍庙就在此处，这里也是进出潜江城西北门的一条大道。

朱继智有一首题《大通桥》诗："荷蒲连城曲曲通，鹤台亭影画图中。四时无限花经眼，不是吹来一样风。"

二、汇水桥

光绪《潜江县志》卷 4 载："汇水桥在城中正街城隍庙街口城东北隅，水汇此出城隍庙石刭，故名。"汇水即河水汇集此处。

当年，潜江城东、西、北三面临水，有两条河流贯穿城池，一条是今儒学路南边东西走向，现已覆盖穿越章华北路的污水箱涵；另一条是南北走向，穿越物探公司东院、建设街市委原大院，经劳动巷入南门河的这条小河。这两条河在今汽修厂住宅区一带汇集，古桥址就在这一带。

朱继智题《汇水桥》诗：“暗水浮桥下有声，环溪一会水分明。街衢四达分清道，金勒腾骧路荡平。”

三、月宫桥

综合三部古县志，得知月宫桥在县儒学大门前，即今北门粮管所一带。

“月宫”，传说上界为仙女嫦娥建的一座宫殿。出自《海内十洲记》“僧随师主履行，比至月宫之间”。当年县儒学在此，取名月宫桥的另一层意思，即当学子步入月宫桥，联想到科举考试中“蟾宫折桂”，即考取进士的时刻，必然潜心苦读，文思汹涌。

朱继智题《月宫桥》诗：“第一仙桥号月宫，文澜翻起化鱼龙。花间执斧攀丹桂，可许携樽仗短筇。”其中的“文澜翻起”“攀丹桂”将月宫桥的寓意表述得十分清楚。

四、南津桥

光绪《潜江县志》卷 4 载：“南津桥在南门外，通荆州，护城堤溃桥圮，光绪二年重修。”

这里的“津”即指渡口，或渡水的地方，如津渡。南津桥，即南门渡口处架的一座桥。此桥始建于何年，是谁创建，暂找不到文字史料。

古桥址在今中心医院大门南边的南门河游园穿章华南路箱涵一带。当年的“护城堤”即今横堤路。1876 年，护城堤溃口，南津桥也被冲毁，是年进行了重修。

朱继知题《南津桥》诗：“磵磜何年石渐坳，迎薰门外马萧萧。杨林筑远沙堤路，一架飞虹第五桥。”

五、龙凤桥

清朝时期的三部《潜江县志》都没找到龙凤桥的文字记载，但诗人朱继智却有一篇题《龙凤桥》的诗，被收录于《潜江明清诗选》之中。

诗文写道：“三年移居此桥头，浅水芦边且系舟。霞有竹栖烟有柳，云深添个酒家楼。”

朱继智祖居古县城，工诗，字画尤超特。一生淡泊自甘，亦没什么功名，晚年赤贫，在时甚至屋无炊烟，但仍萧然自得，捻髭高吟。他在诗中说到移居龙凤桥头已三年，其间对面还添了一个“酒家楼”。据此，有人说此桥在今东风路与县河街交汇处一带。

桥名源于南朝梁刘勰《文心雕龙·原道》：“龙凤以藻绘呈瑞，虎豹以炳蔚凝姿。”传说龙喜水，凤喜火，龙凤在一起会带来祥和，但现在很难说清古桥的具体旧址了。

六、通政桥

通政桥旧址在今江汉路中百仓储购物广场一带，此桥颇有历史渊源。

今杨市刘岭村，万历二十四年（1586）出了一名叫刘道隆的进士，他任过扬州江都知县，兵部给事，官至通政司右通政（相当于今国务院副秘书长）。刘道隆晚年辞官归里定居今马昌湖之滨后，捐资修学堂、建庙宇、架桥梁等，做了很多善事。家乡民众将他修建的这座桥，依其官名取名“通政桥”。后来，还以他的名字和官名，将今汉南片命名“道隆乡”，后改为“通政乡”。2003 年，在修建南门河游园广场时，园中建了一座石孔桥，与旧桥址相距不到百米，时任指挥长听从大家建议，即为纪念刘道隆，将此桥再取名“通政桥”得到了认可。

朱继智题《通政桥》诗：“西城桥石水依城，通政潜阳旧有名。罾罩各寻深浅处，素鸥惊起捕鱼声。”

以上简要介绍了潜江城朱继智题诗的六座古桥。笔者 2004 年初至 2011 年底在政府分管城建工作期间，曾有意识地拟复建部分古桥。期间仿古桥梁建了十多座，但是重用古桥名之动意没能得到市主要领导的认同。

如在百里长渠城区段景观改造中，笔者特意设计建造了两座仿古半月形虹桥。阳光水岸小区前的这座桥取名“百缘桥”；百里长渠与一支渠交汇的这座桥取名“月波桥”。这期间，笔者先后还指挥建成了今曹禺公园和梅苑，其中除 4 座现代造型桥梁外，仿古桥有 6 座，但都以曹禺先生的经典戏剧之名和剧中的主要人物名字对桥进行了命名。

曹禺公园和梅苑内桥梁如此命名完全可以理解，亦在情理之中，但让笔者不解并留下遗憾的是百里长渠及罗潭河上的四座仿古桥没让其恢复古桥名，这让笔者百年后九泉之下也难释怀。

卷九　别业名园

引　子

别业一般是指业主原有一处宅第，而另建一处供休养用的宅邸。古时亦称别墅，或指避世养身的院落。别业有时与庄园、别墅含义相同。无论是别业还是庄园、别墅，一般都包括有独立的住宅、独立的园林景观等，如苏州的拙政园、狮子林、沧浪亭。古时，能有别业者，大都是达官贵人、富商豪强，亦有名人雅士。

潜江旧时知名的别业甚多。据清康熙三十三年（1694）和光绪六年（1880）《潜江县志》所载，别业名园有三十多处。有文献记载潜江最早的别业是明代的“秀野园”。后来有了“一枝斋”“万元书屋”“读易山房”“松云阁”“蠡园”等等。

由于潜江地处江汉平原腹地，江河纵横，古时常遇水患，加之县城还多次遭遇火灾横扫和兵祸战乱，这些别业名园都没能逃脱水火劫难及海咸河淡、鳞潜羽翔之自然规律。到了清朝末年，潜江就没有一处别业名园屹立于世，其独具潜江特色的别业名园都只能停留在我们美好的记忆之中。

林竹掩映的秀野园

康熙《潜江县志》卷 8（以下简称县志）载：“秀野园邑通政司刘道隆

别业，在西郭外”，即今百里长渠城区段百缘桥一带。

刘道隆万历年末、天启年初官至通政使司右通政，这是他被谪官后隐退家乡年近七十而建的一处别墅。其园名有两出处：一是出自苏东坡《司马君独乐园》中的“青山在屋上，流水在屋下。中有五亩园，花竹秀而野”之句；二是出自宋张先《木兰花·乙卯吴兴寒食》词：“芳州拾翠暮忘归，秀野踏青来不定。”刘道隆本意是在秀美的原野建一座园宅。

刘道隆外甥张承宇，潜江园林办事处人，曾任户部司理，著有《墙东楼集》等，他在刘道隆去世数年后，客居秀野园时写了《秀野园记》一文（康熙《潜江县志》卷20有全文），其中写园貌：秀墅园“距西城数里，引水环屋，寻桥而渡，亭楼错峙，竹树荫森，尤广种桃，春深雨霁，照野蒸霞”；写园的方位：“城楼即在园之东北，坐此二亭间，垂柳摇风，陷隔楼台，宛宛如画矣。西北去半里许，即大佛寺，夜静钟鸣，真足令人发深省矣”；“西南甚空阔，大堤在望，疏柳映带，亦复不减山林。堤内有巨沼（即今深河潭）”；写园内景观：“垒石为山，杂植海棠、芍药及玉兰、松桂、枣杏之属”，园内有“枕流轩”“定舫亭”“蘘（丛生的草木）碧斋”等亭榭景观。

文中记载这里就是一处碧波环绕、林竹掩映、渔舟唱晚、牛背笛声、夜静钟鸣的世外桃源。刘道隆退居后虽然想隐居秀野过不闻时政的生活，但其盛名在外，他还是身不由己地参与了回馈家乡的一些重大事项。县志载：刘道隆“邑中兴除大政，不辞退，不避谤，如议浚河、筑堤事宜”都习惯请他出场。他直言上疏疏通泗港河，出资修建西城桥（即通政桥）、文昌祠、大乐庵等。

《潜江明清诗选》还收录了刘道隆过世三年后张承宇的一篇《过故舅氏刘公秀野园诗》（二首），其一：“依旧芳菲出院墙，无情落日照清觞。可怜池畔乌啼树，似向人前唱渭阳。”其二：“浅水欹桥过小舟，三年路欲断西州。当时手植青松树，枝扫高檐瓦坠楼。”

岁月实在太残酷无情，刘道隆先生驾鹤西去虽然只有近四百年历史，但其钟爱的秀野园在时光隧道之中已消失得毫无踪影，留下的只是笔者这类文史爱好者的美好记忆，但愿这些只言片语的文字能唤起永远的乡愁。

知足自乐的一枝斋

康熙《潜江县志》卷8载："一枝斋，邑太仆欧阳东凤别业，在县河东"，其主人是官至太仆寺少卿的欧阳东凤。旧志记载：一枝斋"亭榭参差，台沼逶迤，环古木千章。建三层阁以藏图史"。

欧阳东凤曾任江苏泰州兴化知县、刑部郎中、广西乐平知府、江苏常州知府、安徽颍州（今阜阳市）兵备副使，三年后因病辞官归里，后又被熹宗（朱由校）皇帝"起山西副使，擢南京太仆少卿"，被他三次称"病"上疏拒受。

欧阳东凤每到一任都政绩卓越。古代的《大明一统志》《广西通志》《江南通志》《湖广通志》《东林列传》及现代的《中国历史大辞典》《中国人名大辞典》、百度"百科人物"等史志及文献中都有其传记等，其中《东林列传》称其为"明三百年来循吏第一"。

一枝斋出自《庄子·逍遥》："鷦鷯巢于林，不过一枝；鼹鼠饮于河，不过满腹。"园主告诫自己和世人，天地再大，人（鸟）居之，所占不过一席或一枝，要懂得"知足"、懂得"满足"。一枝斋建有三层，一楼用于"聚群徒子弟之秀者课艺其中"，即欧阳东凤用于教书育人之场所；二楼是他和家人起居及他著述之地；三楼主要用于藏书。

据《湖北文徵》《潜江旧闻录》等史志记载，欧阳东凤因病致仕归里养病后，他并没有一蹶不振避世隐居，首先是"杜门著述""辄引避之"。据《湖北文徵》和《潜江旧闻录》记载，他病休时在一枝斋先后写出了《我乾篇》《说易》《素风居士集》《自在居偶笔》《一枝斋腐谈》《闲中漫纱》《蝶轩漫书》《毗陵闲话》《昭州暇笔》等14部著作，有些文章现今《四库存目》《湖北通志》《湖北文徵》《常州府志》等史书上还收藏在册。

当时《潜江县志》的编撰者朱士尊写完《欧阳东凤传》后，仍然感觉意犹未尽，在其传后又专门加了一段约一百字的"按语"道："公清望在朝，慈惠在野，算仅服官，数同伯道。造物者尚可问耶？又何怪乎庸碌高位，薄刻永年者之援以自解也。"

清顺治十五年（1658），一枝斋东边不远的傅家湾堤决，别墅沉入深潭，名贤题咏的碑刻及官府所立牌坊等无一幸存，仅留下了欧阳东凤所题《曲柳铭》片石于断堤间。

明天启二年（1622），欧阳东凤死后，皇帝赐给了他大明王朝王公国葬礼遇。这样就有了今火车站东的“湖北省重点文物保护单位”（明墓）之碑。

乡人立碑的万元书屋

康熙《潜江县志》卷8载：“万元书屋，在城内西北，邑知府郭之干别业”，旧址在今北门转盘西边一带。郭之干官至任庆远（今广西宜州市）知府。他在官场生涯二十多年，后期他看到了其中的险恶，在皇帝要接见嘉奖他时，他却借病“上疏乞休”而善终。

郭之干回到故里后，在其爷爷郭世朝（嘉靖年初贡士）、父亲郭岱（嘉靖年末河南邓州知州）经营过的潜江城内西北面改扩建一别墅，取名“万元书屋”。本意是继承其爷爷郭世朝所创建的“中洲书院”之遗愿，倾其所有将别墅建成书院，引领潜江士子读书学习。

郭之干在家乡慷慨好义，友善乡邻和族人善举很多。据《潜江旧闻录》等史志记载，主要有：在今泰丰办事处黄汉垸置“义田”一百多亩，接济族人和贫苦的乡邻；在自家设私塾讲“义学”，让家乡贫寒子弟读书；捐“义仓”，搭粥棚赈灾“以哺饥者”；乡邻进京求其办事，他为乡邻租房供食，不幸遇客死京城的乡邻，他为其操办丧事；贫困乡邻婚葬缺钱找他时，他“酌多寡而贷，或折券不问”。

万元书屋院子内建有桃花洞、五老峰、翠柏亭、琅玕坞、天均洞、长春堤、芙蓉岸、莲花池、天香道、汇清亭等诸多景观。名人雅士题咏甚多。

被誉为明万历年间“三大贤”之一的郭正域（江夏人，进士，官至礼部侍郎），客居万元书屋后题诗两首。其一是题《五老峰》：“何处移来石，堆成五老峰。五老相对语，石丈今成翁。”其二题《莲花池》：“满池种荷花，红妆照绿水。白鹭不惊人，立在荷花里。”

如其好友袁宗道（公安人，进士，翰林院修编，公安“三袁”之一）为此书屋就题诗四首，其中题“桃花洞”道：“君家汉水曲，相近武陵源。

分得武陵花，春雨燃山园。”题“琅玕坞”道：“白日起寒涛，长夜何森爽。中间安鹿床，趺坐绝尘想。”

时任承天府知府王禹声（江苏吴县人，进士）做客万元书屋后，写了一首《万元书屋汇青亭》诗，其中写道：“汇清亭构草堂阴，书幌从教翠竹侵。树杪夜深巢一鹤，池边月落静孤琴。”

郭之干63岁而终，乡邻们特地为他立了一块功德碑，并请他的好友费尚伊（沔阳人，进士，官至陕西按察佥事）为他撰写了《墓志铭》。清末潜江最后一名进士甘鹏云先生在他的《潜江旧闻录》一书中，有一篇《乡人为郭公立碑》，其中写道：“汉碑多门生故吏所立”，“唐宋以来，墓碑率子孙所立，他人立之者绝少。恭冈郭公有德于乡，乡人为之立碑，自是一创举”。

郭之干死后葬于“县西七十里荆门彭冢山”（今积玉口镇借粮湖一带）。万元书屋也随无情的岁月埋藏于尘世及黄沙泥土之中了。

易意深奥的读易山房

读易山房在今东风路除尘设备厂一带，其主人是明嘉靖年间任今陕西西乡知县的李鸣。康熙《潜江县志》卷8（以下简称县志）载：“读易山房，邑西乡知县李鸣读书处。”

李鸣，字瑞，明嘉靖三十七年（1558）举人（亚元，即乡试第二名），后授陕西西乡知县。他在知县岗位上政绩卓越，考评为“奏最入觐”，即作为最优秀的知县，即将受到皇上接见时，却辞官归里。

李鸣是泰丰办事处黄汉垸明清时期的名门望族之子，六世荣显郢楚。祖父李銮，江苏丰县知县；父亲李崇信，举人，陕西汉中府府丞；长子李之暭，进士，南户部郎中，次子李之洵，举人，湖北通城训导；长孙李庚，贡生，湖北蕲春训导，次孙李焕，举人，河北无极知县；曾孙李觊（李之洵之子），举人，河南柘城知县。

这读易山房之名颇有来头。李鸣回到故里后，在其祖房旁构建了一“山房”，即我们潜江人常说的在房子“山肩头”建的一间房，简称“山房”（平常人家称之为“偏房”或“蒲头子”），用于自己读书。当然，李鸣的这一山房不会是窄小的偏房，应该是别墅大院的重要组成部分。于是他致信请于长子李之皡的同科进士及好友高攀龙（江苏无锡人，进士，东林党党首之一，官至左都御史，著作颇丰）为其题咏。

高攀龙读了李鸣的信后，写了《读易山房赠李瑞并序》，其中写道：“乙亥己丑三月，考最，瑞拂衣归，乃构山房，读易其中，自号易山主人，充然自得也。”即嘉靖四十四年（1565）三月，在朝廷组织的对陕西知县三年任期考核中，李鸣名列第一，推荐其进京准备接受皇上接见并重用时，他却拂袖辞官而去。归里后，李鸣在祖屋的山肩头建了一“山房”，在其中读《易经》等经史著书，自称“易山主人”，悠然自得，日子过得十分惬意。

“易”字很是深奥，在中华民族文化中，是一个使用频率很高的字。“交换”之意，如以大易小；“改变”之意，如易心、易帜、易辙；“替代”之意，如易代；“容易”之意，如易如反掌，等等。在中国儒家经典之一《易经》（亦称《周易》）中，含有“变易”“简易”“不易”等意。李鸣取其别墅“读易山房”之名，即有构筑山房或读易经“不易”，亦有“容易”等意。

高攀龙在《读易山房》五言长诗中写道：“止足身方贵，遗荣道所珍。李君才不世，未老卧江滨。早岁看藏豹，文场羡获麟……一室全吾道，三湘得此身。逍遥丛桂里，好植百年春。”

李鸣豁达开朗，淡泊名利，涉足官场较早，晚年，他除了引导子孙读书做人外，极少涉足时政，日子过得十分惬意。笔者反复查询有关史料，唯一在康熙《潜江县志》中找到了他曾在万历二十八年（1600）参与过万历《潜江县志》的编撰工作。

聪颖早慧，20岁不到在乡试中“亚元”的李鸣，在官场低调而善终，在晚年开朗豁达而高寿。他85岁在读易山房寿终正寝，成为潜江历史上少有的睿智高寿者。

白云隐约的松云阁

古时候为了表达对名人雅士之敬仰，或为其树碑立传，或为其居所取雅号，或在其墓地建亭阁。松云阁就是南户部郎中李之皞祖茔之地上的一亭阁，而不是其别墅。康熙《潜江县志》卷 8（以下简称县志）载：“松云阁，在东城内。”与其父李鸣的“读易山房”应该在邻近地段。

李之皞，字克醇，潜江人，万历十七年（1589）进士。他历任国子监博士、监丞、南京户部主事、户部郎中，最后官至四川兵备道，即掌管督察四川军务、兵马、钱粮和屯田等事务的“道员”（四品级），相当于今司局级督察官员。

李之皞任国子监监丞，育人有方；任户部主事，赴扬州督征税赋，游走于豪强富贾之间，很快完成任务；任户部郎中，在陕西增设征粮点，解决百姓交粮路遥费重之苦；任四川兵备道，单骑深入建昌少数民族叛乱区，游说招降，避免了兵祸战乱，得到了百姓爱戴。他是一位很有作为的官员。

松云，语出《南史·隐逸传上·宗测》：“性同鳞羽，爱止山壑，眷恋松云，轻迷人路。”之后唐李白《赠孟浩然》诗云：“红颜弃轩冕，白首卧松云。”园主本意是眷恋自然山水，有隐居白云悠悠的山林间，不问世事之意。

县志卷 8 收录了祝世禄为松云阁写的一篇小记：“余同年李君之皞，有阁。去先垄一水而近。盖其大父奉政公崇信孺慕不置所创。创而毁。厥父西乡公鸣新之。岁时登眺松楸，郁郁，在白云隐见间。”

祝世禄，字世功，江西德兴县人。与李之皞是同科进士，官至尚宝司卿，即掌管玉玺及朝廷大印的主官。祝善书文，好游学，其文言及书法作品入《四库总目》传于今世。他的这篇小记说的是：我的同科好友李之皞有松云阁。其阁在祖先的坟地之上，不知何年因遇水患而清失。此阁是其祖父李崇信为表达爱慕父母之情所创建，创建后又损毁。后其任西乡知县的父亲李鸣重建。一年四季登上或眺望松云阁所在地的祖坟，树木郁郁葱葱，偶尔还能看到白云隐隐约约飘浮其间。

县志所言松云阁在“东城内”，这把笔者也弄得晕头转向，茫然不知所终了。现潜江市博物馆收藏有 20 世纪 80 年代末出土的一块李崇信的墓碑。当年负责此碑出土的潜江市博物馆原馆长罗仲全先生在 2017 年 5 月 16 日告诉笔者：此碑出土自今黄汉垸，即泰丰办事处莫市村与杨市办事处十号湖村相交界的地方，同时出土的还有李崇信父母的碑，并带笔者进行了现场踏访。李崇信是李之皞的祖父，其祖茔之地怎么又弄到了“东城内”呢？同时，城内葬坟与潜江风土人情也不相符，更不可能有祝世禄所记述的“在白云隐见间”之景象。

追往昔，风华去。对松云阁所在地之谜团笔者无解，只希冀未来的文史爱好者能探究出真相，让九泉之下的李之皞安息无遗憾。

与范蠡别墅同名的蠡园

康熙《潜江县志》卷8载：“蠡园，邑尚书刘若金别业也。在县西门二里。”即今百里长渠百缘桥一带。

蠡字本义不雅，是指蛀虫啮木，或表示蛀虫群居在木柱上。蠡园之名源自春秋战国时期著名的军事家、政治家范蠡。范蠡晚年携西施隐居于无锡太湖之滨，因范蠡而取名蠡园。范蠡被世人誉为“忠以为国；智以保身；商以致富”，并被后人称为“商圣”“财神”；西施是古今公认的“第一美人”。当“蠡”字与范蠡、西施联系在一起，再无不雅之意了，并能时常唤起人们的无限遐想。刘若金晚年的居所取了与范蠡别墅同名的蠡园，意尤深远。

刘若金因其在淮海带兵和治政功勋卓越，皇上赏他“蒙白金文绮之赐”时，遭同僚嫉妒陷害，他在大明王朝灭亡前三年被革职归里。

崇祯十七年（1644），清顺治帝入关登基，明王朝灭亡已是大势所趋。1645年（即清顺治二年），因刘若金曾在福建任过职，熟悉当地风土人情，被偏居福建、广西一带，流亡中的南明王朝之帝朱聿健选中授刑部尚书职。清顺治三年夏，年近六十的刘若金真切看清了时局，选择了辞官归里隐居。

刘若金第一次遭陷害被革职、第二次主动辞官，自认为有范蠡辅政之艰险而辞国相隐居之意，故将其别墅取名蠡园，并自号“蠡园逸叟”。人生如逆旅，他亦是行人。在这改朝换代的动乱之时，刘若金不逆潮流而行，最终选择致仕归里，避世养生之道，实在是睿智高明之举。

刘若金隐居蠡园后，没能像范蠡那样携美人浪漫地泛舟马昌湖，而是“岁不出户，足不下楼”，潜心于本草学研究撰著。“府县踵门造访者无虚日”，他都一概拒之，偶尔手提竹篓，肩扛鱼竿到别墅旁的马昌湖逸情闲钓。

清康熙三年（1664），刘若金在八十高龄之时，终于完成了倾注他毕生心血的80多万字的医学巨著《本草述》。此书在他逝世的第二年，由其长子刘洸出资刊行，后来多次重印而又近乎失传。2005年由中医古籍出版社校注再版发行，让致力于发扬和传承中国中医事业的有识之士爱不释手。

当时名人雅士题对蠡园咏甚多。《潜江明清诗选》就收录有诗文两篇。其一，邱瑜（宜城人，进士，官至东阁大学士）有一首《寄题蠡园》：“水国人家冰镜里，兰堂深向镜中开。归去似爱庭柯色，闲鹤偏依花径苔。岂谓明时堪大隐，暂将幽事试清才。逃喧知尔能疏放，日上莲舟去几回。”

其二，曾其传（天门人，贡生）题《寄蠡园主人》：“每向松边想劲风，嵯峨独砥众流中。千秋照史天为永，一日从王地有终。闽海披缁霜皎皎，沱江垂钓月懵懵。故人犹有梁鸿在，若问行藏应与同。”

景陵（今天门）举人吴骥造访主人后也曾题诗：“兵戈间道入趋陈，追忆深恩顾老臣。留得黄冠依故里，占来白杜托先民。荫松息竹俱流韵，积雪凿冰益爽神。自有龙门难望见，劳生犹作路旁尘。”

蠡园主人刘若金在清康熙四年（1665）寿终正寝，享年81岁。其别墅在何年消亡找不到史志记载，但刘若金在隐居蠡园所著的《本草述》医学宏著，却是中医学的一棵常青树，被不同时代的专家学者称为“神农氏之功臣”“国医大师”“国医手”。

“不为良臣，即为良医。”刘若金隐居蠡园，既解决了想从政救民而无能为力之苦闷心结，又实现了他后半生悬壶济世之宏伟夙愿。

蔚蔚如霞的紫霞庄

康熙《潜江县志》卷8载：“紫云庄，邑处士默石子朱孔昭躬耕处。”庄址在今竹根滩泗河村一带。

紫霞庄主人朱孔昭，字晦之，号默石子，潜江人。他是中国历史上有文字可考证的历史名人之一，亦是明朝末年潜江著名隐士。他的人生颇具传奇色彩，其八世祖是为明朝开国建功的大将军、封侯后又被洪武帝朱元璋下旨鞭死的朱亮祖。

朱孔昭的先辈受牵涉从封地钟祥迁居潜江今竹根滩镇泗河村后，既沾先祖名气，亦靠自己的勤劳，到了他父辈这代家境已十分殷实。朱孔昭聪慧过人，在县儒学成绩是佼佼者。不幸在他即将乡试时，其父亲病故，因情绪不佳，在考试时言忤学官而被除名弃举业。

回家后的朱孔昭在躬耕养母的同时，嗜学如命，尤其喜好研读经史、兵法类书籍。人到中年，他虽没有功名（举人、进士类）却到了名人聚集的无锡东林书院与宏学博士同台讲学；后还被兵部尚书魏养蒙聘为参军（谋）。在平定贵州苗民叛乱时，他神机妙算，累累让官军出奇制胜，战绩卓越。

在封建科举时代，你就是才高八斗，因没有“举人”“进士”等“文凭”，你也只能是一个类似当今的编外人员，或非公务员，是得不到授官升职的。由此，朱孔昭看破红尘，远离官场，选择隐居于乡野著书立说，或云游访友求道讲学。

紫霞庄之名，源于园内有一株祖上传下来的巨型紫薇。县志记载：朱孔昭“滨河筑室，流水绕舍，嘉树千章，庭植紫薇一本，八杆杆俱，二十丈许，中可置几，七八人环坐吟咏。花时，蔚蔚如紫霞，故以名庄”。

同里名士张承宇，某日，访朱孔昭后，写了一首《访默石子》诗曰：“清流抱短篱，细雨幽长夜。白发主人翁，把锄亲种豆。”

朱孔昭除了深谙兵法被人们称为“小诸葛”之外，人们还对他懂易学、方术等传得神乎其神。旧志还记载：“相传昭遗事。昔日河水泛涨，忽啮三面之埂大半。昭仗剑坠五小石镇之。啮者即坟起。昭入山后庄，亦随之。”这种明眼人一看就明白的伪科学能入史册，足以说明朱孔昭的确身手不凡，不愧为潜江历史名人。

人生的路深一脚，浅一脚，悲伤在路上，希望亦在路上，成功在路上，死亡也在路上。紫霞庄蔚蔚如紫霞的紫薇，没能留住朱孔昭云游四方的脚步。年高 89 岁时，他仍健步如飞，自由行走江湖。改朝换代至清顺治二年（1645）深秋，他身带简易行李，未做任何辞别，云游上路而不知所终了。

由拥万阁易名的止园

“止园，邑刑部郎中朱宗望别业，在县东洛江河畔。”这是康熙《潜江县志》卷 8 所言，园址在今泰丰办事处莫市村一带。

朱宗望实职只是四川江安知县，因平乱守城有功，加四品衔，后封刑部员外郎。万历三十年（1602），朱宗望“以疾乞休”，回到了故里潜江。他在城东洛江河畔辟地为园，植柏树数株，先建茅屋几间，后建“拥万阁”，专门用于藏书。此阁是明朝潜江最著名的两大藏书楼之一（另一藏书楼是欧阳东柏家族的“大业楼”)。《潜江旧闻录》记载：“拥万阁，则创自渭瞻，比部（朱）宗望，其子止园文学之佩，继之经史百家，储藏赅备。传至石户（朱士尊）、悔人（朱载震），父子遂得以恣其涉猎。”

后又将拥万阁改名“止园”。此名取自《老子》“知止不殆，可以长久”之意。殆，即危险。即知道适可而止的人就不会遇到危险。旧时劝人行事不要过分。这正表露出朱宗望看到了官场之险恶，借病辞官归里时“仅止于斯”的心迹。

朱宗望过世后，止园在其长子朱之玉（广西桂林知府）、次子朱之瑚（安康训导）、季子朱之佩（荆州府学教授）等三子及孙子辈的打造下，庭园建得日臻完美。园中除拥万阁之外，还建有索笑堂、引桐居、墨粟斋、云声阁、即心庵等，使之成为潜江乃至郢楚的一名胜之地。据康熙《潜江县志》等史志记载，明清两朝很多文人雅士参观止园后留下了不少诗篇。

明崇祯年间淡泊名利的嘉定知县（麻城人）曹胤昌，客居止园后，即赋诗《客止园》和《同止园先生憩坐》两首。第一首诗其中写道：“沱潜不肯山，止园不矜水。河影非园中，水气侵园里……孤桐壁立秋，营营古人耻。”第二首写道：“主人深类柏，来坐淡如桐。不厌年年绿，欣闻旦旦风。竹床饥去鼠，瓦钵饷迟童。扫迹观苔径，萧萧更几朋。”

潜江人刘肇国（明崇祯进士，明末、清初两朝翰林院学士），访止园后，题诗七章，取名《集止园赋河滨七章》，诗的开头和结尾写道：“涉彼河滨，黍麻茂茂。燕燕群飞，雉于朝雊。……可以袒裼，可以岸帻。我思古人，我心实获。”

景陵著名的雅士（著有《闵览楼诗集》等著作）吴贽在《题止园墨粟斋》写道：“竹林初辟地，榧几石床连。墨似金壶汁，书成雨粟天。琴声动画壁，云气染茶烟。堪寄南窗傲，无烦草太玄。”

后来的止园，如唐·崔颢所言“昔人已乘黄鹤去，此地空余黄鹤楼”。清顺治十五年（1658），洛江河高家垴堤决，止园及园中的亭台楼阁一同被冲入了深潭，仅留下收录于县志中一些空洞的怀旧诗文，昔日的盛况美景都只停留在我们美好无限的想象之中。

朱宗望年82岁寿终正寝。他去世后葬于潜江县东北的义丰垸（今蔡湖村一带），竟陵人王鸣玉（给事中）为他撰写了《墓志铭》。其中写道：“人莫困于不知已，莫辱于不知止。公之出而为廉吏也，孰不有公之名贯其耳。处而称达尊也实，不但以其爵而重其德与齿……”

崇祯四年（1631）家乡人民将其作为“师表后进”者之一供奉于“乡贤祠”；江安县也为其树碑立传供奉于“名宦祠”让后人祀奉。

安逸清幽的幽赏园

幽赏园“在郭（城）南五里，邑别驾郭鋕构”。园址在今马家台一带。这是康熙《潜江县志》卷8的记载。

郭鋕是明万历年末“恩贡”生。朝廷给郭鋕的“恩贡”来自曾任庆远知府的父亲郭之干。郭鋕在兖州（今山东济宁市兖州区）通判任上政绩平平，本无什么可入史册的宦绩记载，但其父亲郭之干却是一位吏爱民戴的名宦。他是万历元年（1573）举人，初授河南卢氏县知县，惠政于民，被祀卢氏名宦。后升刑部郎，出任今广西宜州（庆远）知府，政绩突出，被推举觐见皇上时，他借故辞官归里。居乡后，他设义学、置义田，捐款赈灾，被祀乡贤。

郭鋕创园取“幽赏”之名，出自李白《春夜宴桃李园序》，其中有“幽赏未已，高谈转清”。“幽”即沉静安闲貌；“赏”即欣赏阳春之烟景、桃李；“已”即止或结束。是说欣赏优雅景色的兴致没止，又转向清言雅语高谈阔论。通俗讲就是边欣赏美景，边雅语清谈、畅叙幽怀的意思。本意是郭鋕想学其父郭之干晚年不问时政，沉溺于安逸清静之中之意。

汉阳人李昌祚（字文孙，清顺治进士，官至大理寺卿）初秋时节做客幽赏园，与园主对歌饮酒，谈古论今，当酒过三巡后，各自情深意切，豪情万丈，直抒己见，侃侃而忘忧，于是写了一首《题幽赏园》触景长诗，其中写道："陟兹东岭，有石若浣。捎罗出云，触花当管……遥望原草，与秋旋斡。既见君子，利金为断。"

后来清初潜江雅士王启远也题写了一首《幽赏园》诗："雨过花添，轻艳霜惊。叶著初红，胜地名流。佳会清歌，雅课雄风。"

时光荏苒，人去园空，其园址准确位置无法考证，笔者独有陈子昂"前不见古人，后不见来者。念天地之悠悠，独怆然而涕下"之伤感。

祖孙三代各取其名的绀珠园

绀珠园"在东沙港"，即今杨事办事处金银河村一带。其园主是明崇祯年末以"恩贡"而授通判不就的欧阳璿。

欧阳璿，字若木，号雪崖、巢青，今杨市办事处十号湖村人。其"恩贡"资格源自其父欧阳鐥。欧阳鐥任过陕西乾州（今乾县）知州、甘肃庄浪府（今庄浪县）府丞、广西廉州（今合浦、北海等区域）知府、广东韶关知府，崇祯年末官至云南兵备副使。他归里后在东沙港建一别墅，取名"沧浪阁"，在这里读书教育子孙。大明王朝灭亡时，他愚忠以死殉国。

欧阳璿除了其父官至四品外，其家族在明清两朝五世荣显，是潜江少有的名门望族。其祖父欧阳东白，明万历年间广东德庆知府；其兄欧阳罂、弟欧阳平、欧阳墀，分别任通判、训导；其子欧阳珹，甘肃成县知县；其孙欧阳锡畴，副榜拔贡。

"绀珠"语出唐代燕国公张说《绀珠集》。绀珠本意是帮助人记忆的书籍摘抄或供人查找典故之用的书。如元朝的《小学绀珠》。园主的别墅没有沿用其父的"沧浪阁"之名，想表达的是这里是供人学习、帮人记忆的园子。

欧阳璿虽没正式取得功名，不愿受先辈的“恩贡”而入仕，但其家族盛名在外，加之个人饱读诗书，善游好友，时常也有名人雅士光顾绀珠园，并留下不少诗文。康熙《潜江县志》卷16载：璿“炯双眸，美发髯，性豪迈，善与人交。所收藏古法书名画甚富，每延佳士品题，酒筹歌板，永夕移日”。

当时，欧阳璿邀请江苏武进人毛会建（诸生，清初著名雅士，侨居武昌，善碑刻）和曾在高邑（今石家庄）任知县的莫与先（潜江名人）等人在绀珠园饮酒吟咏、泛舟游湖，欲罢难休。时日，毛会建留下了《过欧阳巢青兄弟绀珠园》一首长诗，其中写道：“东沙不知里，曲江潜之东。沆漭三滥外，烟树交茏葱。中有欧阳氏，渊源本醉翁……大都豪士气，语默皆心胸。老子意不浅，牢落将无同。一诗聊纪兴，明日示陶公。”陶公，即潜江时任知县王又旦（清初著名诗人，留下诗作甚多）。即他们酒筹吟咏的诗作，还要拿去王知县评品，由此可知欧阳璿及绀珠园当时在潜江的影响力。

张承宇（明末潜江人，岁贡生，善诗文）拜访欧阳璿时，写了《过欧阳若木绀珠园》诗：“园门深锁扣方开，觅火温将携酒来。草色渐封春后径，禽踪时绽雨余苔。聊为互奖倾樽兴，代与先商种树才。须乞天晴多几日，途中不碍主人回。”

绀珠园在清康熙年初，其在成县任知县而归里的儿了欧阳瑊改名为“衎园”。“衎”即快乐、刚直之意。语出《诗·小雅·南有嘉鱼》：“君子有酒，嘉宾式燕以衎”。但后世仍习惯称之为绀珠园。

就是这样一座诗情画意甚浓的园院，没能抵挡大自然无情的洗礼。清康熙十一年（1672），一场突如其来的洪水，冲决了县河东沙港，也冲决了洛江，将欧阳家族几代人营建的绀珠园一并冲入了泥沙之中。

水退沙平后，其孙欧阳锡畴又在其原址结庐而居。再后来，笔者再也找不到其兴衰的相关史料了。

不惧构陷的谩园

康熙《潜江县志》卷8等史志载：谩园“在南城外，邑贡士郭锳构。

带水设桥，中有四面阁，环古梅百余株。因铗祖给事公嵩所创，古乔木寿藤，错列楼榭间”。园址在今园林办事处城南居委会一带，园主是明末潜江的恩贡生郭铗。

谩园的始创者是郭铗的爷爷郭嵩。郭嵩，字叔中，号少冈，进士。曾任杭州推官，在明嘉靖年间任兵部给事中时，因上疏弹劾首辅严嵩遭污陷而谪官归里，后建了谩园。

“谩”字之意较复杂。如《荀子·非相》：“乡则不若，偝则谩之，是人之二必穷也”。这里“谩”是毁谤之意。如《西厢记》中“谩叹息，谩悒怏”，这里“谩”是休说、别说、莫说之意。又如《汉书·翟方进传》中“轻谩宰相”，这里“谩”即对人轻蔑，不尊重。郭嵩对其别墅取名“谩园”，意思是自己遭恶人构陷、毁谤及谩骂而谪官，所受冤屈就别说了，但我不惧小人构陷，特取园名为谩园。

郭铗的父亲郭之祜是明万历年间巩昌府知府（治所在今甘肃陇西县）。县志载：“祜为人敦伦睦族，好善乐施，居官有声，至今巩人犹重修其祠以祀。”郭嵩也因子贵父荣，后被朝廷加封“中宪大夫陕西巩昌知府”。

谩园是一座古朴秀美而典雅的墅园，经三代人打造已是当年潜江难得的一深宅大院。当时名人雅士对谩园的题咏颇丰。如清康熙七年（1668）正月、二月，潜江时任知县王又旦不仅做客谩园，嗣后还留下了《过岁十日简谩园主人》《梅花亭歌》两首长诗。

《过岁十日简谩园主人》写的是大年后的正月初十，王知县受郭铗之邀去谩园赏梅的过程和心境。其中写道：“过岁十日生意微，奔走东西受人靰。传闻南郭梅有花，照耀寒雪生光辉。主人好我邀我看，过时不去叶渐肥……直须多沽市上酒，坐待月落更漏稀。却思催租今日严，昨宵羽檄急如飞。若得长官不嗔我，酩酊日日款君扉。”

《梅花亭歌》其中写道：“野夫日日愁不醒，河堤已坏亦堪哀。岸柳倾侧麦菽死，十里轰[illegible]声如雷。里中胜迹仅存者，北郭莲花南郭梅……对此径须贯醇酒，唯我与尔寡嫌猜。春风二月繁英发，一月直看三十回。”表达的是王知县面对河堤已坏、麦菽要死境况的焦虑和对郭铗避世隐居“愁不醒”悠然日子的羡慕。

清朝著名诗人孙枝蔚（陕西三原人。曾寓居潜江三个月）做客谩园后，题了《梅花亭子歌》长诗一首，其中写道："自笑平生寡遭遇，与客看梅但看树。虽然不见花开时，亦省却伤花落处……何逊当时亦可怜，题诗只坐扬州署。那及此亭面水开，朗吟惊起双白鹭。"

还有被誉为潜江明清时期"四大文学家"之一的莫与先、康熙十年《潜江县志》(未刊印)的主编朱士尊及康熙三十三年《潜江县志》的主编朱载震等诸多文人墨客等对谩园均有题咏。由此可以想象当年谩园景观之美，文雅之盛。

宜居宜稼是宜庄

康熙《潜江县志》卷 8 载：宜庄"在县东南四十里，东浦之东。康熙十三年甲寅，宜庄花农朱士尊移家焉。濒河构园庐，列卉长堤，种莲曲渚，茂林修竹，约五十亩"。笔者曾多次实地考证，遗址在今渔洋镇新南村二组花家湾，即古县河（亦叫运粮河）东岸。其主人朱士尊是清康熙年初的潜江高隐之士。

现在浙江宁波创业的潜江籍人朱良红先生是朱士尊后裔，也是"柏台朱氏"的第十三世孙，他对其先祖颇有研究。2019 年 4 月，向笔者提供了"宜庄"就在花家湾等有关信息。朱良红确认"花家湾就是先辈们曾经居住之地。花家就是朱家的意思。因为柏台朱氏，世称'花门朱氏'"，其先辈"在此居住的时间不是很长。大家庭后，多数移居今总口（铺）老街"；"朱士尊迁居花家湾之前，大约居住在今泰丰办事处青龙沟村一带"。他确认朱士尊迁居花家湾，除了史志中所言"避战乱"之外，还有两个原因："一是朱士尊之子朱载震与莫与先是亲翁；二是莫与先居花家湾对岸，两家都在今新南村即花家湾都有大量土地。"朱良红先生这些信息进一步佐证了笔者对宜庄遗址考研的正确性。

朱士尊，潜江人，他是清康熙十年（1671）《潜江县志》第一稿（没刊印）的主编。早年寒窗苦读，但没能获取功名，后以恩贡生（因其祖父朱宗望在明万历年间任过四川江安知县）入国子监就读，没能入仕，即回到故里在先祖留下的 50 多亩地上"濒河构园庐"，耕地种花，自号"石户之农”“宜庄花农”，过上了隐居耕读、幽屏著述的日子。

“宜”字应用广泛，本意是恰好、正好。在《说文》中，宜即所安也；在《尔雅》中，宜即事也；在《仓颉篇》中，宜即宜得其所也。园主取“宜庄”这名，本意这里正是适合我居住的场所，也是农耕养花之庄园。南开大学容止格言有“气象勿傲勿暴勿怠，颜色宜和宜静宜庄”，其中的“宜庄”，即形象仪表要庄重。

宜庄园内有“编柳堂”“盟霜舍”“祝秋斋”“汲堂”“晚竹轩”“览辉阁”“悟牧居”“月韵楼”等诸多景观。这里的宜庄别墅仿佛是世外桃源，是一方修身养性之净土。旧志对朱士尊及“宜庄”的记述很多，其中朱士尊自作《宜庄绝句三首》写道：（一）“草没长堤水满塘，晚风竹笛度云庄。月高夜起看牛犊，绝胜银鞍锦瑟场。”（二）“茸母初生百卉芳，双柑斗酒卧斜阳。汉书一卷牛角挂，又听林中夏扈忙。”（三）“莫将粲粲咏南山，消受荷花水斗湾。听唱一声牛背稳，悔教文锦列牺班。”

朱士尊这三首颇具盛唐风味的诗文，将宜庄描绘成一幅田原牧歌式的课耕游息之地。他幽屏高隐宜庄，种稼养花，但因声名远扬，别墅常常高朋满堂，并经常有千里之外的宾客慕名而至。如河南商丘府丞宋牧仲慕名游住宜庄后，竟感动得承诺要将当地珍奇的五色牡丹从千里之外送给他；潜江时任知县王又旦做客宜庄后欣然题诗；本地及临近的江陵、景陵（今天门）等地名人雅士以相聚宜庄为荣，且即兴题咏甚多。

王又旦到宜庄拜访朱士尊后，题《宜庄》诗道：“清溪一道水潆洄，高树千章绕屋栽。乱世避人君始筑，春时系马我曾来。堂通桔刺真编柳，客启蓬门欲看梅。陂岸关心防溃决，西风是处有奔雷。”

潜江人莫与先五言长诗话《宜庄》，其中写道：“潜水东南汇，沦漪散成绮。迤西落横塘，菰蒲森稠委……经旬再三过，有疑豁如洗。上堂忘客主，讵谢汉阴里。”

朱士尊称之为“旧友”的景陵诗人戴祁（举人，善诗文），在宜庄住了两夜后，题诗十六句，前八句写道：“几曲缘江径，千重绕舍林。门闭花自落，庭寂鸟时吟。坐里衣冠肃，阶前接引深。连朝风日美，未便起归心。”

江陵人李世儒（进士，善诗，英年早逝），在杏花盛开时节访宜庄后，题诗《宜庄杏花》：“南客伤春春不同，嫣然春色似江东。池塘柳色已浮绿，庭院杏花初绽红。坐阅芳林烟袅袅，预愁繁蕊雨濛濛。及时展席须尊酒，醉倚斜阳听绪风。”

景陵人胡承诺（明崇祯九年举人，善诗文）客居宜庄后，题《寄宜庄》诗：“往年残雪对金齑，一卷食经拼醉泥。坐上新词传钵响，夜深刻烛散乌啼。春暾吐翳寒山外，岸柳舒容野水西。五色大云其下隐，江皋桥柱待君题。”

正是这座充满诗情画意的庄园，让朱士尊在园中悠然种稼养花，读史著述，才留下了当下极其珍贵的康熙《潜江县志》初稿。朱士尊与向大观（潜江人，进士，曾任广西怀远知县）等人受王知县之托，用了三年时间基本完成了康熙十年《潜江县志》的编撰工作，却因王又旦调入京城任职没能付梓。

时至康熙三十年（1691），时任知县刘焕再次启动《潜江县志》编撰工作，他找到了宜庄的继承人——朱士尊之子朱载震（贡生，著名诗人，曾任四川石泉即今北川县知县）继任主编，这样才有了让潜江历史没有断层，被当下史学界认为承史继学价值极高的康熙三十年（1694）《潜江县志》。

“昔人已乘黄鹤去，此地空余黄鹤楼。”朱士尊父子乘鹤西去已300多年了，当今新南村二组已找不到宜庄的一砖片瓦，留给我们的只是美好的回忆和淡淡的伤感。

躬耕养母在月泮

康熙《潜江县志》卷8载：月泮“邑进士莫与先居所也。在许家口下流，其形如月，聚族比庐，上下三四里，诵读之声相闻”。月泮主人是清顺治年末在今河北高邑县任过知县的莫与先。笔者几次实地考察，确认地址在今总口农场张家湖分场莫家台，古县河（亦称运粮河）南岸。

莫与先，字大岸，号顾洄，清顺治十五年（1658）进士。他是一位颇具传奇色彩的历史名人。中进士后即授高邑知县，时年40岁，正是年富力盛，大展宏图之际。不知何故他在知县任上干了不到两年，既没有什么宦绩记载，也查不到他什么过失变故，居然“引疾归里”。

后来，笔者从《湖北文徵》《潜江旧闻录》等史志现存的几篇文章中才弄清楚，他是独子，其父早逝，母亲含辛茹苦守寡抚育他入仕。在他任知县的第二年，其母病重，不同的史志分别称“归隐养母”，或“躬耕养母”，或“归田奉母”，或“曲尽孝母”。总之，是为了孝养母亲而辞官归里。古时，“百事孝为先”文化可以诠释莫与先的选择。

“月泮”说是别墅，其实就是莫与先弃官归里躬耕养母时，在其父亲墓前建造的几间茅屋，没有什么亭台楼榭。屋子除了耕读及与母居住外，剩余的是他课子育人的学堂。县志这样记载：“公卜筑赠君墓侧，躬耕养母，平畴绿树，作《南陂诗》。后弃官归，杜门息交，短篱茅层，仅蔽风雨。日与诸子弟啸咏其中。舍东清波洄洑，公顾而乐之，弄钓自适，晚号顾洄老人”。

“月泮”之名由来很有学问。古时礼制，凡官办学校（宫）正前方都必须建有半月形的水池，这也是官学的标志。古代规制“诸侯不得观四方”，故学校（宫）正门前要弄一个缺东南的水池，称泮池，亦称泮宫。莫与先所建居所成了学校，加之门前正好又有一半月形水池，故他仿官学门前的“泮池”之名，取名“月泮”。

莫与先居月泮，劳作之余，主要是教书育人，兼以写作维生。康熙九年(1670)，时任知县王又旦简单维修了一下自己的寓所，取名“得树草堂”，他受邀进县衙，酒过三巡即兴写下了《得树草堂新成郃阳王明秋夜召集诗》；康熙三十三年(1694)《潜江县志》付梓前，请他作序；县城建了“文昌阁”，请他写《记》；乡里修“云慧庵”钱不够，请他写《募疏》；自己在房前南坡上辛苦耕作，他仿苏东坡写了一首很长的叙事诗——《南坡诗》；康熙十九年(1680)，潜江遭遇特大洪灾，他写了一首百姓受苦、官员不作为的《水上谣》长诗。由此，莫与先被后世誉为明清时期潜江“四大文学家”之一。1999年湖北教育出版社出版的《潜江明清诗选》共收录诗篇150余首，其中莫与先就入选30首。

莫与先《南陂诗并序》，序中写道：“仆年逾强仕，尚无升斗之饩，仰佐尸饔。思古人为耕而养，宁不能为须也学者？自潜受委汉，昏垫十年，求可耕田不得。……其悱恻旷适之旨，曾无当于古人，聊以告余耦云尔”。诗云：“闲居治我懒，学耕南坡曲。负耒愧无能，合耦咨尔仆。首种今未收，屑豆糁园菽……把镰采土芝，垣槿护霜橙。形劳志未辱，文隐道岂贫。捉鼻语儿曹，渊源安足论。”

月泮后来也成了名人雅士聚会咏吟之地。当时，旅居潜江的著名诗人孙枝蔚（陕西三原人），作客月泮后，题《月泮诗并序》，其序中写道：“仆久客潜江，复值大水，孤城块土，如海中一小岛然，殆矣！邑中莫大岸进士居于月泮，得幸免水患，弄钓洄上，其乐也。贻诗见嘲，因次韵相调。”全诗有 24 句，这里选其中几句。诗云：“曾过采石吊李白，更读楚辞中不怿。苍龙露角复露牙，对此罢琴兼罢弈……然后却借钓船归，归坐高楼晚霞赤。回头笑看顾洄翁，何异千金遭一掷。”

政息人亡，人亡而屋空。月泮因莫与先而出名，当莫与先 82 岁而终时，月泮的几间茅屋不可能经得住岁月风雨洗涤的，康熙末年就早已荡然无存了，但月泮主人留下的一些精美诗文却像一颗闪亮的明珠至今熠熠生辉。

晒网台上不见网

康熙《潜江县志》（以下简称县志）卷 8 载：“网台，邑知县李觃读书处。李氏远祖业于渔，台故其晒网处。在城南，带郭临堤。盛夏绿杨荷茭，掩映澄陂，颇有幽致。”

这段文字告诉大家，网台的主人是潜江在外任过知县的李觃，网台是其祖业之地，在城南城墙边的护城堤旁（即今金陵商场东南边一带）。夏季绿树成荫，荷花蒿草掩映碧波荡漾的湖水，是一处极其幽静雅致的地方。

网台旧名称渔台，李觃的先祖以捕鱼为生，因常年在此晒网而得名“网台”。从李觃曾祖父李崇信（明嘉靖年间的四川汉中府丞）开始，李氏家族慢慢脱离了渔耕生活，成了潜江有名的官宦世家。李觃的祖父李鸣是明万历年间陕西西乡县的知县；父亲李之洵是明崇祯年间湖北通城的教谕；儿子李世兑，康熙二十九年（1690）乡举第四名。

李觃可能是古时中国任知县最长的官员之一。他在清顺治五年（1648），年仅 22 岁就中举，后来“数困公车”，熬到康熙六年（1667），只得以举人身份接受朝廷授职知县。他先后在柘城（今河南柘城县）、丹徒（今江苏镇江市丹徒区）两地任知县20多年，最后还是以知县官职乞老还乡。

李贶在柘城任知县，以静制动，巡乡不搞“回避”“鸣锣开道”；收税不搞强征；不接受豪强宴请等做法，至今仍被传诵。干满六年，绩考优等，正要升职时，其父李之洵病故，他不得不丁忧回家，守孝三年。

守孝期满，康熙十七（1678）“补江苏丹徒知县”。李贶在丹徒清雅治政，以德治政，尤其好与文人墨客雅交，写诗作赋。县志载：“兴至，辄吟诗近翰，僧舍酒楼，墨迹甚多。”因其书生意气太重，不善奔走，在丹徒任知县近15年才谢任。

就是这样一个极为普通的网台之名，祖孙五代传承不更名。尤其是李贶归里后，不忘祖德，不仅整修了网台祖屋，还建了一藏书楼。县志载：“贶归里后，结屋贮书，为终老计。示勿忘祖德也”。

网台久负盛名的楼台亭阁到了李贶手中已没有了私家花园等，凋败得只剩下几间藏书居住之屋了，但因其临城靠堤，古木参错，荷柳相映也颇有几分幽致。

当年潜江雅士刘逵俊（字遐嘱，弃举业，沉酣经史）曾题诗道：“晒网台边业未残，闲身乞得把鱼竿。自将绿蚁浮三雅，不为丹砂恋一官。蹑屐几探嵩少胜，挥毫曾汲海门澜。白头奖引心偏切，插架陈编许借看。”

凋敝极快的桃花源里人家

光绪《潜江县志》载：桃花源里人家“在县河东葛藤村内”，“负郭临河”即今江汉职业艺术学院东边与泰丰办事处蔡湖村交界一带。其主人是潜江清光绪年间之雅士蔡明谦。

蔡明谦，字汝霖，庠生身份，没有入仕，更无功名记载。平生爱好古文辞赋，喜好山水亭台。“桃花源里”之名出自陶渊明的《桃花源记》。

晚年，蔡明谦更向往陶渊明在《饮酒》诗中所言的“结庐在人境，而无车马喧。问君何能尔，心远地自偏。采菊东篱下，悠然见南山。山气日夕佳，飞鸟相与还”的世外桃源之生活。因而，他找到县城东门外载有美丽传说濒临洛江的一块高岭之地，围篱结庐而居。

蔡明谦在其房前屋后大量种植桃树。20 多亩地，栽植桃树数百株，每当桃花盛开时，新红烂漫，他都会邀朋呼友入园赏花，饮酒吟诗作赋于桃林间，颇有陶渊明当年东山南园的高雅之乐。

时任知县朱雅重也经不住诱惑，应邀游园后欣然题诗《南游草子汝霖》道：“不求问答博通经，史以岐黄业济世……年逾八十步履强，耳聪目明温五经。”朱知县的诗告之我们，蔡明谦是一位悬壶济世、以医技普度众生的老中医，他八十多岁还步履坚强、耳聪目明，能熟读四书五经。

遗忘是我们不可更改的宿命，是历史的必然。桃花源里人家这一别院在潜江历史上只是昙花一现。时代还没有进入民国，桃花源里人家随着蔡明谦的寿终正寝也随之消失在人们的视野了。但愿“桃花流水窅然去，别有天地非人间”的景观能再现千年古县潜江。

卷十　寺庙道观

引　　子

中国的寺庙从建筑格局来看，是中华民族特有的建筑学、哲学、美学、园艺学等文化艺术的浓缩。一个地方寺庙的历史沿革和变迁，展现的是当地社会经济发展状况和历史演进脉络。

据史志所载，天地玄黄、宇宙洪荒的上古时期，我们的先祖就有设坛占卦、敬奉神灵的做法，并说崇拜神灵源于楚人，有“楚人好鬼”之说。潜江是古西楚一隅，也是楚文化的发祥地之一，而潜江先祖崇敬神灵，特别好建寺庙道观。

潜江最早的寺庙在何处、建成于何年笔者无法考证，但从明万历三十年（1602）《承天府志》和清康熙三十三年（1694）、光绪六年（1880）《潜江县志》等史志中，能探究到旧时潜江的寺庙之概貌，从中洞悉出潜江的沧桑岁月，感受到扑面而来的香火气息，领悟出其中深邃而微妙的禅意。

这里只介绍元至元三十年（1293）县署从白洑安远镇迁至斗堤（今园林办事处）所在地古县城及城郊的寺庙。据不完全统计，县城及城郊先后建有寺庙22座，下面从城隍庙、文庙、关帝庙说开。

城隍庙春秋

城隍是古代神话所传说守护城池的神。道教尊为“剪恶除凶，守国保邦”之神。据史志载，唐代以来各郡县皆有祭城隍之习俗，宋朝尤其盛行。明太祖朱元璋当政后，在洪武三年（1370）又正式下诏各府州县都需建庙祭祀城隍神，因而，旧时凡府州县署所在地都建有城隍庙。如上海、杭州、合肥等地保存（或复建）的城隍庙，现在都成了一张亮丽的城市名片。潜江的城隍庙春秋演义出历史变迁。

潜江北宋乾德三年（965）始建的县城、县署在今高石碑镇蚌湖村二队一带，此处古时最早叫白洑（镇），五代时改为安远镇。据清·康熙三十三年（1694）《潜江县志》卷6记载：“邑治蚌湖，去县西六十里（方位、里程有误），有城隍庙，不知创自何年。”近几年笔者曾多次实地踏考古县城时，对建在村舍东北面的城隍庙尤其感兴趣。

仔细端详城隍庙，简陋中透露寒酸，因偏居一隅，香火冷清，且毫无庙堂之高深的神圣感，更无当年官府营造庙堂的巍峨和庄严。庙址占地600多平方米，庙堂建筑面积约120平方米，水泥砂浆搓粉的墙壁，一层平房，屋顶盖的是红色水泥瓦，庙堂内摆放着几尊十分拙劣叫不出名的彩色神像，根本弄不清哪一尊是城隍神。但庙前散放着几尊直径近一米的古庙石柱凳和庙堂前摆放的两尊雕刻十分精美的石鼓（亦是坐凳），仍然透露出千年古庙的痕迹和当年城隍庙的巍峨宏伟。只可惜2018年5月，笔者第四次踏访此庙时，两尊可能是宋代的石鼓已被很有“眼力”的文物收藏者掠走了。

康熙《潜江县志》卷6记载：元·至元三十年（1293），古县城因被洪水冲毁迁移至今园林办事处后，在明朝年初官府建造了城隍庙，“城隍庙在县治西北隅。明洪武初年，知县史纯一建。天顺七年（1463），知县吕文重修”。“万历二年（1574）知县李之珍增修前殿前楹十庙。万历十九年（1591）知县曹珩重修。”万历《承天府志》载：潜江“城隍庙在城内西关”。从现在找到几部涉及潜江的旧志得知，潜江城的城隍庙在古县城的西北面，一直在废毁、重建中延续到中华人民共和国成立之初。

2016年5月，市人大老干部蒋世林（81岁）先生告知笔者：为躲避战乱，1935年其母亲在城隍庙生下了他。记忆中从10岁开始，他每年都会在母亲的带领下到城隍庙敬香还愿。庙址在今物探公司东边大院幼儿园的西北角，庙堂坐北朝南，进庙堂院门后，前面是对开门的两排耳房，穿过前殿后，进入正殿，里面供奉着很多叫不出名的神像，他在 1951 年参加工作时还看到过。

2016 年 9 月，辉煌居委会老居民龚开云（87 岁）老先生回忆：城隍庙是县城中规模最宏大、香火最旺的一座庙，每年有多次庙会，时常人头攒动十分热闹。庙堂在 1952 年被拆除，木料用于建县政府，砖石用于建县城马路。

中国社会变革及朝代更替之初往往都重蹈历史覆辙，如秦始皇举全国之力建金碧辉煌的阿房宫，西楚霸王项羽攻占咸阳后却付之一炬。上下五千年朝代更替时，中国人大多对前朝宫殿等文明成果武力摧毁，对历史人文进行百般诋毁，最后又不得不在反思中纠偏。

当下，很多地方都在挖掘中华民族优秀的传统文化元素古为今用，如重建城隍庙、关公庙、夫子庙、乡贤祠等，唤醒民众对传统文化和先贤的礼敬之情。

愿潜江之城隍庙在不久的将来能重现昔日的风采。

不该消失的文庙（孔庙）

文庙亦称孔庙，供奉的是孔子等先哲。潜江之文庙建于何年、谁人始建无从考证。依康熙《潜江县志》卷 6（以下简称县志）所言，庙址在今康馨花园西边的原北门粮管所所在地。

县志载："文庙，崇祀至圣先师孔子，以四配十哲配享，以七十二贤及左丘明以下二人，从祀两庑。"潜江之文庙与县儒学在同一个院落，或者说文庙是县儒学建筑群的一部分，建有正殿、启圣祠、两庑等。文庙与儒学同为一体始于明嘉靖六年((1527)，时任知县萧廷达（广东汕头潮阳人，举人）改建儒学的大成殿，命名先师殿，并将先师殿作文庙（孔庙）启用。

文庙大成殿（即正殿）正中供奉的是孔子塑像，两侧有"四配、十哲、七十二贤"。"四配"东侧是颜回、子思，西侧是曾子、孟子，他们也被后世尊为圣人而供奉。"十哲"分别是闵子骞、仲弓、子贡、子路、子夏和冉伯牛、冉有、子游、子张、朱熹。"七十二贤"是指孔子三千弟子中精通诗、书、礼、乐等六艺的颜回、冉求、端木赐、司马耕等七十二人。左丘明，他是春秋时期的史学家，是中国史学的开山鼻祖。

文庙建造和修葺，旧时历任知县都十分重视。就明清两朝而言，从中央到地方官府及官员主政主要是两件事：一是让民众在丰年能得温饱，在灾年能少死人、不民变；二是忠于皇权，用孔道之道、儒家学说训导民众，重教兴学，培养文官人才。重教兴学就必须尊孔，一个地方再穷，儒学、文庙都必须建得金碧辉煌，这与欧洲国家现在保留下来供人参观最富丽堂皇的古建筑大多是教堂颇为相似。

旧时潜江县城常遇水患，文庙也是建了毁，毁了再修，先后有七次重修记载。如家住文庙后街的曹禺七世祖万琨（清嘉庆年间“孝廉方正”，相当于举人）在八十高龄时，知县和民众还请他出山督修过文庙，次年文庙竣工时，他在家中心安理得含笑“端坐而逝”。

清末民初的著名史志学家甘鹏云（潜江人，中国最后一批进士）编著的《潜江贞石记》一书，其中收录有清康熙三十九年（1700）《重修文庙刻石》碑记，文中记载了时任知县吕夏音（浙江人，举人）重修文庙的情况。“夏音自乙亥（1695）孟春抵潜，次晨谒圣瞻仰庙貌，半已倾颓废”，“夏音即移交捐修，既以工大而用不敷，复得荐绅士耆者竞相乐助及变学田之债以襄成此。”

甘鹏云先生同时还记载了文庙内墙壁上有三块石刻。一块是清圣祖（康熙）御制“孔子赞”；一块“颜曾思孟赞”；另一块是袁国臣在隆庆六年（1572）为儒学旁新建的“明伦堂”手书的“随处体认天理”石刻。这句话是明代大儒湛若水的心学主旨，大意是“人即使在不同的环境中也要体会、实践自己心中的天理”。这三块古石刻 “嵌置儒学壁间”， 此前“久经剥蚀”已模糊不清，是吕夏音再次进行了“拭磨”整理好后，重新嵌上墙得以保存庙堂内。

光绪《潜江县志》载：同治四年（1865），捻军入城火毁正殿，知县刘寿椿修复；光绪五年（1879），知县史致谟带头捐俸募资重修，增建韦驮殿于正殿后。

文庙及儒学 1951 年前仍屹立在改朝换代的风雨中，但是年三月，新生的县人民政府需要新建办公用房，建筑材料奇缺，加之大多数官员毫无文物保护意识，即很随意地拆除文庙及儒学了。其庙门的石门、基柱等还有一部分现收藏在市博物馆院内。

笔者曾多次造访市博物馆，触摸这些蕴藏丰富历史人文信息的文物，心中之遗憾和悲怆感总是难以遣散。

最受推崇的关帝庙

关帝庙供奉的是三国时期蜀国大将军关羽。关帝文化及庙宇是中华传统文化的重要组成部分，他与人们尊称“文圣孔子”齐名，常称“武圣关公”。

关羽是忠义勇敢的象征。相传关羽能“显圣护民”“驱邪招财”，被称为“财神”。因而，民众和官府都喜欢修建关庙以弘扬圣德，保境安民，升官发财。

据康熙、光绪《潜江县志》等史志记载，潜江后湖关庙分场一带的“四营台”和浩口田湖村一带的“龠潭城”曾是关羽扎营练兵的基地；据竹根滩关姓族谱记载，他们是关羽长子关平的嫡系后裔，因而，康熙《潜江县志》卷6载：“关帝祠遍天下，几与尼山并，即邑境内立庙祀帝者凡数十处。据县城内及县西三祠有碑记可传者载，余不悉录。”这里只介绍潜江古县城及城郊四座关帝庙。

一座在县城“十字街东”，即今红军路关厢门一带。明正统三年（1438）知县陈敏政始建；天顺七年（1463）知县吕文重修，后毁于火灾；弘治二年（1489）知县张昺和乡绅蒋灏等又重建。嘉靖二十五年（1546）又毁于火。嘉靖三十一年（1552）僧人如静又化缘募资重建。崇祯十年（1637）潜江人郭鋕(万历恩贡，官至兖州通判）出资重修。此庙香火旺盛，每年春秋二仲及五月十三日，县衙官员及民众都会进庙堂拜谒关帝，开展祭祀活动。

第二座关帝庙在县城西北面的忠义铺，即今泽口东荆河边的陶朱铺一带。相传关羽曾在此救过受灾的百姓。明万历七年（1579）知县潘之祥主持修建，依关羽忠义仁勇之特性取名“忠义庙”。潜江人陈一奇作《忠义庙记》（康熙《潜江县志》卷之六载有全文），可略知当时庙堂之宏伟，其中写道："构正殿三间，其崇数仞，广延倍是，又为圆通殿，与殿相属，又为门二重，最后建成庵"，只可惜崇祯十三年（1640），汉水暴涨，庙宇崩圮于今东荆河内。

第三座关帝庙在县南三里，即今马家台居委会一带。潜江人刘寅（明嘉靖年间山东道御史）所建。潜江人欧阳柏（官至云南按察副使）作了《关夫子祠记》（康熙《潜江县志》卷 6 载有全文），其中写道："帝大节磊磊，英勇盖世……仁与义以身先行之，遥今以往，风起后人。为仁人义士而必称述尸祝于帝也者，其在斯乎，其在斯乎！"

第四座关帝庙，据光绪《潜江县志》卷 7 载：在今周矶办事处的"黄场，乾隆元年（1736）进士黄永伦等到兴建，咸丰甲寅（1854）为粤逆（指太平天国军队）所毁，绅士隗振书、振高、刘光赘等复建"。

古县城十字街东的关帝庙，潜江人刘吉昌（崇祯年十一年举人，曾任黄陂教谕。其父刘应同，进士，官至保宁知府）有一篇《关帝庙诗并引》（《潜江明清诗选》有全文）写得比较细腻感人。他在"引"中写道：其父未中进士时，梦见关帝指引他做忠勇之人。后来他父亲任刑部给事时，直言禀奏皇上请弹劾身边的不良侍从及佞臣；再后来，其父在保宁知府任上，怒斩假借"张飞娶妻"之名残酷杀害幼女的巫婆等等。这些都是"荷帝数垂慈庇佑，颇有迹"。即这些都得益于关帝庇护才有后来的政绩。因而，刘氏家族长辈每年五月十三，即关帝单刀赴会东吴之日，都会率子孙到关帝庙祭拜关帝。

于是，他在诗中写道："忆自儿时尊所闻，敬初惟有汉将军。君臣兄弟奇忠烈，天日人心大义文。一烛光何关异节，孤刀威岂遂殊勋。武侯千古风流鉴，髯在曾先美绝群。"

关帝虽然不是出生在潜江，但他曾生活战斗于潜江，并留下了许多有史可考的足迹，因而，潜江民间信徒众多。如明万历二十八年（1600）时任知县潘之祥，主持重建了今陶朱埠关帝庙后留下了一篇《汉关夫子祠记》，其中写到："又念关帝旧守荆，潜为属国。潜之子姓，其先世皆奉帝之教令。至于今粒食皆帝之赐，而无以报德，非所以隆重其本，故奉关帝而旧之官舍。"

笔者认为，当下潜江市民族宗教管理部门应该支持信众的这一信仰，可发挥民间力量组织重建关帝庙，为历史悠久的文化名市——潜江增光添彩。如福建泉州本无关羽足迹，但民众信仰关帝而建的一座关帝庙，历经千百年风雨至今仍依然矗立在泉州街头，成为泉州人最值得骄傲的文化古迹。

传说颇多的大佛寺

据清康熙、光绪《潜江县志》载，大佛寺始建于元朝泰定年间（1324—1328），距今已有近700年历史，始创“吴元年”，笔者认为应该是元至元二十七年（1367）。当年是朱元璋称吴王登皇位的前一年，史称“朱元璋吴元年”。其旧址在今交通局一带。现在马昌垸路北边的大佛寺并非是旧址所在地，它是20世纪90年代末信众选址新建的。

明朝开国皇帝朱元璋因在皇觉寺当过和尚的缘故，当然也有帝王以佛道之理统治人心之术，因而，他特别重视寺庙建设。洪武元年（1368），明朝潜江首任知县史纯一依圣旨在修建潜江县衙的同时，在旧址上重建了大佛寺。

明朝开国不久，从中央到地方都设立了统领寺院、管理佛教和僧尼人员的机构，中央称“僧录司”，县一级叫“僧会司”，有点像当今佛教协会，统领地方僧务，有专职一人。洪武十五年（1382），潜江的僧会司就设于大佛寺。从此，大佛寺除了信众上香礼佛之外，亦成为官方办事机构的办公场所。

据康熙《潜江县志》卷7记载：大佛寺初创时是一茅草屋寺院，其殿堂、僧舍、楼阁、山门等经多年才建成。明朝景泰三年（1452）重修大佛寺，才建成砖瓦寺房；弘治九年（1496）建僧厨，十一年（1498）建方丈房，十三年（1500）建法堂，十四年（1501）建山门；嘉靖五年（1526）建禅堂于法堂后，二十八年（1549）建圆通阁；天启三年（1623）重修。

清朝康熙二十五年（1689）重修山门，三十年（1691）建韦驮殿于弥勒殿后；道光六年（1826）知县陈天泽主持重建，寺院三进身，殿堂前后数层，四周清幽，成为郢楚一胜景。光绪《潜江县志》卷 7 对其记载：“座楼圆通阁，高插霄汉，登其上可验汉水消长。”即上其阁楼可以俯视汉水的涨落，由此，大佛寺之高大雄伟可见一斑。

据潜江康熙、光绪《潜江县志》所载，大佛寺中有三个有趣而又传奇的故事。其一是大佛寺正殿中的“浮钟”。康熙《潜江县志》卷 7 是这样记载的：明嘉靖元年（1522），大水冲破护城堤，县城和大佛寺被淹，巨浪滔滔中寺院僧人隐隐约约听到钟声，抬头一看，一座大钟自上游漂到了寺院门前，在水中好像还蠕动，众僧害怕不敢靠近，随后敲击探之，方知是座真钟，才捞上来置放于大殿内。钟身镌文曰：“大元国湖北道江陵路潜江县长乐乡梁王庄土地施主周兴旺造大钟一口，舍入本邑阳西广佛寺，延祐二年六月。”。元朝延祐二年即 1315 年；“长乐乡”即今高石碑镇蚌湖村一带；“广佛寺”即今广华寺。也就是说周兴旺在距今 700 年前为广华寺造的一座大钟，不知何故随汉江洪水漂浮到了大佛寺前。这其中肯定还有很多鲜为人知的故事。

其二是光绪《潜江县志》卷 7 载：乾隆五十年（1790），大佛寺遭火灾，“有僧人负铜佛而下，佛高于门，仓促未能出，仿佛佛为点头，触僧额上……”即僧人欲背大殿的铜佛冲出火场，由于铜佛高于殿门，仓促之中难以出。僧人急得要命时，看见佛点头示谢。最后大火灭了，铜佛依然，只是僧人额头上隆起了个小包，并无痛痒，得知这是佛祖显灵也。

其三是正殿佛像下有一井，投以石，水声怆然，夜深人静可见井中月。

旧时，大佛寺院深林茂，是郢楚一难得胜景，文人墨客在此留下了很多诗文。明天顺二年（1458）太常寺卿（正三品）王谦写了一篇《大佛寺记》，收录在《湖北文徵》（湖北人民出版社 2000 年版）之中。其中写道：“荆之潜江寿灵山，有卧佛刹。东临沔水，西对大岳，南则龙湾、郝穴，北则京山芦溪”，“惟荆之阳，寿灵郁苍，胜冠一方”，“东西亘延，南北拱卓，幽谷开山，时实伟观。”

《潜江明清诗选》（湖北人民出版社 1999 年版）有六首诗写到了大佛寺。这里选其中一首《僧寺晓钟》（作者曾恺，时任教谕）：“上方月晓度疏钟，声彻闾阎处处同。鸦噪松林频出定，香焚石鼎漫谈空。响回银汉星初落，催起扶桑日渐红。欹枕教人清省听，此身浑在梵王宫。”

清溪山上的妙庭观

据清康熙《潜江县志》（以下简称县志）卷 7 载：“妙庭观，一名通明观，在旧治东北隅，”即今堤街北段农贸市场南边一带。始建于何年，很难考证。

县志称：“元时创。旧志李司空（工部尚书）云‘肇自晋宋’”；“罗刺史（知府）云‘创自五代’”。也就是说始建于晋宋或五代时期，这比潜江北宋初建县还要早，距今应该有 1500 年左右。妙庭观最早的旧址应该在今高石碑镇蚌湖村一带的古县城即安远镇，但现在很难寻觅其遗迹。

沧海桑田，世代更替，妙庭观迁址斗堤县城后亦屡兴屡废。县志载：“明洪武年初，道士曾师明再建。十五年（1382），设道会司于观内，乃创三清殿。”道会司即官府专门管理道教事务的机构，有点像当今的道教协会办公地，这与大佛寺亦是“僧会司”办公场所是同时设立的。

明朝时期妙庭观还有几次修建。景泰三年（1452）道士胡道可重建；天顺八年（1464）道士宋弘仙重建玉皇阁、四清殿；成化七年（1470），建钟鼓楼、法堂、两廊及元真堂，为习仪之所；弘治二年（1489），不知何故俱毁；弘治八年（1495）道士陈仁璋重建；正德十四年（1519），道士王仁观改建玉皇阁为蓬莱阁；万历二十八年（1600），道士王通睿重建元帝祠三间，累石为台，高丈余。

光绪《潜江县志》收录有工部侍郎李浩为重建妙庭观写了一篇《妙庭观记》，其中写道：“度地之形势，山环水绕，不啻蓬莱仙景之若也”，“卉木葱青，烟雾缥缈，仙流道侣”，“为潜阳琳宫第一”。

同时代的江西吉安人罗善（进士，善诗文），也留下了一篇《妙庭观重建记》（康熙《潜江县志》有全文），其中写道：“殿之后，建通明宝阁，范金肖玉皇像以崇祀；阁之后，建元堂，以延宦客；堂之后为宴居，以藏修；建钟鼓楼于殿东西，以鸣昏晓；建中仪门，以通内外；建大门，以临通衢，以至通僚之室、庖湢之所，靡不完备。丹漆粉饰，藻绘五彩，辉煌掩映霞绮，金像庄严，俨乎如在。”从以上两篇重建记中，可管见妙庭观规模之宏大，功能之完善，景观之美妙。

妙庭观前有一座汇水桥，桥下清溪流淌，景象甚是美妙，于是，人们将观前的清溪与妙庭观融为一体后取名青溪山，再后来又将美妙景色糅入其中，取了个极雅的名字“清溪山色”，使之成为旧时潜江“八景”之一。

古时，围绕妙庭观题咏很多，现录其中诗三首。

其一，明汉川人王谏题《妙庭观》：“通明殿上列仙宫，鸾鹤朝元振佩环。甲子已闻超劫外，蓬莱应只在人间。三花树底清风转，五粒松间白日闲。欲访真仙指尘土，茅山东望妙庭山。”

其二，广东佛山人黄学准（时任潜任知县）写道：“汉水周绕百尺楼，尘踪竟日此淹留。牛横牧笛云生陇，艇卧渔蓑月映洲。吟院棋声惊鹤梦，石坛幡影逐人游。凭高忽忆莼鲈味，绿树微凉正报秋。”

其三，潜江人喻晓（曾任海丰知县，嘉靖举人）题《妙庭观》诗，写得最有意境和气魄，诗中写道：“闲登高阁入云霄，目极烟云万里遥。江上渔人来举网，岩前仙子坐吹箫。应怜清景红尘远，却叹浮生白发飘。往事觉来浑似梦，但将醒眼看回潮。”

遗址尚存的东岳庙

据康熙三十三年（1694）《潜江县志》卷 6 载：“东岳庙，一在龙渊市，明成化四年，知县吕文迁于县河南岸；万历十六年知县曹珩重修。一在白洑，一在县北石矶。天启三年，知县陈梦琉建。康熙十年，庙崩圮，移建于北郊外二里许。”

上述记载告诉我们，潜江城区的东岳庙，除宋元时期的白洑安远镇古县城有东岳庙外，迁入斗堤的潜江县城还有两座东岳庙，一座在县城南居委会一带（龙渊市），今已无踪迹；另一座在城北郊两里许，即今曹禺公园北斗山东北面的原徐角变电站一带。

就笔者所知，境内其他区乡还有多处东岳庙，如渔洋镇的双马村、后湖的天星村等地现在均建有东岳庙。潜江为何有这么多东岳庙呢，这还得从东岳大帝说起。东岳庙供奉的是东岳大帝，亦称东岳神。

东岳即泰山。根据中国古老的阴阳五行学说，泰山位于中国东方，是太阳升起的地方，也是万物发祥之地，因此泰山神具有主生、主死的重要职能。先民认为朝代的更替、社稷的危稳，人生的贵贱高下、福禄官职、生死寿命、魂魄归属等都是东岳神掌控的。《千字文》有：“岳宗泰岱，禅主云亭。”即五岳以泰山为尊，泰山祭祀的是东岳神，帝王禅典在云亭山上举行。因此，旧时全国各地都敬奉东岳神，各地都建有很多东岳庙。潜江的信众也不例外，崇拜东岳神，好建东岳庙。

城南的东岳庙始建于何时暂无据可考，只知明成化四年（1468）知县吕文主持迁建于县河南岸；明万历二十六年（1597）知县曹珩曾主持过重修。

县城北的东岳庙，建成于明天启三年（1623），是时任知县陈梦琉主持修建成的，庙址在今康馨花园小区北隅，即古县城城墙北头的石矶上。康熙十年（1671），大水冲毁了石矶，东岳庙一并崩圮于河水之中，后移建于今徐角变电站一带。

事实是城墙北隅的石矶处早年就有规模不大的东岳庙。明天启三年，知县陈梦琉到任伊始，面对建在城北城墙脚下矶头上岌岌可危的东岳庙及随时可能被洪水冲垮的城墙，他焦急万分，即带头捐资若干与民众一起重建东岳庙和整治矶头保护城墙。东岳庙建成后，陈梦琉请了当时在太子府任职的今天门人刘必达写了一篇《东岳庙记》（见康熙《潜江县志》）。

“记”中写到：东岳庙“独岿然矶上，盖汉水自芦洑而下，西折入潜，奔腾喧豗，势若建瓴，实惟矶砥柱之”；新建东岳庙“前后殿六楹，东西各五楹，负殿而峙者”；“秋水偶至，不复敢与矶抗，惟逦迤循矶而去，百堵安，万室盈”。

此记将新东岳庙之宏大及前世今生和作用记述得比较完整。但是，如此宏大的东岳庙也没能抵御住洪水奔腾而下的冲击，庙中万能的东岳神也没能挡住蛟蜃对庙堂及潜江民众的肆虐。东岳庙建成后的48年即清康熙十年（1671），一场突如其来的特大洪水，将岿然庄严的东岳庙及城墙挡水的石矶头一并冲入了洪流之中。

后来，潜江信众不得不将东岳神请到了城北之郊的今徐角变电站一带一处高地安放，并重建东岳庙，其遗址至今尚存。今曹禺公园东北面的“东岳路”就是笔者2004年指挥修建曹禺公园时一并修建并依此遗址取的名。

漫话文昌祠（阁、宫）

文昌即梓潼帝君，亦称文昌帝、文昌神。道教传说文昌帝是掌管天下人功名、禄位之神，凡走科举之路者必去祈祷所求，自古以来备受士人学子的崇拜。因而，旧时各地均建有供奉梓潼帝的文昌祠或文昌阁或文昌宫。

历来崇文重教的潜江也不例外。仅就康熙《潜江县志》不完全统计，就有十多处文昌祠的相关记载。如卷5载："文昌祠在学门左，弘治间，知县史华建。康熙四年，水入城圮，教谕冯云傅重修。"

史华（陕西渭南人），明弘治十三年（1500），他在县儒学大门左手主持重修文昌祠。弘治五年（1492）他就任潜江知县一干就是三届即九年，是备受潜江民众爱戴的知县之一。潜江文昌祠最早建于何年？是谁首创史志不详。时隔170多年的康熙四年（1665），特大洪水入城，文昌祠被毁。次年春季，热衷于文教事业的时任教谕（黄冈人）冯云傅受知县之托主持修葺文昌祠。

县志卷6又载："文昌阁在县东仁和院，邑通政刘道隆建。"刘道隆，今杨市办事处刘岭村人，进士，万历二十四年（1596）已官至通政使司右通政。他任过知县，在兵部、刑部等岗位上充当过言官，一生刚正不阿，政绩斐然，是著名的乡贤人物。告老还乡后，他在今深河居委会一带建"秀野园"过上隐居乡野的日子，但乐善好施初心不改。崇祯三年（1630），他自筹资金在今竹根滩镇仁和垸村修建"文昌阁"，主要用于乡里寒门学子读书学习，同时也兼用藏书借阅。后来，他还筹资建了"大乐庵""通政桥"等公益项目。

卷7载："文昌祠在县治古沱潜坊之东。康熙三十二年（1693），邑绅士耆庶商民公建。前为三楹，左为阴阳学，右医学，内为正殿。奉祀梓潼帝君。后为楼，塑刘侯像于其上。"是年所建的文昌祠时任知县刘焕（陕西清涧人）号召乡绅商民捐资公建的，旧址在县署东边。

这里所记载的文昌祠与弘治年间史华所建文昌祠在同一地方，即城北今儒学路老面粉厂一带，此处亦是官办儒学所在地。旧时，各地文昌祠大多与儒学或文庙或书院建在同一地方。

如清康熙十年（1671），潜江时任知县王又旦“在南城内后西街”重建传经书院时，书院有三楹，院门有三间，很是宏伟，其中就建有“文昌阁”。史志载：传经书院“中为传经堂，堂左为说诗台，堂右为操缦轩，堂后为文昌阁”。

光绪《潜江县志》卷 7 还记载：“文昌宫，在西湾院，旧有文昌宫。咸丰九年（1859）士人重建”，即今年内返湾湖一带。

由此可见，潜江民众是多么崇拜文昌帝。事也凑巧，潜江自新建或修建文昌祠后，科考拔茅连茹，蒸蒸未艾，士子人才辈出，声誉鼎盛郢楚。如康熙三十五年（1696）乡试，就有关玳、周释、李前芳、肖震等四人中举。

知县刘焕主持建成文昌祠后，当时潜江名士莫与先写了一篇三千余字的《文昌祠记》，全文收录在当年刊印的《潜江县志》之中。

此“记”主要是歌颂刘焕主政潜江五年的德政，其中写道：刘焕“格于律令，乃庀材鸠工，建文昌阁于剧骖之衢，奉文昌而貌公像祀其中，以志孔迩之感”；“余以为古今之循吏非耶？其配以文昌也，则亦有说，天官书斗魁戴匡六星，曰文昌宫，为上将、次将、贵相，司命、司中、司禄公之太先生关西世胄，建牙持节，为国家雄镇者有年”。

潜江之文昌祠经历过新建、损毁，重建、再毁的凄苦过程。除了前述的损毁与重建外，清咸丰四年（1854）太平天国军占领潜江城，文昌祠被付之一炬，但民众对文昌帝的祭拜不会因战火而泯灭，后太平天国政权灭亡后，潜江信众对文昌帝的祭祀暂借传经书院之地。

清同治四年（1865），知县刘寿椿主持重建正殿，重塑其像，让文昌帝又有了安身之处。15 年后的清光绪六年（1880），时任知县史致谟主持创建前殿，重建后楼恢复旧貌。

民国年初，一把大火又将历时 200 多年的文昌祠烧毁。后来再没有重建的记载了。时光进入 20 世纪 80 年代初，潜江人将建在城区东面与旧文昌祠较近一所学校，取名文昌中学，算是对历史遗迹的一种传承与保护。

世人礼敬的财神庙

据光绪《潜江县志》卷7（以下简称县志）记载，潜江古县城有三座财神庙。

第一座财神庙“在县东鄢家集，康熙五十八年（1719）邑人谢玉皑、兴场时创建”。此财神庙旧址在今泰丰办事处蔡河村一带，属于个人所建且有点规模和名气的家庙。

第二座财神庙“在大街口，甲寅毁于兵，丙子毁于火，今修复如旧”。此财神庙旧址在今建设街财政局原办公楼一带，始建于何年，是谁首创无从知晓。只知咸丰四年（即甲寅，1854年）太平天国军攻占潜江城，财神庙被起义军烧毁，后来潜江信众又众筹重建。命运多舛的财神庙在光绪二年（即丙子，1876年）又被莫明其妙的大火烧毁。潜江民众极度崇拜财神，两年不到，光绪四年（1878年），财神庙又被潜江信众“今修复如旧”了。

县志所言“今”，即清光绪四年，光绪《潜江县志》的杀青之年。此县志是在光绪五年（1879）付梓面世的。

第三座财神殿“在旧县治左金家街，同治年间各布行公建”。此财神庙在古县城核心区，即县衙西的金家街（今章华中路原棉花公司一带），清同治年间（1862－1874）官府号召，由民众筹资所建，毁于何年无据可考。

中国人都喜欢敬神，尤其喜欢敬奉财神，都希望得到财神保佑，财源广进。由于地域及习俗差异，各地信众供奉的财神是不相同的。

我们的先民心中主要有五路财神：中路财神王亥，即商贸之始祖；东路财神比干，即商朝忠臣，爱民如子；南路财神范蠡，即越国宰相，后弃官经商，称为“商圣”；西路财神关公，即三国忠义勇敢的大将军关羽，传说能招财进宝，护佑平安；北路财神赵公明，曰八鬼之统帅，讼冤伸抑，诠释公平，主管招财纳福的使者。前三位财神统称文财神，赵公明与关羽称为武财神。

潜江民众更多地崇拜武财神关羽，部分信众也喜欢供奉范蠡。因为范蠡这人太有智慧、也太会经商了。他辅佐越王勾践消灭了吴国后，即算到国泰民安越王即会卸磨杀驴、兔死狗烹的，马上不辞而别改名换姓（陶朱公）去经商。经商发财后即布施救济苦难的民众。散掉钱财后，他又从头做起，而赚到了更多的钱，再去行善布施。这种财聚布施、得福感恩的行为才是财神之精髓所在。据民间传说，今泽口信心村东荆河边的“陶朱埠”，就是范蠡曾经在此经商而建的一个埠头，依“陶朱公”之名取名“陶朱埠”。

潜江的财神庙与孔庙、关帝庙、东岳庙等一样，备受潜江民众推崇。旧时，有时一个村落、一个大户人家都建有财神庙。笔者儿时的记忆中，家里并不富裕，其堂屋的中堂处，就有一个简陋的只能放一个祖宗牌位和香炉的神柜，神柜上就供有一尊粗糙的财神关公木雕像。

至今潜江不少商家、店堂和民众家中都供奉有财神。其财神庙主供的还是关公，同时也有信众会塑上其他几位财神像一同供奉。如今后湖关庙分场的关庙寺内就建有一座财神殿，其中供奉的就有五路财神。

笔者心中也有一座财神殿，可不知何故，可能是缘分不够吧，财神从不眷顾笔者。看来世人皆钟情于财神，但财神并不眷恋众生！

没能镇锁火魔的火星庙

据康熙《潜江县志》卷 6 载：潜江“火星庙（亦称火神庙），在县治南十字街头。五行之生，序次曰‘火’。天地之大用，万物永赖焉。天顺间，知县吕文建”。

按图索骥，笔者考究其庙址在今潜江市农业局办公楼一带。此处明清时期是一条十字街，以今民主街为南北主轴，公安局大院北边东西走向为东西街道，东边称“大关庙街”，西段称“火星庙街”，亦称“火神街”。

此庙始建于明天顺三年（1460），时任知县吕文（河南延津县人，三年后升沔阳知州）上任伊始就遇西街失火，烧毁数间民房，他即主持修建了火星庙，供上了火神，祈求保佑潜江子民再不遭魔火之灾。

火是人类生存繁衍之宝物，实乃天地之大用，万物之永赖，他是先民信仰的神祇之一。民间常以炎帝、祝融或燧人氏为火神，亦称为“火帝君”

“火德真君”。火神形象相貌凶狠，三头六臂，酷似神话中的哪吒。最初，信众供奉火神，是因为他教会了老百姓用火生产生活而致谢，后来人们建火星庙，主要是祈求火神保佑百姓免遭火魔之灾。

不知何故，潜江城除了水患之忧外，火灾也时常让官府和百姓倍感伤神。县志载：嘉靖二十六年（1547）夏，县城大火，烧毁民居过半，死伤数人；万历元年（1573）四月，城中一日数次起火，居民人心惶惶，很多人露宿街头或出城以逃避；万历二十七年（1599）秋，城中起大火，烧毁民居上百间，西北城楼也被烧毁。由此，旧时潜江官府和民众对火神崇拜十分虔诚，除了建火星庙之外，还将县衙前的这条街道取名“火神街”，祈求火神当好“消防员”，让百姓免受火灾之苦。

万历元年，新任知县李之珍（进士，今四川什邡人）莅任后，城中一场突如其来的大火，烧得他不知所措。这位在南都（今南京）任过御使的资深政客，不得不请高人算了一卦。高人告知：火神庙小且低矮，火神不悦，需建一高楼供奉火神。于是李之珍又在十字街东街祷修了一座“火星楼”，并将此街道取名“火星街”。火星楼落成时，他沐浴斋戒，率众官员及民众致祭。李之珍主政潜江三年，好像能入史册的就这点“政绩”。

事实上世上无神鬼，尽是人在闹。先民寄托火神庙及火星楼的火帝君保佑平安的愿望，一次又一次化为乌有。清乾隆五十年（1785）春，城内一日数次失火，公私房屋被烧毁的所剩无几，官府一边虔诚地“安抚”火神，一边无奈地让居民携贵重物品暂居城外。

潜江古县城屡遭火灾，其实是当时人们的认知水平及不太富裕的经济条件所致。旧时，潜江城房屋主要是砖木结构，还有不少茅草房；街道及房舍连排布局，少有防火意识。就连当下大家都知晓的徽派建筑防火的马头墙，在古县城的民居中都少有。二十世纪五六十年代城中的和平街、民主街、建设街（东段）的房屋布局及部分房子，仍保留古县城民居的印迹，只要一间房屋失火，就会形成“火烧连营”之惨状。

当下，城中钢筋水泥结构的房子，加之比较完善的消防设施及措施，也没有火神庙、火星楼了，潜江城区再没有出现重大火灾了。

笔者时常琢磨，潜江是千年古县城，至新中国成立初，少见豪门大宅，其屡遭火灾也是其中重要原因之一。

降服河妖的水府庙、楠梅庙

康熙《潜江县志》卷 6（以下简称县志）载：“水府庙旧在县治正街。成化六年（1470）知县汪志迁建于东河岸。嘉靖二十四年（1545）知县黄学准迁建于北门外河岸，以镇石矶。万历九年（1851），主簿刘鹗（河南新野人）改增为楼，今崩入河。”

水府庙是祭祀江河湖海之神灵的庙，有的称为龙王庙、禹王庙、妈祖庙等。潜江自古就是古云梦泽一隅，江河湖泊交错，源于水，得于水，兴于水，亦苦于水，因而对水神（亦称河神）十分敬畏。尤其是面对时常不期而遇又无力抗拒泛滥成灾的洪水，只得祈求河神显灵来保佑平安，于是潜江民众很早以前就建有水府庙，将河神纳入祭祀之列。

潜江的水府庙最初建在县衙前的正街（今公安局大院北面一带），始建于何年难以考证。有记载的是因庙宇院落狭小，给信众祭祀带来不便，明成化六年，知县汪志（监生，安徽休宁人）将其从县衙前正街迁建于县河东岸，今江汉职院一带。

时隔 70 多年，河神没能保障古县城免受洪水侵害，尤其是县城北门城墙边，汉水沿古县河在此分岔奔流，势若建瓴，时常啮噬城墙，并破墙而入，淹没城池，且将北门城墙冲刷得岌岌可危。明嘉靖二十四年（1545），知县黄学准（进士，今广东佛山人）决定将水府庙迁建于县城北门城墙边的河岸之上（今康馨花园一带），想让河神更直接镇守城池，防洪保安。并在此垒成石矶头，以固城北靠河岸的城墙脚基。

县志同时还记载黄学准在水府庙左边建了一座与之相呼应的楠梅庙。原文如下：“楠梅庙，在水府庙左。知县黄学准建。自为记，今崩入河。”

楠梅庙供奉的楠梅神是水神之一，类似于东南沿海的妈祖庙。各地风俗信仰有异，其庙供奉的神灵不尽相同，有“河伯”（冯夷）、大禹、屈原及龙王、蛇精、鱼怪等等。潜江民众认为楠梅神能镇河妖，司风浪，弘济舟船，普救在江河上遭遇急厄的众生。

黄学准为何要在水府庙左边又建一楠梅庙呢？因建在城北矶石上的水府庙墙脚离城内民居“仅三五尺”，离文庙的大成殿及分巡检司“直丈于尔”，且经水啮浪冲已岌岌可危，威胁到城墙、衙署及民众的安全，于是询访耆老乡绅讨教应对之策。有人告知黄知县，楠梏神可以司风浪，救城危厄。

楠梏庙建成后，黄学准自己写了一篇《楠梏庙记》（县志载有全文），其中写道：“予游江湖间，晚始知楠梏庙神之名。江湖人凡称楠梏，皆虔心致归依。询知师巫无可凭，维其言神在江湖，变化显异，能司风浪，弘济舟船，普救急厄。”

嗣后，水府庙、楠梏庙成为潜江香火最盛的寺庙之一。主簿刘鹗，又在水府庙前增建一楼，以求水神能长久润泽沱潜，护佑民众。

然而水火无情，水府庙及楠梏庙的神灵也没能保佑潜江民众免受洪水之灾，仅清朝开国至康熙三十一年（1692）的55年时间内，潜江就遭遇五次洪水入城。如康熙十九年（1680），洪水从通会门入城，城楼倒塌，居民淹死无数，水府庙与楠梏庙之水神也一并被汹涌的洪流冲毁葬入泥潭之中了。

遥想那洪荒时代，江湖茫茫，神灵般的大禹治水施政也没能安定天下四方，更别谈先民想象中神灵治水之作用，直至民国时期，留给国人的仍只是“洪水昔日滔，得禹民乃粒”的哀叹。

当下，国家诸如三峡、兴隆水利枢纽等工程投入使用，洪患之祸已极为少见，这些工程将永远发散出无尽的福祉和瑞祥。

鲜为人知的八蜡庙

从康熙《潜江县志》卷6得知，八蜡庙供奉的是八种与农业及先民日常生活息息相关的神灵。

这八种神：一为啬，即神农；二为司啬，即后稷；三为农，即古之田畯或农夫；四为邮表畷，即邮为田间庐舍，表为田间道路，畷为田土边界或井；五为猫虎；六为坊，即笔街坊或堤防；七为水庸，即水沟或城隍；八为昆虫。其中亦包括门神、户神、宅神、社神、井神、灶神等等。

潜江民间传说这八大神能驱除虫害，抗灾御患，保民众风调雨顺，还能“报本返始，息老送终”。现在潜江这一带民众每年农历腊月初八保留有过“腊八节”（当然，腊八节的风俗还有其他多种说法）的习俗，这是演变了的敬“八蜡神”，只是少了集中祭拜的场所八蜡庙。

中国人祭祀八蜡神起源于周朝。《玉烛宝典》中说：“腊者，祭先祖；蜡者，祭百神”。前面的“腊”即祭我们的先祖；后面的“蜡”即指年终祭万物。当时，点蜡烛祭百神从单纯祭祀活动，演变成了一种节日庆典。孔子曾对其学生子贡说：“百日之腊，一日之泽，非尔所知也。”其大意是：百姓长年辛劳，现在参加祭祀先祖活动，才有一下放松的机会，这其中的道理你是不会明白的。

祭祀八腊神盛行于唐宋，到了清朝中期基本退出了官祭序列。康熙三十三年（1694）的《潜江县志》卷 6 就记载道：八腊庙“今庙祀缺然，似宜创举焉”。光绪六年（1880）的《潜江县志》已无此庙记载了。

潜江城八腊庙始创何年，庙址在何处，笔者至今没能考证清楚，但愿后来者能有新的发现。

胜地不常的元真观（元真阁）

康熙《潜江县志》卷 7 载：“元真观，在古县城南二里，”即今潜江中学一带。

“元真”意指真武大帝，他是道教经书中的神话人物，又名九天降魔神祖、玄武元帅、元始天王、真武帝君。道教认为他是太上老君的化身，是道教之神，是开天辟地之始神，能扫尽人间之妖魔，消除水火之灾。明清时期真武大帝声名显赫，民间信仰尤为普遍。潜江的元真观由此而来，并依此而取名。

元真观始建于明正德十四年（1519），由道士李通庆募捐修建。建成后仅时隔四年，即嘉靖二年（1523）元真观被不期而遇的大洪水冲毁，道士刘地载又募资重建，嗣后香火渐旺。万历二十八年（1600），知县潘之祥（进士，江西婺源人）将三元阁移址合并于元真观，增建玉皇阁，扩规改建后的元真观更加宏大庄严，于是改名“元真阁”。

披发跣足、端坐于殿堂之上的真武大帝亦没能显灵看护好自己的殿堂，清康熙二十六年（1687）观内的玉皇阁毁于火灾，潜江著名隐士朱士尊（康熙十年《潜江县志》的主编，没有付梓）又筹资重建元真阁，道士李功应担任了督修。

元真观左边有一座建于明弘治年间取名“普济桥”的古桥，桥西有古树二株，树冠参天，枝繁叶茂，相互交错，其下连根，是当时潜江一名胜，名人雅士在此题咏颇多。

明嘉靖年间的知县黄学准（广东佛山人）在潜江任知县六年即将离任时，应邀去元真阁辞别真武大帝，曾题了一首颇带伤感离愁的诗：“何代琳宫楚水头，名公曾此约清游。穿花听鸟人人得，背郭临邱事事幽。一宦忽惊千里别，六年无暇片辞留。不堪回首成尘迹，日暮云生杜若洲。”

明学使蔡潮游历元真观后，题了一首心旷神怡的《元真观》诗：“千里平湖见此楼，孤帆暂为夕阳留。禾登高垅云连野，鹭下晴空雪点洲。羽客候门疑好事，萍踪随寓记曾游。羁怀触物能生感，落叶归鸿一片秋。”

如此盛况空前的元真观，在历史的长河中也宛若秋天的一片落叶漂流而逝，亦如迷途鸿雁的哀鸣在空旷的长空随风飘荡而去。

苦修是乐的大乐庵

据康熙《潜江县志》卷 7 载：大乐庵在古县城北的护城堤旁，即今辉煌居委会与三江村交汇地带，明崇祯九年（1635），弃官归里养老的刘道隆所建。

庵本意是指小草屋，后来专指佛徒尼姑修行的场所。佛教认为出家修行非苦而乐，操度自身的同时，亦能普度众生，信众有“得道成仙，苦修是乐”之说，能遁入佛门的比丘尼仍是“大乐”，因而有了此庵名。

建庵的刘道隆在潜江历史上是一位影响深远的人物。明清时期潜江七乡之一的“道隆乡”（区划为今杨市、总口、渔洋等）；当下，南门河游园有一座“通政桥”，这都是依刘道隆之名所命名。刘道隆是今杨市办事处刘岭村人，明万历十三年（1585）进士，任过知县、兵部给事、刑部给事中，官至通政使司右通政，因而乡邻们也尊称其“刘通政”。

回到家乡后的刘道隆热衷公益事业，他先后筹资在今竹根滩镇仁和村一带修建教学、藏书于一体的“文昌阁”；在今中百仓储一带建了一座便民桥，民众取名“通政桥”；在北门建了让尼姑修行的“大乐庵”。还有，为了减轻汉水对潜江民众的威胁，他直言上疏朝廷，要求开通天门人为一己之私堵塞了的泗港河等。

为此，刘道隆百年之后，他被供奉于潜江的乡贤祠。历史就是这样，为官者无论你是居庙堂之高，还是处江湖之远，只有当繁华落尽、荣光不再时，你对乡里的眷念，对民众的回报，一言一行，一举一动都能真正让人铭记于心，载于史册。

难觅出处的长春宫

康熙《潜江县志》卷 7 载：“长春宫，在县南二里。邑人刘柱国建。”宫址在今城南居委会辖区的原气象局一带。

潜江的长春宫，并非如北京故宫的“长春宫”，是皇后、妃子的寝宫。这里的“宫”与“观”一样，是道教建筑物的一种称呼。其名与陕西大荔县北周时建的长春宫相似，既有花木茂盛，四时如春之意，亦有“道”之宗旨万古长青之意，由此，取名长春宫。

此宫的创始人刘柱国在潜江历史上亦是颇有名气的人物。他与刘道隆同是今杨市办事处刘岭村人。明崇祯四年（1631）进士，先后任工部主事、潮州知府，四川、福建巡抚兼兵部右侍郎（相当于今国防部副部长）。不知何故，刘柱国的宦迹在潜江史志上没有记载，只知他为道教信众修建了长春宫这件小事。

回音绕梁的潮音阁

康熙《潜江县志》卷 7 载：“潮音阁，城东河街乾河口，万历四年（1576）建。康熙四年（1665），堤决班湾水啮岸崩，十一年（1672）移建泰丰垸。”

这段记载告诉我们，潮音阁在今东方宾馆一带，始建于明万历四年（1576）。是时任知县的昆山人朱熙洽修建，这是他主政潜江的第二年。他主政潜江六年，善政累累，诸如清田均赋、首修砖石城墙、修葺河防、重修儒学、建迎宾馆等等。

潮音本意是潮水的声音，亦指僧众诵经之声。潮音阁主要供奉观音菩萨，亦有供奉鉴真或佛祖释迦牟尼的。全国有多处知名的潮音阁（寺），如海南的万宁市潮音寺（阁），据悉唐朝鉴真法师第五次东渡日本未果漂流至此，在此讲经弘法，佛音绕梁，三日不绝，于是信众建寺供奉鉴真法师；又如，天津滨海新区有座明永乐年间所建潮音寺，供奉的是观音菩萨，现在是滨海新区的重点文物保护单位和重要的宗教活动场所。

古乾河口是县河在此分流之处，常年河水摇荡而过，波涛如潮，回音绕梁，因而所建寺庙取名潮音阁。阁中供奉的是哪尊大神，暂无据可考。

潮音阁在风雨中接收潜江信众敬香礼佛近90年至清康熙四年（1675），今杨市办事处金银河村一带的班家湾（后亦称搬家湾）决堤，潮音阁倒塌在洪水之中。

潜江民众时常遭洪水、火灾等侵害，万般无奈之下，还得求神灵庇佑。于是康熙十一年（1672），潜江信众又将潮音阁移建至今泰丰办事处的泰丰居委会一带重建。

时光飞逝，潮音阁却不知何时就消失在潜江信众的视野之中了，再后来潜江史志寺庙之卷就没有此阁记载了。

信众云集的观音阁

康熙《潜江县志》卷7载：“观音阁，在县河东黄汉垸马伏波祠后。万历十二八年（1600）邑人李鸣建。”

观音阁供奉的肯定是观世音菩萨（民间时常简称观音）。她是佛教中慈悲和智慧的象征。佛教上说，观世音是过去的正法明如来所现身，她在无量的国土里，以菩萨之身到处寻声救苦。据说，观音具有平等无私的广大悲愿，当众生遇到任何困难和苦痛，如能至诚称念其名就会得到救护。因而，观音菩萨最为民间所熟知和信仰，人们将观世音称为大菩萨。全国各地到处都有观音庙（寺、阁），浙闽一带甚至“家家阿弥陀，户户观世音”。

黄汉垸，即今杨市办事处十号湖村与泰丰办事处莫市村交界处的马伏波祠，即马援，今陕西兴平人，东汉著名军事家。他率部南征时曾驻扎过潜江，不仅对百姓秋毫无犯，还率领南征将士抗洪抢险，组织农耕。他中疫病逝返乡时，灵柩曾停留黄汉垸，于是，当地先民为祭祀将军，在其灵柩停放处建了马伏波将军祠。因年代久远，将军祠到了明正德年已荒废无人打理了。李鸣的爷爷李銮为了寻找一僻静之处潜心读书，便将将军祠打扫一番后秉烛苦读，后来中了贡士。

李鸣，明嘉靖三十七年（1558）乡举第一名，任过陕西西乡知县，政绩卓越，曾受到嘉靖帝的接见。其父亲李崇信明正德年间中举后，任过今江苏丰县知县、陕西汉中府府丞等职，政绩非凡；其子李之暭万历年间进士，官至四川兵备副使。

李鸣家族笃信行善积德，其祖父李銮整修了将军祠；其父不仅筹资重建了将军祠，还置义冢下葬很多穷困死后无葬身之地的人。因而十号湖一带的李氏家族在明清时期宗门显赫，人才辈出。这也应验了《周易·坤·文言》所言“积善之家，必有余庆”的至理名言。也就是说积德行善之家，必然恩泽子孙。

李鸣建观音阁这只是对先辈良好遗风的发扬光大。史志记载潜江观音阁三重两殿，规模宏大，信众众多。每到农历二月十九观音生日、六月十九观音成道日、九月十九观音出家日，百里之外的信众也慕名云集此阁。据传，此处礼佛求子最灵，后来信众又捐资扩大了观音阁规模。

励志显荣的三元阁

康熙《潜江县志》卷6载：“三元阁，在水府庙后。”前面《潜江之水府庙》一文明确了其庙址在北门外城墙北边矶头上，即今康馨花园小区北边临煤栈河一带。而三元阁与水府庙仅一墙之隔，它在城墙南面，与儒学及文庙同在一院落内。

这里的“三元”是指古时科举考试三种不同的第一名。每三年一次省一级考试叫乡试，乡试录取者称举人，中举的第一名叫“解元”；次年春举人进京城参加考试，叫会试，会试录取者称贡士，其中第一名叫“会元”；接着贡士再参加皇帝在皇宫内主持的考试，叫殿试，殿试录取者称进士，其中第一名称“状元”。潜江历史上北宋朝初就出过状元毕渐（今园林办事处人），明朝中期出过解元初珍（今高场人）。曹珩创修此庙，意在振文风，盛科举，激励士子发奋苦读，冲刺“三元”。

潜江三元阁，始建于明万历二十四年（1596），时任知县曹珩（贵州石阡人）主持修建。曹珩当时建三元阁，起因是万历十七年（1589）“状元焦竑（山东日照人，官职翰林院修撰，明朝著名学者）榜”，潜江有四人榜上有名，即四人中进士，分别是李之皞（官至四川兵备道）、刘应柯（官至嘉兴知府）、欧阳东凤（官至常州知府）、柴恪（官至兵部职方主事）。这在潜江科考史上是空前绝后的惊喜。一般三年一科的会试，一个县有一两位学子中进士就是很了不起了。但潜江的科考鼎盛之时，也留下了一点遗憾，这四位才子都与“三元”无缘。于是曹珩想修三元阁，激励潜江学子科考中“三元”。

据悉，曹珩当时所建三元阁中塑了一尊魁星像，他手执朱笔，面对儒学大门，意在鼓励学子勤奋学习，早日科举成名。这三元阁历经沧桑，屡建屡毁。始建77年后，到了康熙十二年（1673），三元阁崩入城北河中。次年，知县王又旦（进士，今陕西合阳人）到任，他十分重视文化教育事业，又迁址于城西北马昌垸（今物探公司西院一带）重建三元阁，将孔子及魁星等神像塑于庙堂。

仅时隔三年，即康熙十五年（1676）东荆河今深河潭段堤决口，三元阁再次被水冲毁。次年新任知县周元恺（辽宁省辽东人）再次筹资重建三元阁。因阁濒河，加之地势较低，十多年后又渐毁损。康熙二十九年（1690）僧人普桐再次募资进行修建，嗣后就不知所踪了。

康熙三十三年（1694），其“旧基址依然”存在，但庙堂已不复存在。三元阁虽然没有了，但潜江学子及民众崇文重教的意识永存心中，士子奋发向上，从没止步。如清末潜江最后进士甘鹏云，是中国近代著名的史志学家；曹禺的父亲万德尊，留学日本士官学校，后任黎元洪总统军事秘书，民国初将军；留学日本振武学校的李书城及留学日本东京帝国大学的李汉俊兄弟俩，前者是辛亥革命元老、新中国首任农业部长，后者是中国共产党创始人之一、中共一大代表。明清两朝至民国潜江科甲仍荣耀郢楚。时至今日，潜江之文教事业亦兴旺发达，其盛名享誉荆楚大地。

平定风浪的萧公庙

据康熙《潜江县志》卷 6 载：“萧公庙在，一在县治南”，“一在县治北二十五里”。

第一座萧公庙在今城南居委会一带，明弘治七年（1494），知县萧瓒（江西安福县人）主持修建，距今已有 525 年历史。第二座萧公庙在今竹根滩镇的王拐渡一带的汉江边，明成化三年（1467）知县吕文（河南延津县人）主持修建。此庙才是潜江的首座萧公庙，比城南的要早 27 年。

另据省志记载，县城西北 90 里（今高石碑兴隆前坝前一带）亦建有萧公庙，但到了清康熙年初就不知旧址，潜江县志中亦无记载了。

萧公是何方神灵，潜江官府和民众为何要如此恭敬呢？据史志载，这萧公姓萧，讳伯轩，为人刚正自持，不苟言笑，疾恶如仇，乐于助人而受人爱戴，明朝年初成为朝廷推崇的水神。传说中的萧公龙眉蛟发，常行走于江湖之间，能平定风浪，保障江湖行船安全。尤其是有祷必应，福泽四方，江河湖泊沿岸民众尤为敬仰。

潜江地处古云梦泽一隅，江河湖泊交错，古时人们面对无力抗拒的洪涝和汹涌的风浪只能求得神灵保佑。今兴隆坝、王拐一带都濒临汉江，城南也横亘着一条古河道。古时，人们出行主要借助舟船往来。潜江人行走在江河湖叉之上，遭遇风浪之险是常态，因而要求得舟航稳载，水途平安，就只得多处建庙供奉萧公，祈求其平定风浪，保境平安了。

如今换了人间。潜江之江河湖泊已被整治得风平浪静，恩泽四方，加之有“人定胜天”之兴隆水利枢纽工程等，过去时常危害民众的汹涌江河湖水，现在亦显温顺，好似温柔恬静之美女，正抚摸着丰腴的潜阳大地，亦是慈母之甘甜的乳汁，正滋养百万荆楚儿女。

自惭形秽的萧公早隐退于江湖再不敢造次要民众供奉了。

再见了，曾经的萧公！再见了，难觅遗址的萧公庙！

孝母报恩的慈慧庵

康熙《潜江县志》卷 7 载："慈慧庵，在县城南五里（今马家台一带）。"始建于何年难以考究，县志曰："康熙二十年（1681），邑人郭耀宗建"，因而，有人称其为始建。郭耀宗是当时潜江城的一位知名乡绅。

慈乃仁爱和善；慧即聪明有才志。郭耀宗认为凡出家归入佛门的比丘尼之女士是仁慈聪慧之人。据悉，郭母欧阳氏是今杨市十号湖村（古称永兴铺）欧阳燕孙女，从小受到过良好的家庭教育，聪慧美丽，嫁到郭家后，其夫英年早逝。留下郭耀宗孤儿寡母相依为命。郭氏守节不改嫁，茹苦含辛支撑郭耀宗寒窗苦读，而郭少有读书入仕之天资，到了三十而立之年还只是一秀才。于是郭耀宗弃学经商，后来还真的发迹了。郭耀宗出于对母亲的敬仰，在其母六十大寿时，出资修建了此庵，并取名慈慧庵，了却他孝母报恩的一份心愿。

此庵濒临古县城南边的护城河，历史悠久，规模宏大，时至康熙三十三年（1694）庵内"曲泾清溪，松柏环翠，台沼亭馆（交错），旧址依然"。香火盛旺，是当时潜江琳宫之名胜。

当下，慈慧庵旧址难以寻觅，其清幽高雅之貌只能留在历史的记忆之中了。

幽静的崇寿庵与慈悲的观音庵

康熙《潜江县志》卷 7 载："崇寿庵，在县南马市潭。"据史志载，崇寿庵并不宏大，但庵内广植竹木，园中有一荷花池，环境十分幽静，是一处难得的清修养心之地。

崇即尊崇、推崇，如崇德、崇儒等，取积善崇德者高寿之意。崇寿庵在今马家台居委会一带，始建于何年难以考究，康熙潜江县志明确载录"康熙三十二年（1693）僧元悦重建”，即表明此前崇寿庵就存在。

元悦何方人士无据可考，出家之人是替佛祖超度众生之徒，至此就该打住了，倒是庵堂重建后，邑人郭春咏所题诗文流传至今。诗曰：“兰若春风清昼长，汲泉新煮紫茸香。游蜂不解幽寻意，缭乱趋衙闹夕阳。”

这郭春咏是当时潜江城一贤达之士，家住城中东河街，他是康熙年间岁贡生，其父郭铁是崇祯年间贡士，不仕，自号“六湖居人”；其爷爷郭之祐是万历年的举人，曾任过陕西巩昌府知府。郭春咏他向往官场，却仕途不顺，苦闷烦乱之意，只能借崇寿庵长夜的“春风”、寂静的“兰若”花，紫色的“茸香”草、游动的“壁蜂”，去“衙门”看夕阳来释怀了。

观音庵在古县城北的城墙外，建成于清朝年初，初创时其规模宏大，香火较旺，后因城北护城河水的不断侵袭而损毁，到了清光绪中期才慢慢修复。

无论是观音庵，还是观音阁、观音庙供奉的都是观音菩萨。佛经上说，观世音（即观察世间众生之声音，简称观音）是如来佛、阿弥陀佛的化身，她在无量的国土中，以菩萨之身到处寻声救苦；还说观音具有平等无私的慈悲情怀，当众生遇到任何困难和苦痛时，只要念及观音菩萨，她就会化作不同的身相去救护，因而观音菩萨也最为民间所熟悉和信仰。潜江信众也与很多地方民众一样崇拜观音，由此，观音庵（庙）随处可见。

据现在年龄在 80 岁以上的潜江城老居民回忆，城南城墙边也有观音庙。观音庵在民国末年都还存在，那时更名叫观音庙了，毁于新中国成立初的水利建设之中。

博大的溥定庵及凄婉的金莲庵

康熙《潜江县志》卷 7 载：“溥定庵，南门外，康熙十五年（1676）建。”此庵濒临古城南河，初建时规模较大，庵前有亭廊曲桥，并有一放生池。

溥，广大之意，《礼记·祭义》有“溥之而横溥四海”之说。溥，大也，泛指广大，通“普”，《诗·小雅·北山》：“溥天之下，莫非王土”，即普天下安定之义。特定的地方亦与浦同意，即大水边，如浦东。溥定庵之名由此而来。

溥定庵与潜江古县城周边的其他寺庙命运基本相同，因频遇水患和风雨的侵蚀，到了清朝末年，此庵就湮没在故纸堆了。

金莲庵在古县城的城南护城堤外（今水牛城一带），明万历二十二年（1594）信众自筹资金所建。

城南古护城堤外河湖相连，流水潺潺，每逢盛夏碧荷起舞，莲花飘香，时至秋季香莲似金，如是信众将城南河畔所建之庵取名金莲庵。

金莲庵之名民间还有一种说法，即明朝万历年初，城南护城堤外有一郭姓大户人家的郭少爷，娶一姓刘名金莲的女子为妻。

郭少爷从小就喜欢舞枪弄棒，没能寒窗苦读考取功名，却在二十多岁时凭其武艺考中武举。随后任职被派到东南沿海抗倭而不幸阵亡。刘金莲在家抚育幼子，孝敬公婆，纺纱织布，深得族人及邻里的敬重。郭少爷的阵亡使刘金莲身心遭受了沉重打击，一夜之间让她仿佛看破了红尘，于是她将官府的抚恤金等拿来在古城墙边修了一座庙，最初取名观音庵，自做居士，每逢农历初一、十五必进庵烧香焚纸，以求观世音让她见到亡夫，超度余生。结果十年不到，刘金莲在思夫的郁闷中得病而亡，族人及乡邻为了纪念她，遂将观音庵更名为金莲庵。

情深意长的三义庙

三义庙在古县城内的南边，即今商业幼儿园一带。

三国时期的刘备、关羽、张飞在潜江这块热土上留下了深深的脚印，并有许多记载和传说。潜江民众对刘、关、张历来十分崇拜，于是依据他们“桃园三结义”的故事，建了“三义庙”。

三义庙始建于清乾隆年初，庙宇由前殿、大殿和两廊组成，大殿内供奉的是刘、关、张三兄弟的塑像。三国时期英雄迭起，豪杰纷争，但唯刘、关、张他们三人将中华民族倡导的忠义仁勇之传统美德浓缩于一体，亦是忠义仁勇之象征，此庙就是要让这种传统美德千古流芳。

三义庙在清光绪年间更名为武庙。时光荏苒，后来就只能在史志中找到其印迹了。

卷十一　坛壝墟墓

引　子

壝，古代祭坛四围的矮墙；或有矮墙围起的坛。坛壝，即举行祭祀活动的场所。人类最原始的信仰有两种，一是天地信仰；二是先祖信仰。于是出于对天地及先祖的崇拜，产生了各种各样的祭祀活动。墟墓，泛指过去有过而现已荒芜了的坟墓。

祭祀活动是一件庄重肃穆的事。古时，先民或官府开展一些祭祀活动都必须建坛壝，这也是千年的礼制之规定。据现存的康熙和光绪两部《潜江县志》记载，旧时，地方官员除了审案、办学，维持当地社会治安之外，很大一部分精力就是组织或主持名目繁多的祭祀活动。光绪《潜江县志》仅就文庙祭祀典礼所用器皿、用品、摆设、祭文、祭祀典礼程序等就专用了一卷（卷6）进行叙述。古时，所有祭祀活动万变不离其宗，即进贡（品）上香，叩拜行礼，祈祷保佑风调雨顺，降福免灾，万事如意。旧时潜江举行这些祭祀活动的坛壝较多，这里仅选其中三处以一斑窥豹。

潜江为楚西一隅，是楚文化的发祥地之一，其境内的墟墓遗迹不少，尤其是潜江旧志记较多，主要集中在今泰丰的黄汉垸、杨市的十号湖及积玉口古城一带，但这些墟墓大多是潜江某时期的一般人物，真正享誉神州者甚少，拙笔难以生花，只做一点小考。

与京城同名的社稷坛及天坛

坛，这里指用土或石块筑起举行祭祀活动的高台。如北京的天坛、地坛、拜将坛等。旧时，潜江这类坛亦不少，本文只简要叙述社稷坛和天坛。

（一）

“社稷”一词代表国家。社，即社神，是主管土地的神；稷，即稷神，主管五谷的神。社稷坛就是用来祭祀土地神与五谷神的坛，意在祈求神灵保佑国家或本土风调雨顺，五谷丰登。明洪武二年（1369）朱元璋即下诏：“每岁春秋二仲上戊致祭”，并在紫禁城（今天安门）西建了社稷坛，各州府衙门也仿效之建坛祭祀。

据明万历三十年（1602）《承天府志》卷5载：“潜江县社稷坛在城西隅”，即今物探公司住宅区一带。康熙三十三年（1694）《潜江县志》卷6载：“社稷坛在县治西，洪武三年（1370）知县史纯一立。成化元年（1465），知县吕文（举人，河南延津人）重建宰牲、神厨、库房及坛门。（成化）十五年，知县胡璘增修。久废。”

古时，社稷坛是重要的礼制建筑，台高、长宽及坛台上建筑物都是很有讲究的。如明初规定：“坛制二层，第一层高二尺，第二层高一尺五寸，方各二十九丈。二层周围各栏槛，外植树木，砌缭墙，铺五色土”等。潜江的社稷坛上建有宰杀祭祀用牲畜、家禽的宰房，为敬神灵用餐的神厨及库房和坛门，另外祭坛四周还有矮墙。可想而知，此坛当年之宏大壮观。虽然两部史志所记载潜江社稷坛在“县城西”的地址基本一致，但其准确地址还有待考古挖掘确定。

（二）

史志载，潜江有“风云雷雨山川坛”，俗称“天坛”。潜江之天坛与北京天坛作用是一样的，是官府用来祭祀风雨、雷电、山川之神灵的祭坛，或是祭天、求雨、祈年丰的专用祭坛。据康熙《潜江县志》卷6记载：潜江天坛“在县治对河南岸。洪武三年，知县史纯一建”。

明初潜江县衙在今城北康馨花园一带。县衙前（今儒学路）西南有一条河，古称西河，每年举行祭祀活动时，遇风雨或水涨，涉河渡水十分不便，因而“成化元年，知县吕文迁于县治东南新建社稷坛并配建宰牲、神厨、库房等。十五年，知县胡璘（进士，今山东济南人）增修”。岁久年湮，至清康熙年间，坛址及祭坛上矮墙还在，但房舍已无。

明清两朝，上至皇上，下到县官都十分重视社稷、天坛、庙祠等祭祀活动，且活动流程十分复杂烦琐。明朝规定“岁以春秋二仲戊日祭”社稷，即每年春季和秋季的第二个月，逢“戊”（按农历六十花甲排序，每60天有6个戊日，如戊子、戊寅、戊辰等）的某一天进行社稷祭祀活动；“七月望、十月朔”祭天坛，即每年农历七月十五（即月圆）的那一天和农历十月初一（即新月的第一天），举行天坛祭祀活动。当然，遇久旱不雨或洪水泛滥时，官员也率民众适时去天坛祭祀，祈求神灵保佑一方风调雨顺，民众安康。从清光绪六年（1880）《潜江县志》卷6“典礼志”可窥其祭祀典礼一斑。现以祭“十三哲”（包括孔子、孟子等）为例，简要叙述一下祭祀程序。

（三）

祭前，主祭官要入寺庙净身吃斋三日。祭祀日辰时，出祭器，陈列于殿堂。祭器包括釜、尊、鬲、簋、鼎等几十种，且都有严格的位置；神堂香案前的猪、鸡、牛、羊，瓜、果、花及各种食物等供品不能错位。祭祀活动的当天，官员要着官服，其他人员要着吉装，在领祭者的引导之下，“至先贤神位前，上香，行一跪三叩礼，退挂榜亭内，是日哺后，各官至明伦堂坐，三揖毕，主祭官起……读祝者捧祝，司帛者捧帛。读祝者先跪取祝文，司帛者次跪取帛，向外立正。祀由中门出，左配左哲，由殿左门出，右配右哲，由殿右门出……”这其中“乐起”“乐止”“读祝文”、行“分献礼”“唱赞歌”、行“三跪九叩礼”，不知要重复多少次。一场祭祀活动，没有三五个小时搞不完。

上述祭祀活动简单一点说，必须着正装，行跪拜礼，诵读祭文，唱颂歌，点燃神案前香烛，为神灵献茶敬酒，奏雅乐，上供品，放鞭炮，焚烧祭品等。现代很多人认为这些繁文缛礼的祭祀活动没有意义，笔者不认同这类观点。

凡是人，对世间万物都应有敬畏之情、礼敬之心；是人都要有信仰，要有精神支柱。西方国家90%以上的人都信奉上帝，他们在教堂里面对上帝的忏悔、祈祷中，得到的是自我反省，自醒、自警，是一种心灵净化，精神升华；东方国家人大多数信佛或神，他们在神殿里面对佛主或神灵，上供、焚香及祈祷中，得到的是心理暗示，自我宽慰和精神慰藉。不同国家、地区有不同的信仰。信仰带来的是人在物资匮乏期、在艰难困苦前、在生关死劫时精神上的充实，心灵中的感恩，能给人绝渡逢舟的慰藉和绝尘拔俗的超脱；能消减人对社会的抱怨和人性的贪婪。

笔者十分赞赏山东泰山市祭天、曲阜市公祭孔子、陕西黄陵县公祭黄帝、湖北随州市公祭炎帝等祭祀大典及清明节国人祭先祖的一些祭祀活动。这些祭祀活动能传承优秀的传统文化，净化人的心灵，引领苍生珍惜当下时光。

祭祀土地神的法云社

法云社在县河东岸（今东风路东方宾馆一带），明嘉靖三十七年（1558）僧人济空始创。

盛唐时期，人们在孔子、孟子等圣人出生地的山东嘉祥县建了法云寺，后来流传有“天下神，数法云”之说。“社”古代指土地神和祭祀土地神的地方。潜江的法云社依此而得名，并明确这是一座祭祀土地神的寺庙，其中亦含有请诸神保佑社稷稳定、社事兴旺之意。

潜江法云社历经沧桑，几经兴衰，数经修复，香火断于清朝末年。据清康熙、光绪《潜江县志》所载，明嘉靖年间所建法云社在万历年间毁于水患；崇祯五年（1632），僧人戒敦主持重建。到了清康熙十二年（1673），又被水毁。康熙十四年（1675）僧人常维又主持重建，但资金严重不足，这时请到了当时潜江名人欧阳蒸写了一篇情真意切的《募捐疏》（康熙《潜江县志》载有原文）。

欧阳蒸是明崇祯年末进士，曾任江都、滑县知县，明朝灭亡后又在清廷任过吏部验封主事、迁文选员外郎。寺庙建成后，又请赋闲在家的前朝达官刘昌吉写了一篇《法云社重建记》。这刘昌吉是潜江竹根滩荷花垸人，万历末进士，曾任刑部郎，汉中太守。凭两位名人的影响，法云社建起了阁、殿、堂、厨、库及山门、鼓楼等，收藏了不少佛经。

气势巍峨、清静幽寂的法云社是潜江信众秉戒异行、祈福消灾免疫的最佳去处之一，香火十分旺盛，文人墨客、达官显贵在此留下了不少诗文。康熙七年（1668），时任知县王又旦曾题了一首四十四句的《法云社》长诗，其开头四句写道："我遇已可知，我愧屡惊靥。陋巷应吾分，一官夙所忝。"清康熙四十一年（1702）曾任石泉（今四川北川县）知县的潜江人朱载震，在一首《法云社》长诗的前四句写道："层林披烟霭，河流带郭明。招堤临彼岸，梵放度远声。"

清咸丰四年（1854）一场大火，法云社又被烧得面目全非，同时被毁的还有珍藏的《大藏经》三百六十八函。咸丰十年（1860）再次重修大殿、禅室、寺院等，后又毁于朝代更替之中的兵燹，现在留给我们只有文字中、记忆中的法云社了。

春申君及墓冢

地处江汉平原腹地的潜江，自古以来虽一马平川，无名山大川及关隘险固，但我们的祖先在这片沃土上劳作耕耘、休养生息、固守家园的活动中留下了不少古迹名胜，使潜江成为楚文化的发祥地之一。这些古迹名胜是当下承史继学、旅游开发的宝贵文化遗产。这里介绍曾在潜江留下印迹的春申君及墓冢。

（一）

春申君（前314—238），名黄歇，因先祖受封于黄，其后乃以黄为姓，楚国江夏人（今湖北武昌东、监利、蕲春，河南潢川、泌阳等地在隋唐前分别有江夏之名，其籍贯有监利、潢川之争）。战国时期著名的政治家、军事家、谋略家。他与魏国的信陵君（魏无忌）、赵国的平原君（赵胜）、齐国的孟尝君（田文）并称“战国四君子”“四公子”。

黄歇年轻时曾四处拜师求学，见识广博，以辩才出众，深得楚顷襄王赏识。出使秦国，说服了秦王停止伐楚，后随太子熊完（即继位的楚考烈王）在秦国当人质十多年。楚顷襄王病危时，他出谋让熊完逃出秦国并回到楚国继承了王位。

楚考烈王继位后，任黄歇为国相，赐给他淮北十二县的封地，封号为春申君。公元前248年改封吴地（今上海、江苏苏州一带）。曾救赵却秦，攻灭鲁国等。任楚相25年，有食客（所纳贤士）三千，史称“虽名国相，其实为王也”。因在其封地治政安民有功，今上海、江苏一带人十分敬重黄歇。上海的简称“申”，就来源于春申君的“申”；黄浦江的别名也是依其名为“春申江”。苏州民众奉之为城隍神，建庙塑像定期祭祀。

（二）

就这么一位历史名人，他不仅在潜江留下了足迹，并还有他的墓冢。战国时期，潜江是楚国都城鄢郢（今江陵）的城郊，楚考烈王的先祖楚灵王（前540－529）在潜江境内建有章华台（宫），黄歇在受楚顷襄王赏识和辅佐楚考烈王时都曾经常游走在潜江这片沃土之上。

公元前278年秦国攻下楚都鄢郢后，楚顷襄王与黄歇等先退至竟陵（今潜江西北），当竟陵沦陷后，楚国国都被迫迁都于陈县（今河南淮阳），于是在公元前272年楚顷襄王派黄歇出使秦国游说求和，并结盟为友好国家，争得了秦楚约20年的和平时期。

黄歇死后其葬地众说纷纭，一说他葬于安徽淮南市谢家集区，今有“春申君陵园”；一说他葬于古黔中郡开元寺（今湖南常德一带）；还有一说监利黄歇口是依其墓地命的名。清康熙三十三年（1694）《潜江县志》卷8明确记载：“春申君墓在县西南九十里。旧传‘黄歇冢’，碑久字蚀。”县志不仅说了春申君墓的方位，并说还有碑文，只是字迹风化难辨认而已。

明末潜江诗人张承宇有一首《过春申甲墓》诗，其中写道：“歇已穿窬盗，胡然列四雄。鲁弱姬一线，灭之以为功。帅众函关下，束手奔江东……相传古有碑，缺折涂泥中。身就束缚至，冢亦号朦胧。”诗中也说了坟墓及字迹朦朦胧胧，难以确认。陈桥驿主编的《中国都城辞典》（1999 年江西教育出版社出版）称“春申君黄歇墓，在江陵城东 35 公里处，泥港湖东岸”。这与潜江县志的记载十分吻合。潜江“县西南九十里”与“江陵城东 35 里处”，即“泥港湖东岸”说的大约是同一地方。

（三）

近两年，笔者曾到今潜江浩口镇、运粮湖农场及江陵的泥港湖等地几度寻找踏访过春申君之墓冢，虽都以遗憾无果而告终，但笔者确信一部现代的辞典，一部清代的旧志都记载春申君墓在潜江与江陵交界之地应该是有其依据。只是代远年湮，沧海桑田，其墓冢被湮灭在泥沙黄土之中而暂没被考古发现而已。

现在有的人说，潜江可能是春申君的衣冠冢。笔者认为无论是春申君的尸骨冢，还是他的衣冠冢，都有其深远的历史价值和现代意义。历史这个东西就是靠记载而传承，历史文化这东西就是靠挖掘而成名的。既然这样一位中华文明史公认了的历史名人，史志亦有明确记载墓冢在潜江，我们现在虽然暂找不到其具体方位，是否也可学习一下上海和苏州等地的做法，用其名命名一条路或一条街道名，或在合适的地方立块碑，刻上其名，或在某广场塑尊像等，这种与现代文明城市建设及旅游开发相得益彰且简单而又有意义的好做法，也不失为承史继学、资政育人之创举。

毕状元之墓冢小考

创始于隋初、终结于清末的科考取士历时一千三百余年。据不完全统计，历代王朝举行的科考八百余次，其中有名可考的状元有七百七十七名。宋朝天下三百余年，湖北状元仅十一名，而宋绍圣元年（1094）潜江就出了一名状元，其名毕渐，即本文所言的“毕状元”。

毕渐，字之进，今潜江园林办事处人，其生卒年月不详，他可是潜江唯一的状元。史志中对其多有记载，如《宋史》有“毕渐，吏部员外郎”记载。《大明一统志・人物》记载：“毕渐，字之进，潜江人，绍圣元年状元。为膳部员外郎，出知荆州府事，以文学致身，刚介自立。时人以其典乡郡，荣之。”《福建通志·职官》载：“提刑司提刑毕渐。”

清康熙三十三年（1694）《潜江县志》人物志（列传），第一人就写毕渐，其内容与上述记载基本相似，并记载了他当时考取状元的大致历程。文中说：“元祐八年廷试进士，李清臣发策主复熙丰法，苏辙廷争，几得罪，赖范纯仁免。及进士对策考官，是元祐者最等。礼部侍郎杨畏复试，悉下之，拔毕渐第一。”

这段记载告诉我们，当时，李清臣（户部尚书）主考，他出的“策论”题是主张恢复“熙丰法”，而苏辙当廷向宋哲宗皇帝言辞激烈进言反对，惹得哲宗大怒，要治他罪，多亏右丞相范仲淹之子范纯仁求情保了他。而评卷又是一批元祐党人，他们主张将按元祐之策治理国家的一帮人评为最佳。礼部侍郎杨畏复试时，最后将主张恢复“熙丰法”的毕渐确定为第一名。

在党争激烈的政治生态环境下，毕状元仕途并不顺畅。最初下派在襄阳府任幕僚，干了约十年，至宋徽宗崇宁二年（1103）才授了个“承议郎”（七品）闲职。后任过潭州（今湖南长沙等大片地区）通判、福建提刑官，再后来擢升膳部员外郎、荆州知府，最终病故在荆州府知府岗位上。

毕渐死后葬入何处，《潜江县志》卷 8 载：“状元毕渐墓，在县西南八十里”；卷 15 载：“渐守荆州，卒于官，墓亦在江陵界。”从史志中得知，其墓应该在潜江西与江陵东的某交界之处。

2015 年秋，笔者在撰著《潜江历史名人传》时，其中写到了《在党争旋涡中刚介自立的状元——毕渐》。当时，笔者找到了清光绪六年（1880）的《荆州府志》，在卷 7（古迹）中发现了“渐台”，府志曰“渐台在城东六十里昭王贞姜”处，“渐台遗址，俗呼毕渐者”。并附上了元朝杨维桢、明朝李东阳凭吊“渐台”后各自留下的一首诗。这与潜江县志记载的其墓冢方位及距离正好相吻合。经寻访当地有关人员，墓冢大致在今潜江运粮湖与沙市观音档丫角及省畜牧场相交地带。

毕状元一生虽然官不逢时，职级不高，也没有名垂千古轰轰烈烈的宦迹记载，但在科举取士的年代，皇榜之“状元”，必然会载入国史，轰动朝野，让世人仰慕。至今，潜江民众仍以其为荣，口口相传，以其命名的古迹名胜流传不少。如“毕家山”“毕家楼”“状元坊”“毕公里（乡）”等等。

近几年，笔者曾按图索骥，几次到江陵、潜江交界的丫角、运粮湖等地，虽没找到其墓冢及毕渐台具体地点，但知晓了其大致方位，并认为“昭王贞姜”处之“渐台”，与毕渐之墓冢的“渐台”同在一处。

此渐台说的是东周时期楚昭王出游时，将夫人贞姜留在了渐台，并约定召见时必有符节。其间突发洪水，昭王遣使者迎贞姜，结果使者忘了带上符牌，贞姜在明知“行必生，留必死”的情况下而不弃约求生。水至台崩，贞姜溺亡。这就有了流传千古并进入了当今学生德育教材的“贞姜待符”“贞姜守约”之典故。

如今，有点诗意的毕渐之墓冢及渐台早已湮没在黄沙泥土之中难觅踪迹了，但毕状元之文化却深深根植于潜江崇文重教的这片泥土之中，千古不变地激励后来者发奋读书，再创新高。

“莫氏祖茔”之碑考

2017 年 5 月，总口农场张家湖分场在湖中推进土地整理项目时发现了“莫氏祖茔”之碑，农场两级党委主要领导出于对历史人文的礼敬和对古迹文物的保护，在原址重新树起了此碑并请笔者进行考究。访旧咨新，征文考献后，得知其古碑蕴藏着丰厚的孝悌文化及家族信息。

此碑所在地古地名叫月湾，系张家湖莫氏家族祖茔之地，立碑时间是清康熙三十九年（1700），立碑人是时任陕西布政使司参政（相当于今副省长）的莫氏迁潜十三世孙莫之翰。

张家湖莫氏在明清时期宗门赫奕。其先祖居江西吉安府庐陵县膏泽乡膏泽里，元末明初为避战乱迁居湖南长沙府浏阳县西门外。元朝就有常州知府、大理评事等朝廷命官；明初有一人官至侍郎（正三品），两人官至郎中（正五品）。明永乐帝发起“靖难之变”（1402 年）成功后，其在朝廷为官的先祖为逃避“拥戴先帝，诛灭九族”之祸，率一支子孙迁徙至今潜江张家湖落籍。

莫氏家族历来崇尚孝悌耕读，迁潜十世莫汝嘉乡试中副榜后，被称为一代“儒行之宗”，嗣后，张家湖莫氏家族更是科甲鹊起，人才辈出。莫汝嘉之子莫若智博学有述，是当时潜江的著名学人，在明崇祯年间任过葭州太守的幕僚；其孙莫与先，清顺治十五年（1658）进士，任过今河北高邑县知县，后弃官归里养母，杜门息交，短篱茅屋，教子孙耕读，著述颇丰，现存其诗文三十余篇（首），分别被《湖北文徵》、《潜江明清诗选》等收录，莫与先82岁而卒，被称为“潜江明清四大文学家”之一；曾孙莫之翰，清康熙十年（1670）进士，曾先后任江西上高知县、刑部员外郎、（江南）凤阳府泗州（今江苏盱眙）知州、贵州提刑官、西安太守（知府）、陕西布政使司参政。康熙帝赐封其“通议大夫”，六十八岁而不禄。莫之翰清正为民之举，至今仍被今江苏盱眙民众传颂。

莫氏家族以耕读孝悌兴家，其《族谱》“立孝约”开篇写道“百行莫大于孝，居家莫忘记慈”。莫之翰虽身居高官，但牢记家训，不忘祖恩，他六十岁时，在莫氏先祖坟地立下了此碑。这既是良好家风文化的弘扬，亦是中华孝悌文化的传承。

世远年湮，笔者无力凭空结撰。浅考于此，亦创此略，错落之处，不吝见示。

2017年仲秋

附：

作了此碑考后，农场负责人想为新立石碑刻上一副对联，同时，拟新建一碑亭，问及碑名及落款等事宜，笔者提供如下方案供选用。

对联有三：

1.贵人眠于月湾畔，蹈德族旺佑万年。横批：月湾荷香

2.蹈德咏仁路无不畅，正身履道乐以相传。横批：懿德永昭

3.远德厚望碧水在，贵人音容映青天。 横批：蹈德懿行

亭名有十：

1.懿德亭；2.月湾亭；3.荷香亭；4.秀野亭；5.月泮亭；6.醉翁亭；7.沧浪亭；8.德卿亭；9.顾洄亭；10.紫来亭。

亭名来历另述。

落款有三：

1.总口农场张家湖分场；2.总口农场旅游局；3.沱潜张家湖莫氏子孙。

拜谒将军墓

《潜江历史名人传》付梓后，书中很多人物的形象及生前之事时常萦绕在笔者的心头，如书中第82位人物——抗日名将周开成就是其中之一。

周开成是地道的潜江人。1906年9月出生于今竹根滩镇前明村二组，他是潜江少有的民国将军之一。

民国初，他满腔热情投入民主革命，成为黄埔军校第七期学员；抗日战争时期，他血战台儿庄，立功受奖；参加中国远征军，英勇善战令日军闻风丧胆；解放战争时，他任国民党“荣誉之军”第八军少将军长，淮海战役战败被俘，最初死不认输，最后心悦诚服；1975年3月特赦后，他当选为全国政协委员、湖北省政协常委。

笔者与周开成非亲非故，也没谁指派为其留传，至今还没见到过其直系亲属。按诗仙李白《梁园吟》所言“人生达命岂暇愁，且饮美酒登高楼”，本该乐天旷达、不必为将军的命运而纠结，但笔者在撰写其传记时，从省、市档案馆及相关资料中看到将军叱咤风云的前半生，让笔者对他钦佩不已，尤其是抗日战争时期，将军出生入死，英勇善战，多次荣获“宝鼎”“云麾”奖，被誉为国民党军队“常胜将军”的这段历史，让笔者记忆犹新，久久难以忘怀。

书籍出版后，笔者出于对将军的敬仰，总在寻找拜谒陵墓的机会。2019年1月26日（农历腊月二十四），走出书斋，特地寻访到前明村二组拟给将军上炷香，但其亲友告知，其墓已迁移至杨市紫云公墓去了，让笔者心头留下的是一份遗憾、一份惦记。

2019年2月5日，即农历正月初一，笔者起了一个大早，去紫云公墓给一位挚友年前刚过世的母亲烧清香，决定顺道去查找周将军之墓并祭拜一下。走出家门，天公不作美，大雾弥漫，能见度不到20米，小车只能爬行在宽敞的马路上，这有点像笔者刚开始写将军传记时，在浩如烟海的史料中寻觅其人生轨迹的迷茫。平常不到 15 分钟的车程，居然行驶了 40 多分钟。

到达公墓后，笔者联系上公墓管理处春节值班人员，请他们帮忙查找其墓位。很快电脑显示出将军之墓在“紫云区七组，4 排 6 号”。工作人员听介绍，查找出来的逝者是一位抗日名将，顿生敬重之情，热情并执意带笔者找到了其墓位。

将军之墓混杂在普通民众墓群之中。一米见方的麻石墓座上，树立着一块高约 1.2 米、宽约 0.6 米的黑色花岗岩墓碑。碑的正面刻着将军和两位太太的姓名及生卒年月和立碑人的姓名，碑的背面居然出乎意料的是一片镜面。如果没有人指点，很难发现这乌黑石碑下面长眠的就是统领千军万马的抗日名将周开成。更让人感到有点凄凉的是，周边的墓冢都有后人或至亲在腊月三十或正月初一上坟时献的花、点的长眠灯等祭拜之物，唯有将军之墓冷清凄凉好像几年都无人问津。墓上除了几粒鸟粪和空中飘浮来的鞭炮屑、纸灰及浮尘外，再无其他祭祀之物。

笔者轻轻地清扫其墓冢上的浮尘，生怕搅扰了将军清静独处的灵魂。嗣后，独自一人给将军送上了事先准备好的一捧黄白相间的新鲜而素雅的菊花，再按潜江祭奠亡灵的习俗，给将军烧上的一些冥币、黄表纸，敬了三炷香，放了一挂鞭炮、一盒冲天炮。

笔者选择奉献凌霜而放的菊花，象征将军傲岸不屈、正直不阿的品格，也是对将军晚年归隐及遗憾九泉的一种慰藉。“钱”这东西对晚年的将军是十分重要的。20 世纪 80 年代末期，将军回到故里时，因手头拮据，曾向潜江政府有关部门提出，要求将现在城区民主路与建设街交界的老财政局办公楼临街门面退还两间给他，用于出租弥补生活困难。因为这是他在民国时期所置资产，旧称“谦和泰商行”。最终没能如愿。当时其淡淡的苦涩和伤感可想而知，这也是将军临终遗憾之一；三炷香代表着笔者的一片诚心；鞭炮爆裂发出的巨响，想必可驱除其隐晦于心头的郁闷，亦可让将军重温指挥千军万马驰骋疆场的情景。

完成心中设计的祭拜程序后，笔者默默地审视其碑上的文字，发现早期载入《潜江历史名人传》一书中的“周开成——敢打硬仗的抗日名将国民党第八军军长"其传记，有几处错落需要更正。如周开成的生卒年月，原文"1906年3月－1994年8月"是错的。碑文是"1906年9月－1993年7月"；又如，写将军婚姻、家庭时，笔者只听说其有两房太太，但不知其姓名，没有入书。碑文载，大太太"张月珍，1914年12月生，1993年1月卒"；二太太"孙墨珍，1921年1月生，1988年2月卒"。其子女，笔者早期写周将军传记时也只找到了长子周远龙、长女周远芝有关资料，而他们的辈分不是"远"而是"运"。更不知其育有三子、三女，还有十多位孙子、孙媳、孙女、孙婿。碑文显示，长子周运龙、媳李腊桂（均已去世）；次子周运虎、媳芦信芳；季子周运豹、媳范正凤。长女，周运芝、婿空白；次女周运贵、婿王世弟；季女周运香，婿方元生。孙子辈十二人，不知何故，王姓五人、方姓一人排在前，而一位方姓、四位周姓排在其后。子孙其姓名本文略。从碑文得知，现在坐落在紫云公墓的将军之墓，是"2008年11月"从前明村迁移过来的。

笔者时常在想，对待这样的抗日名将身后之事，如立碑、墓志铭等，我们的政协或统战部门应该有所作为，因为将军晚年曾是名正言顺的全国政协委员、湖北省政协常委。当下，我们应该正视历史。将军之人生轨迹亦是爱国主义教育的一面镜子。

转念一想，还是少陵野老杜甫先生说得好"莫思身外无穷事，且尽生前有限杯"。笔者不能自作多情，对身外之事想得太多，现作点小记留给后人及将军子孙罢了！

卷十二　风俗物产及其他

引　　子

康熙《潜江县志》卷 8 对潜江风俗有如下记载："民性纯朴，耻于华靡，士业儒，民习农渔"，并注明这是"旧志"所载。接着还记载："尚文艺，勤本业，其地沮洳，畏潦不畏旱"，并曰"省志"所载。

风俗所著，非一日之故。研读旧志所知，古时，潜江人大都崇尚孝悌，深谙廉耻，畏惧官府，习性俭朴，敦厚本分。尤其是鼓励子弟读书敦本，不以虚文相炫饰，对恣意放纵者，动辄以规矩绳之。这样的风俗使潜江入仕者进率砥砺名节，卓有建树；民众习本业，敦厚朴实，以"潜憨直"立足于世。

远古时期潜江属巨潴之区，有史记载以来，演变为典型的冲积平原，土地油沙质且肥沃，宜耕宜渔，因而其物产十分丰富。瓜果稻、木草花、鱼鸟虫、布丝帛等品名上千。这里只介绍其中的两个典故。

潜江风俗考

人们往往把某一区域自然条件和文化背景等不同形成的行为差异称之为民风，并将人们共同遵守的行为规则或模式称为民俗。风俗所至，非一日之故。笔者考究潜江文史，认为潜江自古就有"敦实纯朴、勤于本业、耻于华靡、崇文重教、侠义好客、畏官奉法"等良好风俗。

（一）

潜江地处江汉平原腹地，是古云梦泽一隅，八百里洞庭湖之滨，自古就是重湖沮洳、巨潴苦垫之地。旧时频年汉水横溢，时常一片泽国，城郭田庐动辄被水淹没。因水患县址迁徙，县署多次移址重建，民众不得不择高地或筑高台而居，因而潜江旧地名中的湖多、台多、垸多。如张家湖、冯家湖、史家湖、蔡湖等；胡台、张台、李台、刘台等；杨家垸、郑家垸、荷湖垸等。一场大洪水后，就呈流离载道之惨状，百姓舍家弃田迁徙异乡成常态，加之战乱，税赋重而不均，旧时潜江地广人稀，移民往来居多，土著居民较少，境内少有“百年恒产，累世素封”之豪门大户。尤其是元末明初，朱元璋和陈友谅（今湖北仙桃人）最后在鄱阳湖一带展开争夺皇位大战时，朱元璋恨极湖北人，所到之处湖北人几乎被屠城或灭门斩尽，史志上有“留得豫章（古江西简称）填湖广”之说。因而，如果仔细研究家谱，得出的结论是今潜江人的先辈大多在明朝年初从江西等地迁徙过来的。

上述自然条件加频繁的水患，在农耕时代使潜江人不得不要付出更多、更大努力才能维持生计和繁衍，因而“勤于本业”“耻于华靡”成为潜江人立世之本。土著居民择高地而居，户少人稀，对外来人都当“稀客”对待，因而潜江素有“民性淳朴”“仗义好客”之风尚。地广人稀，使潜江人“耕尚鲁莽”也能求得温饱。沮洳之地，出行极其不便，“村农有老死不识吏者”；移民居多，新来乍到不敢肆意妄为，土著民居住分散，他们不会为共同利益结盟聚众闹事，因而潜江人历来就“畏官府不敢梗拒”。上述风俗在史志中均有记载。

（二）

明万历三十年（1602）《承天府志》卷 6，对潜江风俗这样记载：“地本沮洳，畏潦不畏旱。百姓勤于本业，而士尚文艺。田多者皆流寓豪恣之民，土著者为佃仆。奸民享于田之利，而愚朴贫弱者有赋役不均之叹矣。”这里说的是：潜江地处低洼湿润之地，怕水患不怕干旱。老百姓勤于农耕渔捕本业，而乡绅和读书人崇尚文学艺术。土地多集中于豪强富人手中，土生土长的潜江人大多成为租田谋生的佃农。富人豪强及奸猾之民享受土地之红利，而大多数贫弱农户则承担着不均衡而苦不堪言之繁重税赋和劳役。仅就“士尚文艺”而言，据史志记载：明清两朝，潜江中进士者63人，中举人者265人，贡士399人；共有112名潜江人著述262部刊印发行。素有“人文科第甲郢楚”之美誉。

清康熙三十三年（1694）《潜江县志》卷8，对潜江风俗有下述五段相近的记载：

其一，“民性淳朴，耻尚华靡，士业儒，民习农渔。”此处说是《旧志》所言，没有言明是何时的旧志。目前能知晓的最早的《潜江县志》是明弘治十五年（1502）知县史华（今陕西渭南人）纂修，教谕崔崟（今江西丰城人）编著的，没有刻本流传，仅存崔崟的序文流传至今。按其三所述，这里应该是比弘治年间更早而没有文字记载的县志。

其二，“尚文艺，勤本业，其地沮洳，畏潦不畏旱。”这是《省志》所言。这段记述与《承天府志》记载基本一致。应该同属明朝万历年间的县志内容。

其三，“耕尚鲁莽，呰窳偷生而鲜盖藏。岁稔，营田屋不计费，一再歉则轻售而徙，故富厚尽归商贾，而土著无素封之族……齐民畏官守法，则他郡所不及。”康熙《潜江县志》言明，这是明·成化年间《潜江县志》的记载。此“成化年间”有误。明朝成化年间潜江没有修志记载，正确的说法：这是明·弘治十五年（1502）知县史华纂修、教谕崔崟编著的《潜江县志》所言。这里大意说：潜江土地宽阔，正常年景求温饱很容易，因而农户耕作粗放不精细，且求得温饱后不肯下力耕作。一旦年景好获取丰收，买地建房铺张不计成本。一旦遭灾遇歉收年份，又很轻率地将土地房屋低价出售迁徙异乡。这些财富都归集到了商贾富豪手中，土著民没有累世得封赏的望族……这里的民众惧怕官府，循规守法，是其他郡县不可比的。

其四，“成弘以前，邑朴俚尚义，有太古风”，“士重清议，村农有老死不识吏者。畏官府不敢梗拒，宁饿死不俯伏龌龊”。这是明·万历二十八年（1600）知县潘之祥（今江西婺源人）纂修，欧阳柏、刘寅（均为潜江人）编著的《潜江县志》所言。此述除了说民众很注重名节，不干偷鸡摸狗之类的龌龊事，其他大意与上述相近。

其五，是康熙《潜江县志》清晰浅显地记载了当时潜江的风俗；潜江民众“大都崇孝悌，尚廉耻，畏刑辟，习俭素。乡之长老多厚重谨饬，导子弟读书敦本，不以虚文相炫饰。稍纵恣，辄以规矩绳之。其仕进率砥砺名节，能建立于时。待聘之耆宿，遗世之高士，清修芳轨，为后生矜式。虽鄙暴者亦知所礼敬。农工商贾勤力本业，不敢犯非其分”。

（三）

潜江这些良好的风俗形成的风尚世代相承，传承至今。这种风俗既使一大批在外为官的潜江人守本分、勤为民、重名节、励操守，也使许多外籍入潜为官者宦绩卓越，载誉史册，更造就了如今潜江民众“崇文厚德，创新图强”的精神风貌。

如北宋元祐年间，从潜江走出的状元毕渐，他在党争激烈的政治旋涡中刚介自立，积劳成疾，病死在荆州知府的岗位上；明朝开国年初，在福建沙县任知县的初进忠，卒死于任，“俸仅足具棺殓，妻儿几不能归”。又如，明朝嘉靖年间潜江就出了四位憨直苦谏的名宦，前两位是时任监察御史的初杲和时任工部员外郎的刘勋，他们在“议大礼”时，引经抗疏，耿直地苦谏嘉靖帝改正对其父亲称“皇考”的“错误”封号，而遭廷杖，差点丢命；后两位是时任吏科给事中的张师载和兵科给事中的郭嵩，他们不畏权贵，先后上疏一人之下的当朝首辅严嵩，揭发其独揽朝政、欺上瞒下、贪污受贿、杀害忠良等罪恶行径，遭谪官降职之灾。又如明朝万历年间，时任吏部给事的袁国臣，拒贿赂，秉公办事，亲王为其建“却金亭”予以褒扬；清朝康熙年间官至“通议大夫”的莫之翰，他在泗州知州任上，为民众所做的实事，至今当地百姓和媒体还在传颂。还有，如辛亥革命功勋、新中国首任农业部长李书城，中国共产党创始人之一的李汉俊两兄弟等人物，他们都是在良好的风俗熏陶下，“其仕砥砺名节，能建立于时”之代表。

外籍在潜任职者，受其风俗的感染，大都心系百姓，宦绩卓著。如明朝洪武年初，在潜江任县丞（相当今副市长）九年之久的李镛（今浙江温岭人），为民建粮仓、筑护城堤、修城郭等，史称“潜甚赖之”，“有功社民之能吏”传颂至今；明朝嘉靖年间，冒革职杀头之祸、为民请愿乞减税粮、占用皇庄之地开恩江治潜江水患的知县敖钺(今江西高安人)，擢升离任时，潜江民众自发十里相送，“攀卧涕涟不已”；明朝万历年末的知县王念祖(今江苏常州武进区人)，为了潜江免受洪水之灾，先后三次拒绝执行承天府要潜江民众去筑沙洋、天门、沔阳堤坝，来危害潜江堤防安全的不当命令，因而被免职，临行前潜江名仕张承宇为其写下了“躬身吴下名还楚，罪在官中功在民”的赠别诗；清朝康熙年初的知县王又旦（今陕西合阳县人），在潜江任职七年期间，先后清田均赋税、筑堤防水患、兴学振文风、廉政治胥吏，史称“有史可考的潜江知县147人中，其政绩最为卓越者当数王又旦”。当他擢升吏部给事中离开潜江后，仍然心系潜江百姓，民众自筹资金在传经书院内为其建了“王邑侯祠”。

百里殊风，四方异俗。潜江这种良好的风俗，即使在商品经济繁荣、物欲横流的当下，潜江人仍以朴实、直爽、憨厚的“潜憨直”之雅号鹤立荆楚。如今的潜江人发扬光大了祖先的良好风俗，并赋予了新的特点：

一是潜江人乐善好施，特喜欢真诚帮助他人，助人时甚至慷慨解囊。如二十世纪五六十年代，无论是十多万农垦人入驻潜建立十六个县团级国有农场，还是八万多人从五湖四海会战潜江建江汉油田，潜江人无偿给土地，自己忍饥挨饿，优先供给他们粮油，给了许多无私的帮助。

二是潜江人有海纳百川之胸怀，绝不排外。无论谁到潜江任职，潜江人都热忱欢迎，真诚支持，诚服领导。就是从外地新迁入潜江的普通移民，也能在很短的时间内与潜江土著居民融合。

三是潜江人忠诚实在，正直豁达，意志坚定，不随波逐流。如李书城、李汉俊就是其中的典型代表。

四是潜江人思乡、念家情结浓。如中国戏剧大师曹禺，在年近八十岁时，一篇《我是潜江人》的散文，将潜江人思乡念家的情愫表达得淋漓尽致。过去很多在京城、省城、中央大型企业等地工作的潜江人，因念家，都自愿降职、降级回到家乡再就业。

五是潜江人缺乏四海为家、闯荡江湖的勇气。因本土土地肥沃宽阔，自然条件较好，谋生容易，生活安逸，大多数潜江人都不愿外出闯荡谋求发展，属典型的“跩窝兔子”。

六是潜江人特别好面子，讲排场，招待客人往往都十分大气，婚丧嫁娶喜欢大操大办。

七是潜江人行事稳健，好唯上指示、唯外经验，缺少敢为人先的开拓进取精神。

八是潜江人小富即安意识浓厚，不愿贪婪无休止地聚集财富。时至今日，潜江很难找到富甲荆楚豪门大户，更没有富甲天下之人，个人家产过亿元者也不多见。

旧时潜江香稻、青布及北瓜之祸

现在人们为宣传某地之名优产品，都以古时曾为“贡品”为荣，而古时潜江民众却因香稻、青布及北瓜之贡品遭遇了灾祸。

（一）

香稻，亦称香米，此物始于何时、盛产何地很难考证，现代人们只知香稻大多来自泰国。旧时人们常说的香稻多出现于古诗、古籍之中。如唐诗人李郢在《江亭晚望》诗中写道：“闻说故园香稻熟，片舟归去就鲈鱼。”史志记载今安徽合肥庐江县曾盛产香稻。因香稻清新味美而稀有，成为朝贡之佳品。潜江不产香稻，但却在明朝嘉靖年间被好事者越级逢迎、讨好献媚弄成了贡品。

青布，即青色或墨色之布。明清时期它是潜江民众用棉花自已纺纱织成的很粗糙、很普通的染色布，亦是普通百姓日常生活服饰之布。清末民初称之为土布。早期青布衣为卑贱者之服，但明崇祯帝曾命太子、王子也“易服青布棉袄、青布鞋”。由此可知，上好的青布也是朝廷所需贡品。潜江之青布亦无独特之处，同在嘉靖年间也被标上了“潜青”之品牌成了贡品。

据清康熙三十三年（1694）《潜江县志》卷 8（物产）载：明万历二十八年（1600）潜江人欧阳柏（云南按察副使）、刘寅（山东道御史）、李鸣（陕西西乡知县）所编著的《潜江县志》（简称“万历旧志”）记载了潜江香稻、青布贡品之祸的始末。万历旧志载："潜邑土田中下，布帛菽粟而外，无他产也。世宗朝有巨家以偶得香稻饷太府，因献上，民疲于奔命者数年。""今小民日用青布，最上者不及苏杭之下帛。乃谬得'潜青'之名。当道不时檄取，布户倍偿，无以应有司，拮据而购诸他方。岂布粟民害耶。""赖京山王御史宗载疏罢之。"

上述记载大意是：嘉靖帝时期，潜江有一大户人家偶然（亦不排除外购）得到了香稻，好媚上者送承天府官员享用，承天府又献上朝廷，由此，潜江香稻成了贡品。潜江本不产香稻，为上交此贡品，老百姓被官府逼得四处寻购，疲于奔波好多年。潜江百姓自产自用的青布，最好的也不及苏杭丝织品的最次品，不知是谁标了个"潜青"之名成了贡品。朝廷时常派人来征收，织布户织不出，只得高价到其他地方外购上缴。青布、香稻害苦了潜江民众。后来，御史王宗载（京山人）上奏呈情才作罢。

这里不得不说王宗载这位到处为百姓请命的大明良臣。他是嘉靖四十一年（1562）的进士，官至左佥都御使（相当于今监察部副部长）。他每到一处都体恤民情，为民上书。任海盐知县时，曾疏通河道，省徭薄赋；任广西道御史，曾上书建议革庄田、裁冗员、正贡进等五事，均被皇上采纳。

隆庆元年（1567），王宗载巡视潜江得知这一情况，便奋笔上疏：潜江"地瘠民贫，诸凡土产，皆四方所有"，香稻、青布之贡品"州县责令里长甲户买办充上贡，虽非其地所出，时之所有，而一概取派州县，无敢违者，令小民百倍其值而不恤也。且充上贡者，犹有常品充其贵品，漫无纪极。本地之出办既竭其膏脂，沿途之转输又急于星火，所过驿递，无不骚然"。请求"俱行停止，不许守备仍假其名"。其上奏得到了恩准，并查处了弄虚作假将香稻、青布作贡品的始作俑者，即承天府守备（管理地方军务的五品官）张方等一批人。

（二）

北瓜，原产印度，为南瓜的一种，亦称西葫芦、番瓜、葫瓜，有清热利尿、消肿散结等功效。潜江多沙质土壤，民间所种北瓜其味、形与其他地方产品亦无大异。但在清朝康熙年间，又有好逢迎献媚者，浮夸潜江产北瓜个大形美，味美绝佳，是郢楚一绝，又成了逢迎京城、州府官员等馈赠佳品。

旧志记载：某年中秋，潜江官员将北瓜作礼品敬奉上级，后来成了惯例，每到北瓜上市时节，胥吏便到各村垸强行征收。每年数百枚、千枚北瓜上送，需要量越来越大，县衙也不问农户是否种北瓜，按户摊派，胥吏亦从中饱其私囊，逼得百姓不得不高价在其他地方购瓜来完成任务。

普通的北瓜让潜江民众大受其害，苦不堪言。康熙二十九年（1690），新任知县刘焕（今陕西清涧人）得知这一情况后，“力除陋规，禁沿村采买之役，民感德之”。

香稻、青布及北瓜之祸害、之流弊虽离我们远久，但产生祸患之土壤依然存在，愿当下为政者以此为戒，知域情，惜民力，让民众感恩戴德为其点赞。

潜江之皇庄

皇庄即皇室直接经营管理的土地。主要分布于旧京城附近的顺天、保定、天津等地，其盛行于明清两朝。潜江远离京城，历史上亦无皇室人员及宗亲，但确有大片皇庄土地，如，今后湖农场就有皇庄垸分场，其实就是明朝时期的皇庄地遗留下来的古地名。

皇庄始于明永乐年间，后期皇后、皇妃、皇子等都有了自己的分封土地，就有了官庄、王庄等说法，到了清朝还有“八旗庄”之说。据康熙三十三年（1694）《潜江县志》卷9（赋役志）等史志记载，潜江之皇庄始于明洪武二十四年（1391），时年，朱元璋封其第二十三子朱栋为郢王，就藩于安陆府（今钟祥等周边县市），潜江就有今竹根滩、杨市等比较丰腴的土地为郢王所有，时称官庄。

明弘治七年（1494），嘉靖帝（朱厚熜）父亲朱祐杬也封王于安陆府，他就藩后即奏讨将潜江县河东岸新淤积的大片高洲之地划为己有，时称王庄。明正德十四年（1519）朱祐杬病亡，其子朱厚熜袭爵理事。嘉靖三年（1524），朱厚熜将自己已故而没当皇帝的父亲朱祐杬封为“皇考”，即父皇、皇帝，谥号兴献王，并将安陆府改名为承天府。这样，潜江过去的王庄地也就变成了皇庄地。明朝的皇庄土地既滥又多。据史志载，明武宗帝朱厚照继位（1506）后，一个月就设了七处皇庄，后来扩展到三百多处。

皇庄之地由皇室委托太监掌管，收入由各自支配。掌管皇庄的太监授校官、庄头、伴当等职。他们倚仗权势对租种庄田的农户进行残酷剥削和欺压，并不断乘机强取巧夺贫民土地。很多地方形成“皇庄连陌阡，而税赋无分文之输”，百姓以赔税赋而无立锥之地，并时常面临受诛、下狱的局面。尤其是皇庄地享有减免国家税赋、徭役等多种特权，不少“奸民”为逃避赋徭，而将土地“投献”皇庄。这些成为明清两朝各州县税赋欠缺的重要原因之一。据悉，当时全国有近三分之一的土地属皇庄，而潜江有近五成的高洲之地属皇庄。如今竹根滩镇的荷湖垸、彭洲，杨市的勤俭、葛柘，熊口的马场，后湖的皇庄垸等都是皇庄地。

旧志记载：潜江湖多于田，民夹堤而居。汉水、夜汉河常决，境域疆畛尽易，粮渔冒乱，赋逋俱惫。旧时，潜江境内形成耕者无恒产，不少农户积以数两至千两的巨额欠税赋的局面，很多人被逼终年逋负流乞讨饭之惨状。因而，每位想有所作为的知县莅任潜江，就有“清丈土地，均衡税赋”之举。如明万历三年（1575），潜江新任知县朱熙洽、清康熙七年（1668）潜江知县王又旦分别大张旗鼓搞过“清田均赋”行动，但皇庄之地不在清丈之列。这类治标之举，只能给潜江百姓带来短暂的欢欣和实惠。

皇庄土地不可动摇，时常掣肘所在地为官者。如明嘉靖元年（1522），潜江时任知县敖钺面对被洪水淹没的县城和农田，发现是今杨市葛柘一带的皇庄高洲之地阻水导致县河溃决，于是决定破皇庄开挖新河疏流保城安境。他不得不冒革职杀头之风险，奏请此事。好在嘉靖帝刚继位，也想做位体恤下官、关爱子民的明君，居然破例恩准了其奏请。于是，潜江民众就将此河命名为“恩江”，并流传至今。

皇庄盛行几百年在辛亥革命后才被废除。当下，潜江的民众与普天下耕作的农民一样，真正享受着“皇庄”之待遇。

书带堂郑氏家族祖训

——崇孝悌以正人伦

郑姓始于姬姓，以国号为氏。公元前806年，周宣王封小弟姬友于郑国，史称郑桓公，即一世祖。公元前375年，郑国被灭，国人逃亡散居于各地，为纪念故国，郑国人相继改姓为郑。书带堂之郑氏是中原郑氏一支脉，明洪武二年（1369）为避战乱，从江西抚州府临川县西门外千金堤郑家桥转徙荆楚。据族谱记载，当时郑家桥的八弟兄在临别前，其父郑德公除将一口锅分为八块作为兄弟今后相聚的物证外，还要求每人带上一本族谱以示牢记祖训，不忘其根。

“崇孝悌以正人伦”这是（书带堂）郑氏家族《祖训八条》之首条，意思是说，崇尚孝敬父母，尊重老人，爱护幼小，这是立世做人最基本的伦理道德。

我是书带堂郑氏迁荆楚的第十八代孙，是在郑氏祖训的熏陶下长大的。我父亲读过几天古书，初通文墨，是那种闯荡江湖负重谋生的人；母亲是位极其聪慧善良能干而又大字不识一个的家庭主妇。父亲常说，百事孝为先，“孝”字上为老，下为小，每个人都有老或小的时候，祖训所言“孝悌”，就是尊老爱幼，就是要你们兄弟姐妹之间团结友爱。

父母生育我们兄弟姐妹七人，我在兄弟五人中排行老三。十三四岁我初谙世事之时已是“文革”晚期，虽然“家谱”“家训”及“孝悌”文化等都作为“封资修”的东西全部扫进了“历史的垃圾堆”，但祖训已深深印刻到了我父母头脑中，他们在润物细无声中传递着家族的孝悌文化。我们在父母的耳濡目染之中受到孝悌文化的熏陶，兄弟姐妹到老都手足情深，和睦相处。

“文革”年代，家里的神龛拆了，祖宗的牌位砸了，但每到吃年饭，父母都要我们关上大门（怕别人说我们家在搞“封建迷信”）先祭祖，再吃年饭。他们说，你们的爷爷奶奶等先辈虽然都早已离开了人世，但我们不能忘了祖宗，忘了对他们的孝敬。团年饭前，大哥总会将早已写好先祖姓名的“袱包”堆放在堂屋神龛下在开饭前焚烧，为祖先送上“过年钱物”。我们用碗添上饭、拣上菜放到桌上，母亲面对神龛，双手合并，很虔诚地微闭着眼，口中念念有词。

母亲信佛一辈子，当时，我不知她是在念祖训，还是在诵经，曾悄悄地问过她。她说这是带你们孝敬祖先，请他们接受子孙的祭拜，祈求他们保家人平安，让祖先先“吃”团年饭。我见到一年难得见到一次有肉有鱼的年饭，馋得口水都快流出，但也很顺从而耐心地等待着近半小时的仪式结束再去狼吞虎咽。

我姐姐是兄弟姊妹中的老大，她出生时就随着靠水运谋生的父母漂泊在汉江、长江之上，八岁就开始操持家务，帮衬父母洗衣做饭照护我们这些后来出生的兄弟妹妹。姐姐对父母十分孝顺，为人做事给我们做出了榜样。她20岁远嫁洪湖一偏僻的乡村后，在当“农业学大寨”标兵、忙生产队农活时，每年总是挤时间为我们兄弟姊妹每人做上几双换季的鞋子。在没有公共交通工具的情况下，她经常步行几十里回到娘家看望父母，帮我们换洗衣被等等。

我的高中学业就是在姐姐的鼓励支持下完成的。当时，我入读的沔阳通海口中学离她家十来里，她在家庭并不十分富裕的情况下，时常给我送上几个咸鸭蛋、一瓶酱菜、几毛钱，这对我都是极大的鼓励和鞭策。因而，我参加工作后总是不忘姐姐恩情，除了时常挤时间去看望她之外，对其外甥子女们尽我所能，在生活、学业、工作等方面给予他们应有的关爱和帮助。

母亲对我们兄弟姊妹要求十分严格，强调要相互关心、团结友爱。记得上初中二年级时，家里唯一的一把油布雨伞留给了我和上小学二年级弟弟上学共用。一个秋雨潇潇的早上，我因急于早点到校受老师表扬，没顾及起床迟缓的弟弟，也不听母亲要我等等弟弟一同上学的招呼，撑着雨伞就急匆匆跑到了学校。我进教室刚坐下十来分钟，母亲带着披一块塑料纸被雨淋得像落汤鸡的弟弟来到了我教室门外，她大声呵斥着要我走到了教室走道上。不用母亲怒骂，我已知道自己没有尽到照护幼小弟弟的责任，低头任她训斥。从此，我再没有为此类事挨训受骂了。

2000年前后，我先后在乡镇书记、市政府秘书长等岗位上任职，工作十分繁忙。因父亲在我刚参加工作第四年即他60岁生日刚过的1984年，丝毫没有享受到我们的反哺之福而猝然倒地离开了我们，给我留下了无限悲伤和“子欲孝而亲不在”的巨大遗憾，所以，后来无论工作多忙，我每月都会挤出时间，哪怕是晚上下班后回到乡下老家去看望母亲。

我母亲享受我孝敬的幸福美满感我仔细观察过，并非是我每月给她三五百元的零花钱，而是“儿有娘心”地去看她、去听她叨唠、去吃她亲手做的饭菜。她知道我不会缺吃少喝，但每次回到她身边，哪怕我说不饿，她也要煮上几个荷包蛋硬要我吃下。有时，为了让母亲表达“娘有儿心”之情，我会饿着肚子回去“讨饭吃”，这时母亲会喜上眉梢，乐哈哈的幸福之情真是难以言表。我在吃饭时，母亲总忘不了叨唠几句：当官不要贪色、贪财；为人要温和一点，不要得罪太多人；要防范小人陷害等。

1998 年我 40 岁生日时，73 岁的母亲第一次向我提了个要求，要我陪她回到我出生地（汉阳龟山脚下的龙王嘴）去找放我衣罐子（即装新生儿胎胞的罐子）的地方。那天，我带着妻子和儿子顺了母亲的心愿在我出生故地游走了一遍，耐心地听母亲讲过去的故事，并附和几句暖心之言。从母亲的笑意中，我已感受到了孝顺所传导的春风般的暖流。后来我才弄清楚，母亲在前不久梦见我父亲托梦，说我们家家谱在龟山脚下，要我去将他取回来。当然家谱当时肯定是没找到的，但我想母亲可能是借此梦要我们不忘祖宗及祖训罢了。

现在，父母生育我们郑氏这一支脉已衍生出子孙 30 多人，如果他们还健在的话已是五世同堂了。如今这些子孙继承发扬了“崇孝悌以正人伦”之祖训，个个都称得上是新时代的孝子贤孙了。

这是笔者 2017 年 5 月参加“首届星辰杯家风故事征文大赛”撰写的一篇短文，此文荣获“三等奖”。收录于 2018 年 9 月吉林文史出版社出版的《获奖作品集》之中。

潜江欧阳氏家风考

——耕读家自兴　家和福自生

“耕读家自兴，家和福自生”，这是旧时潜江永兴铺（今杨市办事处十号湖村）名门望族欧阳氏家族之《家训》。永兴铺欧阳氏与曾任北宋刑部尚书、兵部尚书的大文学家、政治家欧阳修同宗同族。明朝成化年间，其二十七世欧阳叔谦率兄弟三人从江西安福县迁入今潜江，他们娶妻生子，繁衍出今潜江欧阳氏大家族。

欧阳兄弟入籍潜江后在垦荒置地、垒台建房、耕地种田之时，时刻教导子孙不忘耕读家兴、家和福生之祖训，就是自己含辛茹苦也必供子弟入学读书。功夫不负有心人，其迁潜三世孙欧阳柏在明隆庆四年（1568）就高中进士，被授浙江义乌知县，后升都察院给事中，再后升云南按察副使，成为著名的直谏清官，也成为永兴铺欧阳氏后贤蔚起之榜样。随后其家族科甲鹊起，人才辈出，宗门显赫，仅明清两朝中举者十人，中进士者四人，授七品以上官职者近二十人。

如万历十七年（1589）迁潜四世欧阳东凤高中进士，先后授浙江兴化知县、刑部郎中、常州知府、颍州兵备副使，最后朝廷授他山西布政司副使（相当于今副省长）、南京太仆寺少卿时，他辞官不受，引疾归里。欧阳东凤59岁而终时，皇上赐他皇亲国葬礼遇，也就有了今潜江火车站东边的石人石马墓道的“省级文物保护单位”（欧阳东凤墓）。《东林列传》称欧阳东凤为“三百年来循吏第一”。还有欧阳东凤的堂兄欧阳东白，万历十六年（1588）中进士后，从今武汉江夏的教谕干起，后升广西宜山知县、广东德庆知州，他每到一处民戴如天，政廉如洗，业绩卓越，成为明史中的名宦之一。仅说欧阳东白的后人，长子欧阳熺云南兵备副使；次子欧阳爌简州同知；长孙欧阳辪通判；次孙欧阳坪、欧阳墀训导；曾孙欧阳瑊成县知县；玄孙欧阳锡畴副榜拔贡。

旧时，凡耕读兴家者，必然都承载着良好的家风。如前所言欧阳修在《诲学说》曾提出的“玉不琢，不成器；人不学，不知道”这类名言，对欧阳家族后世重视耕读的影响自不多言。如欧阳柏的父亲欧阳纶（号浃源，迁潜二世）就是“家和福自生”之典范。据《欧阳氏宗谱》记载：他们兄弟四人和睦相处情同手足，其弟欧阳浃海遭外族诬陷，他怕受牢狱之苦而逃匿，欧阳纶毅然代弟弟入狱二年，受尽酷刑而无悔，后被县府旌表“义门”而授匾。

家虽贫，靠一代人勤劳就可能改观，但子孙若不读书，家庭若不和睦世代也难以兴旺发达。愿欧阳氏家族之家训及淳美的耕读兴家之传统能世代相传，为促进社会和谐稳定闪耀更夺目的光彩。

这是笔者2018年5月，为《潜江日报》“家风征文”活动撰写的一篇短文，现收录于册。

附一：

古籍原文选

万历《潜江县志序》

（明）刘道隆

古者列国有史。自秦罢侯置县，画疆而理，令之分土视诸侯，於是县各有志。

志即列国史也，相沿旧矣，潜志旧无论已。即明与二百余年，亦浸浸文物，而志独未备，岂载笔之难孔子所称阙文者耶。抑当事者视所履蘧庐而姑置之也，昔人谓史关世运隆替，岂以志而无与於政哉。

先是明山朱父母莅吾潜，与废举坠，曾慨邑志之久缺，而欲事纂编，未几。迁擢以去，事遂寝，至於今，今新都潘使君之来也，下车问俗，即谋之众乡大夫曰：某忝兹士，不察於方域之故，辄诹诸掌故无闻焉。语曰：不习为吏，视已成事，今兹邑志之无稽也，何所审已事乎，惟诸大夫其图之。於是诸相大夫自相可否？佥谓宪副欧阳君、侍御刘君、西乡尹先生，长年博闻，宜共授简，更属二三文学相与校雠而共成之。侯亦时出意指，躬亲订正，盖阅数月有全书矣。

立凡起例，别类分门，总为若干卷，以披与图，则奠丽析矣。以综建设，则保乂明矣；以诊福祥，则时恒辨矣；以谨秩祀，则明禋昭矣；以稽食货，则役敛有经矣；以列职官，则鉴戒有别矣；以覈人物，则美刺有章矣；以録选举，则扬励有据矣；以採艺文杂记，则述作有征矣。一展卷而上下数百年往迹遗闻瞭然目前，令后来者考古镜今，可信可传，而无不征之叹。

侯之此举，真扩前人所未有哉。程伯子曰：为政须要有纲纪文章，侯之谓矣，乃愚手斯志而重有感焉。盖闻长老言，往邑中人苦力作，虽椎鲁少文而生事饶，迩年闾里萧条，什倍曩昔，盖城郭是而人民非矣。何重困若是也。往邑中俗近厖，其民静而守礼，或老死不窥县门。迩年混沌稍凿，渐知讼，渐亡等，亦有败群梗类如贾太傅之所痛息者。何渐靡若是也，易曰，剥其复。语曰，既雕既琢。还返於朴，其在侯之今日耶。昔天子省方，则命太史陈风，用以亲民情而设政教。侯加意於民，故加意於志。

愚乃睹志之成而述所闻於父老者若此，恺悌若侯，未占有孚。行且振今日之潜，以还复故老所闻所见，则此志岂惟因侯以成，亦因侯以重矣。

赐进士第文林郎兵科右给事中 邑人 刘道隆撰。

刘道隆，字起南，潜江杨市人。明万历十四年（1586）进士，官至右通政使。这是刘道隆在兵部给事中岗位上为万历《潜江县志》所作序文。原文载入康熙《潜江县志》，录自《湖北文徵》第三卷。

辞两台建坊书

（明）欧阳东凤

病废之夫，蒙台下特达之知，如枯株朽荄，一被春阳，顿尔昭苏。顷复承下讯建坊，所以光宠下走者备矣。纵至冥顽不灵，亦当俎豆五内。惟是宪台表宅，本以树声施及不肖，盛典为虚，虽是藉光一时，未免贻惭没齿。

况敝邑以昨岁稼穑之无秋，米价翔贵，今春淫雨连月，二麦难望，万口嗷嗷，莫必其命，下走既不能仰赞当路振困扶伤，何敢俨然受此隆施，以空帑藏而勤里旅不宁。惟是县城西南一带，城脚塌陷，危于垒卵，而北隅有捍水石矶，亦渐次崩颓，离城不满二十余丈，失今不治，将来金汤必为夸池。盖自朱明山父母修城，至今已几四十年，百事废弛，所从来非一日矣。

今令群锐意兴除，亦千载一时，襄者浮桥之役，得请发棠，功德无量，而城矶关锁更大，所费更多，令君虽已估计经营，恐难无米而炊，愿台下主持于上，俾令君得展布于下，共成此千秋之业，不走同邦人世世受其赐，较之建坊，不亦普且远乎。

生平不敢为貌言，况知己之前，安有饰词虚让者，除呈县转达外，专驰一价，申以衷言，惟台慈垂亮。

欧阳东凤，字千仞，潜江杨市十号湖人。明万历十七年（1589）进士。官至南京太仆寺少卿。“东林党”创始者之一，著述彼丰。当时，巡抚（简称抚台）和知府（简称府台）准备给病休在家的欧阳东凤建旌表碑坊，他得知后真诚上书推辞，之后，他还有一篇《再辞建坊书》。录自康熙《潜江县志》卷12。

潜江科甲题名碑记

（明）刘垓

士以科甲名，世所希觏，称荣焉，所以副其荣者，名也乎哉。侈荣而题之名，有司事也，顾名而思其义，士人事也。吾潜科甲盛矣，而题名阙焉，剑南曹侯，欲表彰人物，以兴起斯文，乃取潜之科甲，勒石题名于学宫，虚其左以俟来者，属余言记之。

余感曹侯之盛举，而思多士之不可徒貌荣名也，乃言曰：夫制科岂能荣人，人荣制科耳。自昔以里选求士，则人趋里选，国朝以制科求士，则人趋制科，方士之育黉序也。曰俊士，业已为乡里荣矣，自是抡于国，拔其尤，上之春官；曰贡士，则国人荣之，又试之开下，拔其尤，而扬之庭；曰进士，则天下荣之，又进士之首魁多士者，曰状元及第，则其荣于国与天下又可知已。捷音一出，无门识不识，举首诧异，若景星庆云，祥麟瑞鳳，争先快睹之不暇。夫何以得此于斯人哉，无亦以其乘时而树立者，将大有裨也，夫果能乘时而树立乎。则进而朝廷增荣，退而乡里蒙福。骏烈著当时，流风被异世，人曰是昔所诧为景庆为祥瑞者也，制科不借有荣哉。不然，仅取数十年炫华剌肥，美宫室，奉妻子，汶汶闵闵，将身与名俱尽焉。又不然，而怙宠席尊，陵人朘人，人将谨避之，甚且彗孛而蛇虺之，亦曰是某科某甲也，制科云乎哉。

吾潜称文献里，岷之江，嶓之汉，俱蜿蜒数千里而会于兹，而休风灏气，宁不钟为俊彦，矧龙飞郢甸，道化旁洽，天启其会。地毓其灵，则思皇之生此王国，亦其时使然哉，而彼之所以乘时树立者，知必不负此名也。故宋元以前莫考，犹记有状元及第一人，贡士一人。自国朝以来，贡士若而人，进士若而人，孰不谓前得大魁盛矣。兹取数多，历位显，非盛之盛者欤。顾名位者，荣一时者也；德业者，荣百世者也。多士中其为名隆德隆，而业与俱隆者何限。而潜之盛，固在此而不在彼，倘一或无闻，与遗臭等。人惭名，名惭科也，瑕瑜稍异，衮钺森然，可荣哉，亦可鉴已。昔孔子较富与异，至千驷之侯，不得与首阳饿夫等，岂富异不相为谋耶。孙叔敖曰：吾位尊矣，而德益崇，施益博，则位愈尊。有味哉其言之，富异两全之道也，多士其思富而且异，为百世荣。勿为一时荣哉！噫嘻，登高而呼，则闻见易，势所借也。兹借势而树立惟士，借势而恣睢亦惟士，可惧哉，亦可劝已。

余亦添附科名者，方鉴且劝而不敢自荣也，乃因曹侯之请记之，且与来者共勖焉。曹侯名珩，号佩庭，起家贡士高等，其政多留心风教，类此云。

刘垓，字达可。潜江园林办事处人。明隆庆五年（1571）进士，官至云南提学佥事。原文载入甘鹏云《潜江贞石记》，录自《湖北文徵》第3卷。

邑侯朱公去思碑记

（明）隗邦衡

明山朱侯，讳熙洽，字鸿甫，昆山进士，令吾潜六年，被擢命下，父老子弟不忍去侯，侯亦不忍去，俾父老子弟悲也。无何，竟解履以行。

越明年，父老子弟思之而不能忘，佥谋立石，用记厥思。而龙山赵侯以言属不佞。或曰：侯何得民易哉！噫！侯之得民易，正侯之所以难也。侯性果毅刚直，凡事之所当为与情之所欲为。即风雨跋涉弗顾，或有憾其不能遂己之私者，一切置之弗问。

县治旧无城，侯始下车，曰：清田修城，邑城首务哉，然有兼济之道焉！状其事，请于抚按藩臬诸大夫，以田之有余，给民之无田者，估其值，用以佐城费，不逾年，二者各就。继以条编例请，饬为定式，而田，而丁，而赋役，大约视户口阨塞以己意裁之，吏不与焉。数苦襄汉沮洳，弗克有秋。侯曰："噫！吾安忍鱼鳖我百姓哉？"亟修缉河防，时或亲至其所，所至未有不如令者。夫侯以严明清白之操，当冲繁疲弊之邑；当其时，呼呵敲扑。安能必民皆我谅哉？迄去之日，乃父老子弟若有一日不能置诸怀者，其故何居？盖侯以己之艰苦劳瘁，系民之悲歌感慨，是故今之去而思，皆昔时之敲扑而呼呵者，其得民之易也，不可谓非得民之难者所致也。譬若父母之于子，渐以岁月，挞以箠楚，不能保其子不号且泣也，为之子者，至立身成名。则曰"欲报之恩。昊天罔极"，是父母之劳其子、贻其子以可思也。

古之论守令者曰：君子为政，不靳诃责，而感恩怀德，终不以诃责而遂已于情，其侯之谓与！先是不佞忝部郎，侯以宾兴入试，遂与不佞交，不佞知侯最深。侯不饰名誉，不著声华即夙夜不遑，盖曰"吾行所宜"，然固不意民有今日之思，亦不意民之被其恩者至垂之不朽也。嗟夫！侯以其可思责诸己，而不以有思者望诸人，此侯之去所以无愧于思也。维时赵侯代侯为令，聿观厥成，而佐贰，而博士，皆后先共济者，例得勒诸石，因并及之，以置侯祠之左云。

隗邦衡，字月潭。潜江今周矶办事处人。嘉靖四十一年（1562）进士。官至山东济南知府。原文载入康熙《潜江县志》，录自《湖北文徵》第2卷。

潜江重修儒学记

（明）袁国臣

吾潜旧有学，前令夏侯尝修之，越兹垂三十年，乃殿乃庑，乃堂乃舍。胥日就圮，且也棂星门耳垣，向缭以土，每夏秋暴雨则倾，倾则汲竖浣妪，直趋泮池，敝也。

甚矣！明山朱侯以甲戌上第来令，爰谒庙，重叹蹙焉。时方议清田税，创城守，未之有暇，然尤不敢以为缓图，乃捐俸约费，得金若干。因谋之邑荐绅郭古罔氏，又欣欣出资佐创费，侯遂诹日庀材，首文庙，次棂星门，次明伦堂，次两庑、两斋，外及坊牌。咸更其腐朽新之，复缭门垣以砖，甃泮池以石。

国臣适以使事过里门，学博黎君，属言为记。记曰：嗟乎！世之显者，孰非起家黉序。顾一绾绶立民上，率旦夕簿书期会是忧。视俎豆直如土直，奚问章缝，侯独雅意殷殷，是邦人士之幸也！国臣不佞，请因侯之修学，漫申夫士，所以自修者。

夫国家治安，托重乎人材，学也者，所以养士而待用者也，士方髫时，其父若兄，遣就外传。稍稍谈艺，有司则拔而置之学舍，所以养之也。其平居读孔孟书，质之师，辩之友，发之为文辞。固以为制科之应，要之砥节砺行，策勋建名，斤斤焉冀之异日者。若操质券而责以赏也，今海内人文甚盛，或卑卑者纠缠占毕，以绮靡相高，借为贾誉干进之资，邦之无当于任使，家之无重于乡评，若而人者，国家亦何所赖而养之。

吾潜故号多贤，其文行往往有闻，惟即所为文，而日敦勉于实行，使国家坐收养士之效。他日睹宫墙而兴思者，曰潜之学某侯所尝修者也；潜之士某侯程督而兴起者也，不惟士得侯为有成，而侯之功尤得士为不泯，讵不谓两相遭欤，余以齿发种种无一足称于世，窃愿士欲酬遇于侯，则勉于自修，不容已已。

国臣不佞，谨与多士共勉之以酬侯云。

袁国臣，字惟鄰。潜江人。明隆庆五年（1571）进士，官至江西参政。原文载入康熙《潜江县志》卷5、《湖北文徵》第3卷。

康熙《潜江县志序》

（清）莫与先

潜江县新志者，君侯清涧刘公慨然有事于前侯郃阳王公垂成之典，暨邑大儒石户朱先生应聘而出其腹笥，荟聚扬搉规橅黎然具矣。无何，郃阳公入谏垣，惨黩之氛孔炽，朱先生遁荒摄疴，无暇命子墨，所存稿本仅数卷在架。率漫漶无伦脊，吾鄰未尝不太息于斯焉。至是君侯以礼为罗，专属之先生长公吾友朱晦人氏，乃克负厥考之重荷，师承郃阳公大指，恢廓光大之而成是书也。

君侯莅惠吾潜，阅五稔，振兴绥乂，式歌且舞，延登简在之需时，重念潜虽薮泽，介江汉之汇，支郢髀荆，曩者疆事之不虞。输车輓邮顿所走集。垆疏而善徙，岁岁与蝯獭争命，下农终其锄耦。乏车牛远服之利，窭人子乾餱不给，或渐于嚣。缝掖守占毕维谨，渊源儒染，不乏方闻之士。而欢哗以烦觥挞者，不恒有此其大较也。

邑志之弗修，自万历中迄今，且八九十年。时亟变而事弥滋，凡邑士之俄沃俄硗，户版之倏盈倏缩，租挈践更之或均或贼。先贤士大夫之擘画指陈者，或语而弗详，变故以来毅魄贞媛之捍鞧婴荼者，或堙而弗耀，苟掌故之罕备，其何能国。君侯之汲汲为己任也固，君侯惇敏肃括，布施之优裕，谧如也。乃时时屏驺御，就馆局中与悔人敷衽细论，参伍絜量，勿狃于胶柱，勿哆于更弦。比周勿徇，浮声勿猎。

凡志一事，必阐发其处置是事之宜；志一人必推见其人，岁久论定。生平不欲自白之至隐，俾司牧者读之喟兴其忠勤利民之志。而大书特书美慝贞衷之故，尤足以祈进涤濯，交勉于善而不倦，倘輶軒使者採谣俗以上于天子。昭其戒董，风示州郡大小侯聿底于由庚无难。邑乘之良，不诚与左右史相表裹矣乎。若作梓材，维君侯式朴斫之；维悔人式丹雘之。展採之实与行远之文，交嚮而竞爽，洋洋焉，亹亹焉。视楚国旧典长沙、襄阳诸记载蔑如矣。或有献疑于予者，谓章枫山志兰溪，康德涵志武功，才百余版耳，到于今称之。文之繁简宜何居，予听然而笑。是知凫胫之不可以续，而不知鹤胫之不可以断也。司马子长记二千余年事。文成数十万言。盖视远者识修短，视迩者辨黔皙。非目治之有费与勿费也，势则然也。夫文繁简，岂一端而已，亦其言之各有当也。议者乃欲取隆万以前之苇龠，律启祯以后之宫悬，何其固欤。海内知言之君子，不乏君山玄晏其人者。析羽注旌，蔚为弁首。非埜人老且眊所克胜任也，姑识其端委於末简云。

莫与先，字大岸，号顾洄。潜江总口张家湖分场人。清顺治十五年（1658）

进士，任河南高邑（今属河北石家庄市）知县两年后即辞官归里，躬耕养母，善诗文，为明清潜江“四大文学家”之一。原文载入康熙《潜江县志》，录自《湖北文徵》第6卷。

重修康熙《潜江县志序》

（清）朱载震

尝记吾师阮亭王先生之言曰：“海内邑志最善者无逾义乌。”黄湄王先生又亟称武功，《义乌志》出黄文献溍手；《武功志》出康修撰海手，俱以邑人修邑志，辞简而赅，旨约而严，盖谓得其人，志其事，而始足传也。

予质钝以蒙，少曾涉猎经史，长游京洛，从学于二王先生，窃闻其论古今得失，上而坟典邱索，下而志传表纪，躬承指授，十年于兹，念久违，养两亲，彭榧南归。时邦大夫清涧刘侯，令吾邑三年矣，政教翔洽，百废具举，顾邑志之未修，谬以编辑见属。予逊谢，未敢承，侯重辱使命曰：“昔万历间，前令潘公修县志，邑副使欧阳公、侍御刘公、西乡令李公，实共厥事。今君拒之尔尔，岂不潘令我乎？”同里诸学士大夫亦遣劄使曰：“百年典章，君所习谙，先达、名公卿，待定论者几何人。兴革利病，待酌定者几何事，愿勿违使君之请。”先君子呼载震命之曰：“而不忆郃阳公修志乎？”于役搜讨老人有一日之劳。大业未竟，将恐遗憾地下。今得贤使君修明自任，宿愿可售，而奈何逡巡不赴乎？义不敢再辞，侯遂以载震姓名闻之台宪郡伯，取期赴局，检旧志寻绎，爰知修辑之不易，吾潜尤甚焉。

潜志，创辑为丰城崔公，继辑为婺源潘公，三辑为郃阳王公。崔志纪述弗备，缺漏恒多，始宋乾德，迄明成化，志仅一帙，抑何陋欤？潘志视崔，则进矣，王公之志，先君子与过舫向公，共事编纂，论次精，体例备。王公方欲校二家论断以归画一，而掖垣命下，无暇卒业。向公与先君子各屏迹荒村，书迄无成，夫居今而知上古，以有图史可稽也，今志乘简略如此，一邑之沿革，岂能凭虚臆断乎？古人国史之无稽，类参家乘，吾邑巨公硕铺，代不乏人，岁月湮远，孙子散亡，无从问其谱谍；间有存者，而其后代袭之，不以示人，甚且令子慈孙，欲表彰其先世，以鸿儒石隐、忠节孝义纷纷踵告，概徇所请，何堪传信。潜滨河而处，其民苦于水，鲜盖藏吏善因缘为奸，泣其土者，恺悌之绩，简不胜书，而虐民秕政，亦复不少。将录其实，恐涉质直，以中所讳，顾前事者，后事之师，不缕晰其藏否，后人何所鉴戒而观法乎？

予搦管踟蹰，深慎有负任使；赖侯以虚明之怀，精严之识，时根订晰。其名蹟、灾祥、土风、典礼诸条。有往事之可徵者，则笔之。否则宁阙其疑，勿蹈附会。其士女之懿行，往徵诸故籍；近考之乡评，匪是勿收，以滋冒滥。其历政之设施，某也得，某也失，孰为废，孰为兴，必核必信，不浮夸，不曲讳，以侈铺陈。每一卷成，侯与予必反复点勘而后授梓。未尝瞻顾于楮墨之间，阅寒暑而竟事。

夫潜六百年来，其贤侯之炳烺者：昆山朱公，均徭筑城，以卫民生；郃阳王公，清田赋，禁协夫，以除民害，皆万世利也。若夫合累志为笔削，著百代之劝惩，则清涧刘公之功德，又并昆山、郃阳而三之焉。

所愧者，予鹿鹿研北，得执笔操铅以从公不朽，语曰：“苍蝇千里附骐骥而致之者，殆公与予之谓欤？”

朱载震，字悔人。潜江人，贡士。康熙三十三年（1694）《潜江县志》主编；康熙四十一年（1702）任四川石泉，即今北川县知。原文载入康熙《潜江县志》卷首。

《潜江旧闻录自序》

（民国）甘鹏云

鹏云儿时喜听先公讲说乡先生遗事，如：初大参之同百官伏哭左顺门外，争大礼，拜廷杖也；刘通政、何侍御之疏救熊襄愍，严参本兵张鹤鸣也；欧阳太仆之以县令越职奏请减钱粮，苏民困也；刘保宁之焚桓侯庙，祛妖妄，革陋俗也；刘尚书之执持高节，不仕异代，闭户著书，三十年足不下楼也。诸如此类，先公津津而道之，小子旁坐而听之。喜而忘倦，不觉手之舞之，足之蹈也。

邑中老辈万稺云先生，时扶杖访先公，作竟日谈，述乡老嘉言懿行，娓娓无倦，予乐闻之。每见先生来，辄殷勤奉杖履侍左右，惟恐其言之毕也。既去，则书片纸记之。日累月积，稿草渐多，以示张君友笙。友笙曰："谈潜故颇苦无专书，有是编，裨益后学不浅，盍速成之！"又得老友王君季芗之助，时以所知示我，谓此书若成，可补潜志之阙也。

丙寅春，客汉上，检旧稿整比之，凡得八卷可缮写。或问曰："举世方趋新而子独谈旧，毋乃与时偭背欤？抑有说欤？"谨答之曰："予非薄新而不谈也，不忍谈也。《汤铭》言日新，谓日新其德也。为问今之号称新民者，能日新其德耶？《康诰》言作新民，谓鼓之舞之，以振起其自新之民也。为问今有自新之民耶？作之者谁耶？《大雅》言维新，谓古之为政者，能新其德以及于民也。为问今之为政者，能新其德以及于民耶？侈谈新教育，青年学子罹异说之毒者，十八九矣。侈谈新社会，人人希非望，逞嚣竞，安静之风变坏殆尽矣。侈谈新政治，暴敛横征，财源枯竭，伏莽遍地，饥民载途，倒悬之困，莫甚兹时矣。侈谈新法律，置天地、民彝、国情不问，宵人得志，良民苦矣。侈谈新国家，东北四省沦于异国，金瓯缺矣。

是非之心，人皆有之。假令今之所谓新者，利我国，福我民也，我将感戴之，歌诵之，执笔而纪述之。作为野史，以志一时盛事而传信方来，岂其羞称者？无如满目悲凉，不堪追溯也。予之不忍谈新者，以此也。"

生逢百罹，蹙蹙靡骋，聊述旧闻，消遣岁月而已。且以历史眼光观之，千秋万世，只有是非之公，更无新故之别。今所谓旧，非往日之所谓新耶？今所谓新，非异日之所谓旧耶？汉之有莽也，宋之有安石也，何尝不自命为新耶？自后世论之，则旧矣，旧矣！而窃笑当时颂莽功德而附和安石新法者之愚而可悯也。我岂守旧者哉！目睹浩劫之不可逃，聊一抒怀旧之蓄念云尔。

杀青有日，辄书问答之语，以弁其端。书竟，悲从中来，不觉流涕之被面也。

癸酉春三月，息园老人甘鹏云自序，时年七十有二。

甘鹏云，字药樵。中国近代著名的藏书家、方志学家、学者。清末潜江最后一名进士，初授工部主事，旋赴日本游学。归国后任黑龙江财政管理官、山西烟草公卖局局长。辛亥革命后任吉林国税厅筹备处长等职，1932年聘为湖北通志馆筹备处副主任，主修《湖北文徵》。晚年以著述考证为业，著述、编订、纂述有《方志商》《经学源流考》《鲁文恪公集》《潜江旧闻录》《潜庐类稿》《楚师儒传》等50多部。1941年在北京病逝，享年79岁。

附二：

主要参考书目

夏征农、陈至立主编：《史记》（上、中、下），天津古籍出版社 1995 年版

沈起炜、沈渭滨主编：《中国历史大事年表》（古代、近代），上海辞书出版社 2001 年版

史为乐主编：《中国历史地名大辞典》（上、下），中国社会科学出版社 2005 年版

郑天挺、吴泽、杨志玖主编：《中国历史大辞典》（壹至陆），上海辞书出版社 2010 年版

张仲炘编修：《湖北通志》（32 卷），湖北人民出版社 2002 年影印本

徐国相、王新命主修：《湖广通志》（82 卷），商务印书馆 1986 年影印本

湖北文史馆、博物馆：《湖北文徵》（12 卷），湖北人民出版社 2000 年版

倪文蔚等修：光绪《荆州府志》（3 卷），台湾成文出版社 1970 年影印本

舒成龙编修：乾隆《荆门州志》，中国文史出版社 2007 年校注本

杨殿珣题：明万历三十年《承天府志》，书目文献出版社 1990 年影印本

陈茂同著：《中国历代官职沿革史》，昆仑出版社 2013 年版

朱载震编修：康熙三十三年《潜江县志》，台湾成文出版社 1970 影印本

史志谟重刊：光绪五年《潜江县志》，江苏古籍出版社 2009 年影印本

甘鹏云著：《潜江旧闻录》，湖北教育出版社 2002 年版

甘鹏云著：《潜庐诗录》，台湾文海出版社 2002 年影印本

甘鹏云著：《潜江贞石记》（8 卷）民国 25 年刻本

文世敏主编：《潜江县志》，中国文史出版社 1990 年版

毛道海、刘承汉主编：《潜江明清诗选》湖北人民出版社 1999 年版

潜市市志编委会：《潜江市志》，长江出版社 2011 年版

潜江地名领导小组编：《湖北潜江地名志》潜江县地名领导小组 1982 年版

马荣华著:《潜江文史精华》, 中国文史出版社 2013 年版
毛道海著:《潜江风情录》, 武汉出版社 2009 年版
郑家荣著:《潜江历史名人传》, 中国文史出版社 2016 年版
曾定帮总编:《沔阳县志》, 华中师范大学出版社 1989 年版
从维清主编:《潜江水利志》, 中国水利水电出版社 1997 年版
佚名:《潜江县舆图》, 清光绪《湖北舆地图》
佚名:《潜江地图》, 民国 18 年《湖北分县详图》
佚名:《潜江县图》, 台湾“内政部”图书馆
莫行武主修:《莫氏家谱》,(8 卷)巨鹿堂 1926 年版
刘克定编修:《密湖刘氏家谱》,(8 卷)1920 年版

后　记

时光荏苒，岁月如梭，五年如弹指一挥间。五年前拟定的《潜江旧事》研究及写作计划今天终于画上了句号，又一次体验到人生旅途卸下满肩行囊的快感。

钩沉历史本就是一件艰苦、吃力而又难干的活，需要一种锲而不舍的精神；一种“衣带渐宽终不悔”的境界；也是一种淡出纷繁复杂云翳诡谲后的精神追求。潜江本是千年古县，但由于地处古云梦泽一隅，江河纵横，重水潴洳，洪患等时常不期而遇的天灾和人祸，导致当下难觅百年恒产、千年遗存和累世赠封。加之文史资料散佚湮灭，古迹遗存难觅实物，因而再现旧事历史原貌的难度可想而知。

旧事的写作如迷途逆旅，深一脚，浅一脚，一半风雨，一半明媚，思考在路上，疑虑在路上，希望亦在路上。五年来，我在仰望理想中探究，在旷野窄巷中寻觅，在耆老名士中求访，在埋头故纸堆中执笔。这些历历在目的旧事，将我们带进过去是怀旧的乡愁，带到当下是幸福的感慨，带向未来是美好的梦想。

当你细读这些篇目，或许认为我把旧事写得比较美好，把故人写得比较完美。历史本身是不变的，变的只是现代人的感觉及对历史的评判。旧志古书对事、对人的记载溢美之词较多，扬善抑恶明了，因而，我在探寻历史人文景物时，在思想与历史的深度沟通中，只能依据史志撰书成文。

《潜江旧事》的研究写作过程中，得到了中共潜江市委书记吴祖云、市长龚定荣，市委常委、常务副市长崔传金等市领导的关心支持和鼓励。尤其是吴祖云书记多次询问写作进程，并安排有关部门给予出版费用资助；龚定荣市长万忙之中时常点评我在微信公众号中发表的潜江旧事文稿并予以鼓励。写作和定稿过程中，还得到了很多文史爱好者和文友的关心与帮助。如热衷于文史研究的马荣华先生，时常引经据典充实文章内容，并对文稿进行了全部审定；文字及古文功底深厚的李义邦先生不顾公务缠身之苦，审定了全稿；对潜江文史研究颇深的杨金德先生，时常对文中观点“发难”“质疑”，促使笔者研究写作不敢丝毫马虎；办事行文十分严谨而又乐于助人的潜江市档案局的关贤安女士，为笔者写作查找资料提供了很多很好的帮助。

拙作杀青后，中国文史出版社全秋生先生基于对我五年前《潜江历史名人传》编审出版的认同，对此拙稿又给予了充分肯定，并在出版联络协调及编审过程中又倾注了满腔情感和心血；中国当代文博专家、潜江市博物馆首任馆长、时年93岁的罗仲全先生审阅了书稿并欣然作序；中国作家协会会员、现代著名诗人、潜江作家协会主席黄明山先生也斧正书稿并作了序；潜江市文化旅游局程伦松局长就支持此书出版事宜倾注了很多情感，并多次安排杨代林科长进行组织协调。

岁月在我额头又轻易烙下了苍老的记忆，但书稿释放出古为今用之能量却又唤醒了身体里沉睡潜藏的荷尔蒙，在我确定新的目标、将苦与乐灌注于笔尖之前，再次感谢对本书写作出版给予支持和帮助的各位领导、同仁和朋友！

书中如有谬误，敬请批评指正！

郑家荣
2020年仲夏于憨墨斋